U0003755

LOCUS

LOCUS

L O C U S

L O C U S

Smile, please

smile 189
顛峰心智：
每天練習 12 分鐘，毫不費力，攀上專注力高峰
作者：阿米希・查（Amishi P. Jha）
譯者：謝佩妏
責任編輯：潘乃慧
封面設計：廖韡
校對：聞若婷
出版者：大塊文化出版股份有限公司
105022 松山區南京東路四段 25 號 11 樓
www.locuspublishing.com
讀者服務專線：0800 006689
TEL：(02)87123898　FAX：(02)87123897
郵撥帳號：18955675　戶名：大塊文化出版股份有限公司
法律顧問：董安丹律師、顧慕堯律師

總經銷：大和書報圖書股份有限公司
地址：新北市新莊區五工五路 2 號
TEL：(02) 89902588　FAX：(02) 22901658
初版一刷：2022 年 10 月

定價：新台幣 480 元
Printed in Taiwan

顛峰心智

Peak Mind

每天練習12分鐘，
毫不費力，攀上專注力高峰

Amishi P. JHA 阿米希．查　謝佩妏 譯

Find Your Focus,
Own Your Attention,
Invest 12 Minutes a Day

獻給麥克（Michael）、里歐（Leo）和蘇菲（Sophie）

目次

導讀　注意力與靜坐冥想／謝伯讓　009
前言　「專心聽我說好嗎？」　017
1　專注力就是你的超能力　039
強大的專注力系統如何運作並牽動生活的各個層面
2　專注力剋星　066
心智的致命弱點，失敗的因應對策使它更不堪一擊
3　大腦做的伏地挺身　090
古老解方＋現代科學＝訓練專注力的有效方法
4　找到你的專注力焦點　121
在時時令人分心的世界裡，把專注力固定在你需要的地方

5 停止「倒帶」或「快轉」，持續播放，體驗當下 161
用強大的方法把專注力留在當下

6 按下錄音／錄影鍵 197
你專注的事物，就是你真正體驗並存入記憶的事物

7 放下故事 229
不再讓「偏誤思考」影響專注力和蒙蔽思考

8 後設覺察 259
利用後設覺察釋放你的強大專注力

9 與人連結 287
打破與人互動和建立關係的窠臼

10 感覺心智在燃燒 318
轉變心智運作方式的「最低要求分量」

結論　實際運用巔峰心智　353
巔峰心智練習指南——大腦的核心訓練　361
第一週　366
第二週　371
第三週　375
第四週　379
第五週　練習永不止息　383
致謝　387
註釋　395

導讀　注意力與靜坐冥想

謝伯讓

人們或多或少，都有聽過冥想訓練的好處，畢竟這是古人數千年來傳承已久的心智訓練結晶。然而，對大腦理解最深的現代認知神經科學家們，又是如何看待冥想訓練？專研注意力的認知科學家阿米希·查（Amishi Jha），特別從注意力的角度，解讀了冥想訓練對於心智的可能影響。

為何要有注意力？

從生物演化的適應面向來看，注意力有三大功能：專注、警覺與執行控制。

首先，由於認知資源有限，大腦必須選擇性地去優先處理最重要的事物，而透過注意力去挑選並專注於最重要之事物，就是注意力的第一大功能。打個比方來說，注意力就像是手電筒或探照燈一樣，可以幫助我們把所有的資源集中照亮於一處，讓我們對該處的資訊進行仔細打量。如此一來，我們就可以逐一去尋找和分析面前的諸多訊息，而不至於迷失在資訊大海之中。

然而，如果「只有」專注力而沒有其他的配套和應對能力，將會很難在自然環境中適應存活。我們可以設想一下，假設有人在看到眼前讓人垂涎欲滴的食物時，總是會投注百分之百的注意力，甚至專注到了渾然忘我、無法自拔的境界，那麼此舉很可能會招致捕蟬雀後的致命危機。所幸的是，注意力的第二大功能「警覺」，出面平衡掉了「專注」所帶來的負面缺點。注意力的「警覺」功能，就是同時對周遭所有資訊進行些許的關注，如此一來，我們就有機會可以察覺到各種可能的變化。比方說，當你走進原始叢林時，由於不知道危險可能來自天上地下亦或四面八方，此時若只是把注意力集中在前方而放棄後方、或是只留意視覺卻忽略聽覺，必然會不夠周全，唯有全面性的提高警覺，才能提高生存機率。

注意力的第三個重要功能，則是協助執行與控制。在許多情況下，生物個體都會有特定的行動目標，而為了順利達成目標，個體必須不斷在專注狀態和警覺狀態之間進行切換。例如，狐狸追捕野兔時，除了必須專注在野兔身上，同時也必須警覺周遭的草木與環境，當察覺到障礙物時，就必須把注意力先暫時從野兔轉移去處理路徑的選擇，然後再重新回去注意野兔，這種心懷目標、然後不斷在專注狀態和警覺狀態間進行轉移以利達陣的能力，就是執行控制能力。

當注意力的這三大功能出錯時，生物體通常會面臨各種困境。例如無法專注時，就會出現學習障礙並迷失在資訊汪洋之中。無法提高警覺時，就容易遭遇突襲或是錯失機會。不能確切掌握並執行控制能力時，則會無法順利達成目標。這些注意力缺失所導致的困境，不僅出現在過去數百萬年的人類演化史中，時至今日，只要注意力一出錯，我們依然必須付出慘痛代價。

一般人的注意力有問題嗎？

然而大家可能會問，注意力出錯固然不妥，我們一般人的注意力不總是井然有序嗎？如果大部分的人都對自己的專注能力信心十足，那麼擔心注意力出問題，會不會只是杞人憂天？

關於這一點，科學家其實發現了不少反駁的證據。哈佛大學心理學家丹尼爾．吉爾伯特（Daniel Gilbert）在一項涉及二千二百五十人的大型研究中，在隨機的時間點發出手機訊息、調查受試者當下是否專心，結果發現一般人竟然有四七％的時間都在心思游移。即使是在實驗室中被要求刻意專注在某項作業，注意力飄散的比例也依然居高不下。甚至是給予金錢獎勵讓受試者全力專注，仍然無法完全杜絕心思游移的現象。更糟糕的是，和沒有心思游移的情況相比，心思游移時的情緒狀態通常都比較不開心。

由此可知，一般人可能對於自身的專注力都過度自信：不但不知道自己時常注意力飄散，更不知道心思游移對心情的負面影響。有鑑於此，我們該如何改變，才能應對這般的窘境呢？

冥想的益處以及對大腦的可能影響

阿米希．查認為，要改變注意力的最好方式，其實就是透過古人已經傳承千年的冥想訓練。冥想訓練有好幾種形式，最常見的幾種方式包括了專注冥想、開放式冥想，以及慈悲冥想。

以專注冥想為例，這種形式的訓練是要把注意力「集中」於某項事物上（例如呼吸），並且「留意」自己是否心思游移。當心思游移出現時，必須把注意力重新「轉回」到原本注意的事物（呼吸）上。此過程中的三個重要步驟（集中、留意、轉回）其實就分別對應到上述提到的注意力三大功能（專注、警覺、執行控制），因此簡單的觀察呼吸，就可以同時對注意力的三大功能進行鍛鍊。

美國的神經心理學家理查．戴維森（Richard Davidson）發現，受過專注冥想訓練者，比較能夠快速且一致地偵測到環境中容易導致分心的事物，而且腦電圖的反應顯示，他們的大腦對於分心物的反應比較穩定，這表示他們保持警覺的能力，以及回復平靜的能力都較佳。此外，長期冥想者的注意力相關腦區比對照組更加活躍，這表示冥想訓練和注意力活化有關。有趣的是，在最資深的冥想高手大腦中，注意力的腦區活動反而會下降，這顯示出他們可能可以用更有效率的方式運用相關腦區。

至於開放式冥想，則是要以不批判、不思考、不詮釋的方式去觀察一切的身心狀態。研究發現，受過開放式冥想訓練的受試者，在痛覺出現時比較不會受到干擾，而且其腦中的痛覺與焦慮相關腦區反應會比較小且回復迅速。此外，在面對社交壓力、睡眠失調、焦慮及憂鬱時，開放式冥想也可以幫助人們更容易觀察到自己的念頭與情緒，以利進行後續的自我調控。

而慈悲冥想，則是在培養對他人的關愛與協助之心。研究發現，受過慈悲冥想訓練的醫護人員，比較不會因為過度同情遭遇不幸的受難者和病患，導致沮喪或情緒崩潰。和對照組相比，慈悲冥想者不會只是單純地深陷在同情心所產生的負面情緒之中，而是比較能夠把同情心轉化為關愛的協助力量。

奪回注意力與快樂的主控權

值得注意的是，注意力訓練的實用目的，並不是要全面杜絕心思游移，只是要「奪回注意力的主控權」。從演化的角度來看，心思游移有著諸多優點。第一，它可以避免我們過度專注單一事物而忽略周遭危險。第二，當眼前的事物已經了無新意，心思游移可以幫助我們回顧過去、分析思考或籌畫未來。換言之，在行有餘力時，大腦似乎就會開始分心神遊，讓我們更有效率地利用閒置的腦力來進行其他的認知活動。第三，適時適量的分心，也有助於聯想思考和提升創意。許多研究都發現，當受試者被要求發揮想像、回答某項日常用品（例如磚塊）的創意用途時，如果讓受試者暫時休息並分心神遊，他們的回答表現就會比對照組更好。

由此可知，從實用的角度來說，冥想訓練絕非是要消滅心思游移，只是要取回我們對於注意力等心智活動的主控權。一顆缺乏注意力訓練的心，可能會恣意在專注與分心之間不受控地來回轉換。此時，我們就會不由自主地被心拉著走，無法主動讓心為我們所用。唯有奪回注意力的主控權，我們才有辦法在需要專注時全力投入（考試或執勤時），在需要創意時瘋狂聯想（創作或發想時），並且在需要平靜時安心休憩。

更重要的是，唯有奪回注意力和心的主控權，我們才不會被各種感官知覺和思想念頭所淹沒。一般人在面對感官知覺時，通常會馬上出現許多此起彼落的內心狀態和行為反應。例如看到路上的一輛跑車時，大腦隨即會進行辨識（什麼廠牌和型號）、判斷（價格高低）、感受（喜歡或討厭）、欲望（想要買來開）、行為（開始存錢）、憂慮（薪水不夠）、煩惱（魂牽夢縈），甚至是痛苦（求之不得而心生怨憎）。如果能夠在第一眼看到外界資訊時，就觀察到自己內心的感官知覺與思想念頭變化，那我們就有機會斬斷後續所延伸出來的各種內心狀態和行為反應，阻絕可能的憂慮與痛苦於境外。

注意力和心智，一如肌肉與身體，可以透過鍛鍊而日益強壯，也如牙齒與口腔，能夠經由清潔而保持健康。奪回注意力的主控權，你我就能游刃有餘地運用心智處理各種情境，並且找回單純的平靜與快樂。

（作者為台大心理系副教授、《大腦簡史》作者）

前言　「專心聽我說好嗎？」

不要浪費精力為你的專注力抵擋誘惑，因為你無論如何都贏不了這場爭奪戰。你應該培養的是安放心智的能力和技巧，好讓自己根本用不著打這場戰爭。

你錯失了自己的大半人生。[1]不只是你，每個人都不例外。

想像一下你的人生：一天、一星期、一個月、一年、**一輩子**串起的個別事件、人際互動和各種際遇一一掠過腦海。把它想成一床拼布被，每一塊拼布都是你人生中的一小段時間。你在這裡給自己倒杯咖啡，在那裡念故事給小孩聽，還有慶祝工作上的成就，到住家附近散步，爬山，跟鯊魚一起潛水。平凡日常和特殊事件彼此交織結合，組成了你的生命故事。

現在，把其中一半拼布撕掉。剩下的被子變得不規則，冷冰冰，涼颼颼，這裡一個、那裡一個洞。這些是你專注投入過的生命，其他的都已消失無蹤。你沒有真正體驗過它們，甚至根本不記得了。

為什麼？因為你的心不在那裡。

現在你正專心讀著這段文字嗎？但願如此。想到我們竟然錯失了大半人生就令人心驚。但就算你現在很專心，大概也維持不久。雖然你正在讀這一章，但到最後連可能一半的內容都記不住。甚至，讀完之後你還會深信自己無一遺漏。

我是一名大腦科學家，在邁阿密大學研究專注力並開設認知神經科學課程。我看過人類大腦普遍的運作模式，所以即使我還不知道你是誰，或是你的腦袋跟我們上一次在大學實驗室測試的人有何不同，我仍然可以很有把握地這麼說。我知道人類大腦的專注力有多麼強大，又多麼容易分心，無論你是誰、從事什麼工作都不例外。我有幸能利用目前最先進的腦造影技術，觀察活生生人腦中的活動，所以才知道無論何時，你很可能早就注意力渙散，分心去計畫待辦事項中的下一件事，或苦思困擾你已久的煩惱或遺憾，也可能想到明天或後天可能發生的事，甚至根本不會發生的事。無論如何，你的心都不在**當下此刻**。你已經分心了。

人活著一定會分心嗎？這是身為人類難以避免的副作用嗎？我們只能認命地接受？

這件事有很重要嗎？

從事專注力研究長達二十五年，我已經可以回答這些問題。沒錯，人活著就是會分心。從很多方面來看，人類大腦在特定的存活壓力下**才**得以演化，因此我們的專注力時好時壞，動不動就會分心。[2]過去，掠食者環伺，容易分心反而對人類有益。然而，現代世界裡，科技無所不在、步調快速、瞬息萬變，人類容易分心的傾向甚至比過去更加嚴重。如今，我們面對的是一群全新的「掠食者」，這些人依賴並利用我們的分心能力日漸壯大。儘管如此，我們還是可以訓練大腦以**別的方式**專注，不必認命接受。最後也最重要的一點是，這件事**確實**非常重要。

專注力的強大影響力

以下是不是說中了你的狀況：有時候你覺得很難集中精神，大腦在無聊和超載之間切換。你覺得腦袋一片模糊，你最需要的清晰思考力好像不翼而飛。你變得暴躁易怒，壓力破表，頻頻犯錯，例如打錯字、漏字或是或是重複用字（你有發現嗎？）。眼看交差期限將至，你卻很難從新聞和社交媒體中抽身。你不斷滑手機，打開一個又一個應用程式，但過一段時間抬起頭，甚至想不起自己一開始要找什麼。你的腦子神遊太久，跟流動不息的外在世界脫了節。你發現自己不斷在腦中編寫劇本，反覆想著你希望自己說的話、**不應該**說的話，還有你應該做得更好的事。

你或許會覺得驚訝，以上種種現象，追根究柢**都是**「專注力」惹的禍。

- 覺得認知力變差：**專注力下降**。
- 覺得焦慮、擔憂或情緒失控：**專注力被綁架**。
- 覺得難以集中精神，導致無法採取行動或處理急迫的工作：**專注力分散**。
- 覺得跟不上其他人的步調：**專注力斷裂**。

在邁阿密大學的研究室裡，我跟我的團隊研究並訓練了從事極端、高壓、高要求職業的人，包括醫學和商業從業人員、消防員、軍人、頂尖運動員。這些人必須在超乎尋常的高風險狀況下動用專注力（而且是充分善用）。他們在這些狀況下做的決定可能影響許許多多的人，例如危急的手術、致命的野火、救難行動、激烈的戰爭等等。這些人真正上場時，一眨眼可能成就或摧毀一段事業，終結或拯救一條人命。對其中一些人來說，是否專注以及如何專注確實生死攸關。對所有人來說，專注力都是一種強大的力量，對人生的影響遠遠超過我們的想像。

專注力影響的層面有：

- 我們感知、學習和記憶的內容；
- 我們的穩定程度和反應程度；
- 我們做出的決定和採取的行動；
- 我們跟他人的互動方式；
- 最後是我們得到的滿足感和成就感。

看我們平常使用的語言就知道，專注力的以上特點其實早就為人所知。我們會說「專心點」（pay attention），或是問「專心聽我說好嗎？」（May I have your attention?）我們會關注「抓住注意力」（attention-grabbing）的資訊。這些日常用語凸顯了我們憑直覺就知道的事實：專注力有如貨幣，可以用來支付、給予，也可能遭竊，它極度珍貴，而且是有限的。

近年來，專注力的商業價值成為矚目焦點。[3]有句話這麼形容社交媒體應用程式：「你若不是在花錢買商品，那麼你自己**就是**商品。」更精確地說，你的專注力就是商品，而且是人人搶著要的高價值商品。現在我們有買賣專注力的商人，還有專注力市場。這些在在預告了一個反烏托邦的到來。在這個「美麗新世界」裡，人的「未來專注力」可以跟牲畜、石油和銀礦一樣買賣交易。然而，專注力無法存入銀行或借給他人，也無法存到日後再使用。專注力只能在此時此地、**當場**立即使用。

「專注力」到底是什麼？

專注力系統之所以存在，是為了解決人腦最大的一個問題：外在環境充斥太多資訊，人腦無法照單全收。為了避免負荷過重，大腦利用「專注力」濾掉周圍不必要的雜訊和雜音，以及不時浮現腦海的背景思緒和雜念。

專注力系統一天到晚全年無休。在擁擠的咖啡館裡，你專注於電腦螢幕和手邊的工作，隔壁桌的對話或濃縮咖啡機的運轉聲似乎都變模糊了。在遊樂場裡，你的視線掃過溜滑梯和盪鞦韆上穿著五顏六色衣服的小朋友，但很快就能找到自己的小孩。跟同事交談時，你腦中緊抓著自己想表達的論點，同時也在傾聽和吸收對方說的話。穿越鬧街時，你注意到一輛車朝著你奔馳而來，即使周圍有各種讓你分心的事物，例如人行道上的熙攘人群、閃爍的行人穿越號誌、響個不停的喇叭。

若是沒有專注力，你在這個世界上會茫然失措。腦袋一片空白，對周圍發生的事渾然不覺也毫無反應，不然就是被雜亂無章的大量資訊淹沒，心智全面癱瘓。再加上腦中源源冒出的思緒，更是雪上加霜。

為了研究人腦**如何**專注，我們的研究團隊使用了功能性核磁共振造影、電生理紀錄、行為測試等技術。我們把人帶進實驗室，也進入他們的世界，亦即所謂的「走進田野」。我們展開許多大規模研究，並在專業期刊上發表多篇同行審查文章，公開研究結果。我們總共有三大發現：

第一，**專注力很強大**。我稱它為「大腦的老闆」，因為專注力主導了大腦處理資訊的方式。我們專注的事物會被**放大**，變得比其他事物更加明亮、大聲、清晰。[4]你專注的對象瞬間會成為當下現實最顯著的事物，你感受到相對應的情緒，也透過那個視角去觀察世界。

第二，**專注力很脆弱**。在某些情況下，專注力可能很快耗盡。不幸的是，這些情況已經成了我們生活的常態。當我們體驗到壓力、威脅或壞心情（我稱之為專注力「剋星」），專注力這種珍貴資源很快會枯竭。[5]

第三，**專注力可以鍛鍊**。改變專注力系統的運作方式是有可能的。這是一項非常重要的新發現，畢竟我們**已經**因為專注力不足而錯失了大半人生，剩下的另一半人生也常常需要奮力掙扎。然而藉由鍛鍊，我們可以加強充分體驗和享受當下的能力，展開全新的冒險，也能用更有效的方法面對人生的各種挑戰。

我們陷入專注力危機……但情況並非你想的那樣

我們陷入專注力危機之中。太多人精神耗弱，認知力下降，工作效率低落，覺得未能達到自己的目標。這種危機有部分是結構上的問題。在「注意力經濟」的推波助瀾下，新聞、娛樂和社交媒體應用程式不斷把吸引人、容易上癮的內容送到我們眼前，導致我們滑手機滑個不停。專注力遭到掠奪又缺乏管控，最後不敵誘惑，變得支離破碎。接著，就像抵押品或其他金融商品一樣，個別專注力被業者收集起來再重新包裝，並以豐厚的價格賣出。

假如人類當初演化出專注力，是因為周圍有太多資訊要消化，那麼現在的資訊量**確實**多到爆炸。內容的流動太快速，太密集，太有趣，太難以忽略，太持續不斷。你我不只是巨量資訊的接收者，也是心甘情願的參與者。為了達到自己或他人對我們的期望，我們想盡辦法跟上訊息不漏接。

這種感覺並不美麗。那麼，為什麼要改變會這麼困難?常聽人說要「戒網路」，要跟手機「分手」，用更短的時間更專注地工作。可是我們的大腦卻毫無勝算可言。我們比不過軟體工程師和心理學家組成的大軍設計出的演算法。這種人工智慧強就強在它的適應力。它不斷從我們身上學習如何又快又準地抓住人的注意力，讓我們無法自拔。這種吸引注意力的方法，跟讓人連續好幾個鐘頭坐在煙霧瀰漫的賭場，兩眼無神，抱著一桶硬幣，直盯著吃角子老虎機的方法一樣。只是我們面對的不是吃角子老虎機，而是應用程式。而我們投入機器的也不是硬幣，是**我們的專注力**。

有件事我得先申明：**你的專注力一點問題都沒有**。事實上，它運作得十分良好，該有反應就有反應，所以電腦程式才預測得到它會如何反應。我們之所以深陷危機，反而是因為我們的專注力運作得太好。它把該有的功能發揮到了極致，也就是對某些刺激產生強烈的反應。你無法打敗社交網站上的演算法、手機提示聲對你的牽制、收件匣的紅色醒目提示，或是為了晉級再玩一局的渴望。然而，我們並非全然無能為力，還是有方法能化解這場專注力危機。

一般咸認是孫子在西元前五世紀所作的《孫子兵法》，曾對這種勢力懸殊之戰（我們明顯毫無勝算）給過建議。

百戰百勝，非善之善者也；不戰而屈人之兵，善之善者也。[6]

換句話說，不要浪費精力為你的專注力抵擋誘惑，因為你**無論如何都贏不了這場爭奪戰**。你應該培養的是安放心智的能力和技巧，好讓自己根本**用不著**打這場戰爭。

這也是現在一般建議的解決方法最大的問題。那些方法都要我們挺身抵擋奪走專注力的力量。那好比逆著激流游泳，累死人又沒效。相反地，我們必須擺脫跟專注力奮戰的模式。就像游泳好手能辨認海水的流向，游到旁邊安全的地方，我們也要能夠辨識專注力開始渙散的跡象。

注意你的專注力

想想你分心時突然把你拉回來的事物。你可能將一頁文章看完，才發現自己什麼都沒吸收，這時把你拉回來的是翻頁（或滑到下一頁）的動作。或是想事情想到出神，突然聽到有人叫你的名字外加一聲不悅的「哈囉？你有在聽嗎？」，你這才發現自己漏掉前面一大段對話，而把你拉回來的是對方的聲音。你下載了一個計時應用程式，用來封鎖網站或限制上網時間；直到「時間到了！」的通知響起，你才猛然驚醒。這種情況一天要重複好多次，但這些外在提示把你拉回來之前，你的腦袋已經在專注力耗盡和下降的狀態中停留太久，導致認知資源逐漸流失，專注力急遽下降，愈來愈難拉回。

我們以為這是當代社會特有的問題，是高科技時代才會產生的危機。確實，我們活在一個專注力受到空前關注的時代，但就算沒有外在的刺激，人類**仍然**會有專注力危機。一直以來，專心對人類都是一大挑戰。曾有中世紀僧侶在西元四二〇年留下紀錄，煩惱自己應該想著上帝時，卻分心去想午餐或肉體之歡。[7]他們覺得自己被大量的資訊淹沒，坐下來讀一本書卻想著別本書而靜不下來，不禁為此感到挫折。**他們為什麼不能專心？大腦為什麼不聽話？**他們甚至放棄家庭和財富，以為減少世俗的羈絆和牽掛就能更加心無旁騖。有用嗎?沒用。

一千多年後，心理學家和哲學家威廉．詹姆士（William James）在一八九〇年寫下人與專注力的掙扎，還說這個問題永遠無解：

自願把渙散的注意力不斷拉回的能力，就是人類的判斷力、品格與意志之根本。若缺少這種能力，沒有人是〔自己的主人〕。能提升這種能力的教育，就是最傑出的教育。但紙上談兵簡單，要提出實際的養成方法難矣。[8]

就算把魔法棒一揮就能把所有科技產品、半夜閃著光的筆電，還有響個不停的手機變不見，也是無濟於事。搜尋資訊並陷入其中，是人類大腦的天性，無論那是你口袋裡的手機，還是腦中源源冒出的思緒。[9]用不著活在現今的數位汪洋中，就能感受到靜不下心、難以專注的痛苦，並為此付出代價。回顧一千年前的歷史，你會發現人類祖先也有相同的經驗。

問題不在手機，也不在很快就塞爆的收信匣。不在於周圍隨時充斥著要抓住你眼球的新聞和資訊。不在於軟體工程師團隊不斷研發更新、更好的方式，捕捉你的專注力，把那台嗡嗡響的長方形機器從早到晚綁在你身上。真正的問題在於，我們往往不知道自己的腦袋發生了什麼事。我們缺少的是隨時提醒自己專注力在哪裡的**內在提示**。有個辦法可以解決這個困境：**注意你的專注力**。

你沒辦法想要專注就能專注，這不是大腦的運作方式

如果你想參與我們的研究，過程大致如下：我們會幫你戴上一頂像泳帽的滑稽小帽子，戴起來舒服又有彈性，上面覆滿電極，用來接收你的腦電活動。當你腦中的神經元對我們秀在電腦螢幕上的圖像產生足夠的反應，電極就會偵測到少量的電壓，這些電壓傳送到放大器之後，再送進另一部電腦記錄並處理。研究團隊則在一旁監測螢幕上彎彎曲曲的線，這些高高低低的線條一毫秒、一毫秒即時呈現你腦中的活動。在此同時，我們會讓你做跟專注力表現相關的電腦測驗。

在一項又一項研究中，我們不斷尋找是否有人能夠全神貫注，從不分心。最後的發現是：一個也沒有。在目標愈來愈明確的實驗中，從頭到尾百分之百專注的受試者是**零**。現今有愈來愈多研究發現，這樣的結果並非特例，世界各地的研究都有同樣的發

現。受試者無法一直按照指示集中精神，就算風險很高或有強烈動機也一樣。甚至付錢給他們，他們仍然辦不到！[10]

我們暫停片刻，快速驗收一下。這本書一開頭，我就預言你可能會漏掉我要說的大半內容。或許你把這當作一種挑戰，讀的時候特別專心。那麼現在成果如何？回想一下，盤點你從開頭讀到現在所想到（甚至停下來去做）的**其他**事物。寫下來也可以，這樣就能知道你高度活躍的腦袋同時間冒出多少工作、想法和待辦事項。你停下來去寄電子郵件或文章嗎？你分心去想某個快到的期限，擔心小孩或爸媽，計畫去找朋友，或思考自己的財務狀況？還是你拍了拍小狗的頭，或是發現你得餵牠、幫牠洗澡、帶牠出去遛一遛？你是不是乾脆放下書，去滑手機上的新聞了呢？

不管是誰都無法避免。你沒有辦法想要專注就專注。無論我灌輸你多少知識，告訴你專注力如何運作又為何運作，無論你的動機有多強烈，基本上你都無法光靠意志力就改變大腦專注的方式。就算你是全天下最有紀律的人**也辦不到**。相反地，我們應該訓練大腦以**別種方式**工作。令人振奮的是，我們終於發現了方法！

專注力的新科學

科學家、學者和哲學家長久以來都在思索幾個關鍵問題：**什麼是專注力？它能持續多久？它為什麼那樣運作？**剛入行時，我花了很長的時間探索這些問題。但我知道我們得問下一個問題：**如何使專注力運作得更好？**

於是，我開始尋找能夠提升專注力的方法。我們在實驗室裡試過各種技術，從鍛鍊大腦的應用程式、振奮心情的音樂，甚至有聲光效果的高科技耳機，但沒有一樣效果能夠持久。更糟的是，我們開始在從事高要求職業的研究對象（也就是軍人、消防員和其他在高風險緊急狀況中工作的人）身上，發現一個麻煩的現象。這些專業人員正式上場前通常會經過密集的準備過程。軍人分派到戰區之前，會經過幾個月的密集訓練；消防員面對不可測且危及生命的任務之前，要通過嚴苛的訓練。想像一個人正在為重大考驗做準備，例如準備考試的學生、準備上法庭的律師、在賽季前一天訓練兩次的足球員。我們發現，這些人在準備階段已經耗盡了專注力。他們的專注力直線下降，然而，再過不久就得正式上場，拿出最佳表現。

這樣的現象並不獨特。長時間面對高壓力或高要求，確實會把你榨乾，導致關鍵資源在你最需要的時候不增反減。但想出**解決方法**之前，我們得先釐清到底是什麼奪走了我們的專注力。

罪魁禍首是誰？**腦中的時空旅行。**

我們隨時都在腦中進行時空旅行，而且進行得天衣無縫，承受壓力時甚至次數更加頻繁。壓力大時，我們的專注力被記憶拉回過去，使我們陷入反芻迴圈（ruminative loop）。我們也可能被某個煩惱拋向未來，導致我們把事情愈想愈糟，在腦中編出無止境的末日劇本。兩者的共同點是，面對挑戰前的空檔因為壓力太大，甚至把我們的專注力從當下劫走。

由此，「正念」第一次進入我的實驗室，成為可能的「大腦訓練工具」。我想知道訓練參與者做正念練習，是否能幫助他們在高壓情況下表現得更好。我們對正念的基本定義如下：**專注於當下的體驗，不做概念上的詮釋或情緒上的反應**。我很好奇，訓練人把注意力放在此時此地，不加入個人意見或反應，會不會成為一種「心智盔甲」？這麼做，能保護並強化他們的專注力，在他們最需要的時候派上用場嗎？

於是，我們跟正念講師和佛教學者合作，找出流傳好幾世紀的核心正念訓練法，再把這些方法教給數百名參與者，並且在實驗室、教室、運動場和戰場上檢驗這些方法達成的效果。這個計畫帶來一些令人興奮的發現，接下來，我會在書中特別描述其中幾項研究和研究經過。但現在，我直接跳到結論，回答下面這個關鍵問題：正念訓練有用嗎？正念訓練能夠保護並強化專注力嗎？

答案斬釘截鐵，**可以**！事實上，正念訓練是我們所有的研究中，**唯一**能夠持續強化專注力的大腦訓練工具。

專注力危機基本上是從古至今都存在的問題，而非現代獨有。因此，古老的方法加上現代的更新研究，才是真正有效且合乎科學的解決之道。

新科學，老解方

身為一名研究者，我的工作就是藉由大腦科學來檢視已有千年歷史的正念冥想法，研究它**能否**訓練大腦，以及**如何**達成目標。過程中，我們找到新的證據證明，正念訓練確實**能改變大腦預設的運作方式**，進而保護專注力這種珍貴資源，即使在高壓和高要求的情況下也能很快專注精神。

我們活在變動不定的時代。許多人周圍的氣氛充滿壓力和威脅，因此不斷啟動人類大腦神遊到另一種現實的天生傾向。面對的壓力和不確定性愈多，大腦愈會神遊到內心嚮往或反烏托邦的目的地。我們經常陷入快轉模式中。我們努力解開所有的不確定性。我們在腦中規畫無法規畫之事。我們沙盤推演或許根本不會發生的事情。

有時候我們開始神遊，是因為當下太過難熬。軍隊裡的學員告訴我：「我不想活在當下。為什麼我要活在當下？」無論是誰，都有想要逃避的時候。但是在接下來的篇章，我們會發現逃避現實以及正面思考和壓抑（**別去想它就是了！**）這類心智策略，在高壓之下都沒效。[11]甚至會讓情況更糟。

我們不斷錯失此時此刻發生在眼前之事。但人不只想要體驗生命中的每一刻，也必須從當下**收集資訊，觀察並吸收此時此刻發生的事**，才能從容面對在眼前展開的未來，迎接沿途的挑戰，在最重要的時刻全神貫注。

有效的大腦訓練法

我在本章一開頭就說過，你無法從頭到尾保持專注，一定會分心，一定會漏掉我說的一半內容。不可否認，那有點要考你的意味，但其實這樣的挑戰並不公平。試想，假如我在你毫無準備的情況下，突然要你舉起一顆重到不行的球，邊抱著球邊讀這本書。由於沒有受過訓練，練習一次次逐漸把舉重時間拉長，你當然不可能撐太久。

我們多半都會同意，要增進身體健康，就得進行體能訓練。但不知為何，碰到要增進心理健康或認知能力的時候，我們就不會這樣想了。但事實就是如此！某些體能訓練能強化特定的肌肉群，而我要介紹的這種大腦訓練則是能強化專注力——**如果你真正去做的話**。自從我開始跟華特．皮亞特中將（Walter Piatt）的部隊合作，他立刻發現體能訓練和大腦訓練之間的相似之處。他說：「正念訓練是我們士兵做的大腦伏地挺身。」接下來的篇章他還會出現，他的人生和領導風格都因為正念練習而改變。

我多麼希望能直接告訴你找回專注力的方法，好讓你馬上試試看。我多麼希望讀完這篇前言，你就能滿載而歸。然而，我們一再發現，光有知識還不夠。想要改變並不足夠。**努力**並不足夠，你就是得按照特定的方法加以訓練。我們的大腦在演化過程中發展出某種**預設**的運作模式，無法說變就變。然而，我們可以訓練大腦跟某些對我們無益的預設模式拉開距離。我們可以訓練專注力在我們最需要的時候發揮更大的作用。

另外一個好消息是（或許你一直在等著這句話）：一天只要短短十二分鐘就能達成。做何種或多少正念練習對人最有益，如今是一個快速發展的科學研究領域。[12]但截至目前為止，根據我們的研究和對大腦訓練的理解，倘若你持之以恆地做正念練習，每天只要短短十二分鐘，就能避免專注力因為壓力或負荷過大而衰退。[13] 假如你能練習超過十二分鐘呢？那就太好了！練習愈久，對你愈有益。

這本書會帶你深入探索大腦的專注力系統，看它如何運作、為什麼對你所做的一切如此重要、它如何又為何枯竭，還有枯竭時會造成何種後果。接著，就像私人教練為你量身打造適合你的運動，我也會帶著讀者嘗試專門用來訓練和優化專注力系統的特定運動。最後，你會瞭解專注力有多脆弱，並且懂得如何藉由訓練大腦克服這個弱點。我們會從「伏地挺身」開始慢慢增加，為大腦建立一套完整的「健身法」。

正念訓練就是一種**大腦訓練**。這種歷久彌新的心智鍛鍊並非抽象或純粹的哲學思考，而是為了爭取資源、存活下去而做的奮戰。

一切具足，現在就可以開始

展開這項研究時，我的任務是找到在高要求、高壓力、時間緊迫的環境下工作的人士來參與研究。跟我們合作的其中一個團隊是被派到戰區的現役軍人。作戰期間，他們處在**多變**（volatile）、**不定**（uncertain）、**複雜**（complex）、**模糊**（ambiguous）的情境中，簡稱VUCA情境。他們幫助我們測試正念訓練的實際功效。我們想知道，正念訓練在他們度過**最**具挑戰性的情況時是否有幫助——確實有。但是二〇〇七年展開這份工作時，我從沒想到十二年後全世界會成為一個VUCA的大實驗室。

我們都活在高要求時代。世界變得嚴酷、難以預測，甚至令人害怕，儘管如此，我們還是得活下去。目前看來，未來的世界可能只會愈發資訊密集、彼此相連和依賴科技。當我們迎向二十一世紀的挑戰，世界甚至會變得更分裂、更混亂。假如這就是我們要面對的未來，我們必須把大腦訓練看成生死攸關的事，因為確實如此。我們的目標：不只要存活，還要成長茁壯。我們要繼續往自己最想做的**事**、最想成為的**人**邁進，用自己想要的**方式**引導自己及他人，在壓力難以避免、充滿動盪不安的現代生活中前進。

常聽人談起「復原力」（resilience）的重要。我把你會在這本書學到的東西稱之為「預原力」（pre-silience）。復原力是從逆境中復原的能力。但我們想做的是，訓練大腦**即使面對挑戰**也保有應對能力。那表示我們需要一種從現在就可以開始的鍛鍊，而正念訓練就是一種簡單好上手的訓練。你不需要任何特殊器材，只需要你的腦袋、身體和呼吸就足夠。而且馬上可以開始。

藉由正念訓練，我們可以學會保護並強化我們最珍貴的資源：**專注力**。你可以訓練自己注意**你的**專注力，時時刻刻觀察大腦的活動，看它是不是有幫到你，若是沒有又該如何介入。這麼做不只能培養更完整體會當下喜悅和感動的能力，也可以更有自信、甚至從容地迎向挑戰。在大海中抵抗激流，你可能被愈沖愈遠。但假使你知道如何馭浪而行，甚至能借用激流的力量，抵達你想去的目的地。

1 專注力就是你的超能力

專注力能凸顯重要的事，同時模糊其他令人分心的事，好讓我們深入思考、解決問題、規畫未來、排出優先順序，以及改革創新。

我大力甩開房門。

「我的牙齒麻掉了。」我說，聲音洩露一絲恐慌。外子抬起頭，一臉吃驚。他坐在床上敲著鍵盤，正在打報告。

「什麼？」麥克問。

「我說，我的牙齒麻掉了！」

那種感覺很奇怪，好像打了麻醉藥。我奮力把話說出口，人有點顫抖。我要怎麼吃東西？我要怎麼**教書**？過幾天，我就要針對最新研究發表重要演說，該怎麼辦才好？上台面對好幾百人，卻像剛補完蛀牙一樣口齒不清？

麥克要我坐下來，試圖跟我一起把問題釐清。他建議我多休息，說不定自然而然就好了。還問我吃飯時是不是咬到太硬的東西？有沒有哪裡不舒服？

他抓住我的手。「怎麼回事？」他柔聲問。

怎麼回事？唉，說來話長。我們的兒子里歐快滿三歲了。我跟很多人一樣，除了應付原本就很忙碌的生活，還得當新手父母，頭幾年確實很……有挑戰性。我在杜克大學完成博士後研究，之後在賓州大學拿到第一份教職。我們搬了家，在西費城買了一間需要大修特修的百年老宅，麥克馬不停蹄投入整修工作。如今我當上助理教授，成立了自己的實驗室，正在往終身職的目標邁進——但過程艱辛，你要不斷證明自己的價值並捍衛自己的研究。實驗室的管理工作很耗心力，我忙得暈頭轉向，時間被申請補助、主持研究、教書、指導學生、出版等事務占滿。麥克是全職的程式設計師，同時也開始在賓州大學念課業很重的資訊工程碩士班。我覺得自己的時間嚴重分散，好像被拉往不同的方向，但同時又覺得自己應該應付得來。生活是很辛苦沒有錯，但這些畢竟都是我們**想**達到的目標。

我去看了牙醫，他說八成是睡覺磨牙引起的。

「也有可能只是因為壓力。」他說：「喝點紅酒放鬆一下。」

有一天睡前，我在念里歐最愛的故事書《一條魚，兩條魚，紅色的魚，藍色的魚》（*One Fish, Two Fish, Red Fish, Blue Fish*）給他聽。蘇斯博士的這本經典繪本有個段落提到 wump 這種動物。Wump 去這去那，做這做那。念到一半時，我兒子伸出小手按住書，阻止我翻頁，然後問：「Wump 是什麼東東？」

我開口要回答卻又停住。我不知道 wump 是什麼。這本書我念了大概有**一百遍**，卻答不了這麼簡單的問題。念書念到一半的我突然卡住，就像我教的大學生突然聽到要隨堂小考，完全措手不及。我試圖扭轉情勢，專注看著眼前的那一頁。Wump **到底**是什麼？看起來毛毛的咖啡色動物，身上凹凸不平，會不會是特大號的天竺鼠？不管牠是什麼，我完全把牠漏掉了，即使兒子靠在我腿上翻書，說出牠的名字。

「天啊，」我心想：「我還錯過了什麼？我的一生嗎？」

再說，兒子仍未滿三歲、仍在父母的羽翼下受到保護，教養上會遇到的問題相對較少（只要哄他睡覺、吃蔬菜、幫他找他最愛的玩具），如果此時我就有這種狀況，等到真正有挑戰性的階段到來會如何？我能夠在他身旁陪伴他嗎？

說來諷刺。多年來，我致力於研究人類大腦的專注力系統。如今，我在一間頂尖大學成立的實驗室積極投入專注力的研究。我們的任務是要調查專注力如何運作、什麼使它變弱、什麼使它變強。每當學校公關要應付有關專注力科學的採訪，他們就會打電話找我。然而現在，我自己卻茫然不知所措。我徹底分心，無法專注，我的專業對我此時此刻的困境毫無幫助。過去我總能「研究出」答案，讀遍找得到的資料並從中找到解答，或是主持研究計畫，收集科學上的發現。一路走來，這個方法幫助我建立家庭、拿到學位、找到工作，如今卻不管用。

這是我人生中第一次無法「推論」出一個答案。我無從分析，或是把思考倒轉，回到還沒跟生活脫節之前的我，無論怎麼努力都沒有辦法。我想著自己可以做什麼改變，把問題簡化。我想到我的職業生涯：探索大腦科學的未知領域，跟聰明的同事合作，使用最先進的神經科學儀器，指引新一代科學人展開探索之旅，一切都如此令人興奮期待。我想起我的家庭：為人父母，還有跟我崇拜的另一半一起養兒育女，那種被愛包圍的感覺。回顧自己的生命，從很多方面來看，那正是我想要的，但我並不覺得開心，只感到不安，就跟念故事書給兒子聽的時候一樣。一個惱人的念頭浮上腦海：**我也沒有真的在念這個故事。**

我的腦袋時時刻刻都被不斷大聲放送的腦中雜音盤據，從我上次的實驗應該怎麼做才對，到我最近發表的演講、下一件工作、照顧小孩或整修房子的事，無所不包，一不小心好像就會被徹底淹沒。但我想要這樣的生活。隨之而來的各種要求，短期之內也不會神奇消失，我也不希望它們消失。就在那一刻，我想通了一件事：我如果不願意改變生活，我就得改變我的腦袋。

大腦真的能改變嗎？

我出生在古加拉特邦的阿麥達巴城，那是印度最西邊的一個邦，因為聖雄甘地的靜修所而出名，在那裡仍可感受到他的精神長存。但我還是嬰兒的時候，父母就搬到美國，好讓我父親完成工程學的碩士學位。我們住在芝加哥郊區，整齊筆直的城市街區在那裡成了彎彎曲曲的狹小死巷。從很多方面來看，我跟姊姊和一九八〇年代長大的典型美國小孩沒兩樣，從小聽「轟！」和「流行尖端」樂團長大，盡量讓自己看起來像《蹺課天才》（*Ferris Bueller's Day Off*）裡的高中生。但進了家門，我們就像一座小島，被美國這座汪洋包圍著。我父母把一九七〇年代的印度文化和傳統整個搬來美國。在家裡，那就是我們生活的世界。每天早上出門上學，有點像越過一座橋，走向規則和節奏跟家裡截然不同的另一個世界。

由於我來自印度，又是受過教育又努力工作的移民家庭小孩，我跟姊姊都知道我們最終選擇的職業，只有三種父母能夠接受，那就是醫生、工程師或會計師。這種刻板印象自然是很僵化，簡直滑稽，但我也知道父母對我們未來成就的期望絕對不假。在青少女的我眼中，醫生是其中最刺激的一種，於是我宣布我打算攻讀醫學院。第一步是：到醫院當志工。

第一天當志工，我就發現自己絕對當不了醫生。醫院讓我不舒服，想到自己被病痛和死亡圍繞就異常難受。其他朋友在醫院環境中如魚得水，我卻不得不承認醫院工作不適合我，包括那種不確定感、病痛的噩耗、漫長的等待、日光燈、制式的長廊。但我已經報了名，還是得按時輪班，儘管每次都不太甘願，直到他們把我轉到腦創傷病房。

我的工作是帶著處於復原階段的腦創傷病患出去透透氣。有名工友會把患者抱到輪椅上（多數患者都有程度不等的癱瘓病情），再由我推著他們穿過飄散漂白水和熟食味的密閉長廊，穿過雙扇門，出去呼吸新鮮空氣。我跟其中一名病患特別熟，他名叫高登，因為騎摩托車出車禍而受傷。一開始我以為他四肢癱瘓，頸部以下都不能動，但過了一陣子，他有隻手開始可以動。起初我們出去時，我得幫他推輪椅，後來他漸漸能舉起手，按到電動輪椅扶手上的小控制桿，用不著我幫忙就能往前移動。我會走在他旁邊以防萬一，但他進步愈來愈多。他正在接受物理治療幫助復原，但他告訴我，晚上睡著之前，他躺在黑暗中，會在腦中清楚想像手按下控制桿的動作。即使白天接受了物理治療，每天晚上他還是會花**更多**的時間在腦中複習這個動作，記住肌肉的活動，一而再再而三重複同一個動作，就像在牢記他永遠不想忘記的愛歌歌詞。

我們沿著人行道走走停停時，他對我說：「這樣能鍛鍊我的大腦！」一隻手按著控制桿往前滑，一遍又一遍按下桿子。

就在那一刻，我明白了一件事。我心想：**哇，他在訓練自己的大腦變得不一樣。實際上，他是在改變自己的大腦！**

後來，我大學讀到神經科學時發現，運動員也會使用這種策略。這在運動心理學名為「心智練習」(mental practice)，是一種廣為人知的策略。即使運動員沒有在進行體能訓練，也會在腦中演練某個動作或姿勢，當作一種練習。高爾夫球員會想像揮桿動作，投手會想像從第一次牽動肌肉到最後完成的投球動作。游泳明星麥可．費爾普斯(Michael Phelps)有一次贏得奧運金牌後，提到自己時時刻刻都在腦中「體驗划水動作」，即使人不在水中。腦造影研究也證明，這種大腦演練會啟動運動皮層，類似實際的身體動作引起的反應，進而鍛鍊並強化控制人體動作的神經網路，就如肢體運動對肌肉產生的作用一樣。[1]

在腦創傷病房當過志工之後，我對大腦愈來愈有興趣。我迷上它的脆弱、復原力，還有改變能力。我很好奇大腦如何運作？如何控制各種不同的功能？如何適應及徹底地改變？如何成為一張能夠自我改寫、不斷改變，並且更新道路及邊界的活地圖——即使地圖上的標記看似是石頭刻成、永遠固定不變？

解開這些疑問的過程，最後引導我走向成為我的研究熱情和重心所在的大腦系統：**專注力**。

超能力

專注力系統負責執行人腦一些最強大的功能。它重新配置大腦的資訊處理過程，使我們得以在日漸複雜、資訊密集且快速變動的世界裡存活並游刃有餘。專注力就像一種透視能力，能讓你快速穿透擁擠的人潮、吵雜的聲音和閃爍的燈光，找到你的朋友還有音樂會的座位。專注力讓你**放慢時間**：看著太陽慢慢沉下海面，在攀岩之前仔細檢查裝備，或是按照清單或說明表，為複雜的工作做好準備且無一遺漏，例如手術前的醫療團隊（正如我的軍人朋友所說：「慢就順，順就快。」）。

專注力讓你得以在腦中進行**時空旅行**：你可以回顧快樂的回憶，從中挑出一段重溫並細細回味。你可以像千里眼一樣望向未來，規畫、夢想、想像接下來會發生什麼有趣或刺激的事。我們儘管無法藉由專注力移山飛天或穿牆走壁，卻可以瞬間切換到另一種現實，完成以上那些神奇的任務，無論是在看電影、讀書或任由想像力馳騁時，都不例外。假如我還沒說服你專注力是一種超能力，想想假如你的大腦做不到這些事，生命會變得如何？——**超級無趣！**

專注力能凸顯重要的事，同時模糊其他令人分心的事，好讓我們深入思考、解決問題、規畫未來、排出優先順序，以及改革創新。專注力是學習和吸收新知的門戶，幫助我們記憶並運用資訊。專注力也是控制情緒的要角，但這裡指的不是壓抑或否認情緒，而是察覺情緒並依據感受產生合宜的反應。此外，專注力還是另一個重要系統的入口，那就是**工作記憶**（working memory）——你幾乎做每件事都要用到的動態認知工作區（後面章節會更深入探討）。然而，專注力最重大的功能，或許是把織就生命的色彩、味道、質地、洞察、記憶、情感、決定和行動一分分、一秒秒地串連起來。

你專注投入的，**就是**你的生命。

有個著名的專注力研究如下。[2]研究員播放兩隊球員在籃球場上傳球、搶球的影片給一群受試者看。一隊穿白色球衣，另一隊穿黑色球衣。受試者要在幾分鐘內計算白隊傳了幾次球。場上有兩顆球，一隊一顆。黑隊前後左右運球，把球傳來傳去，白隊也一樣。要跟上白隊傳球的速度有點難，但只要專心還是辦得到。影片結束後，研究員問受試者：「你們數到的傳球次數是幾次？」

正確答案是「十五次」。但其實還有另一個問題。

「你們看到那隻黑猩猩了嗎？」

大多數人的反應都是一臉疑惑。**什麼黑猩猩?!**

把影片倒帶就一目瞭然：球打到一半時，有個穿黑猩猩裝的人慢慢走到場中央，停下來揮揮手（或跳了一下舞，每次都不太一樣，因為這個研究已經重複許多次了），之後又慢慢走出鏡頭。**可是卻沒人看到**。如果你忍不住想：「我怎麼會沒看到，我不可能會錯過一隻黑猩猩啊！」那麼聽好了：這部影片在一群美國太空總署（NASA）的太空人面前播放，他們可說是全世界最聰明、專注力強大的一群人。他們之中，有人看到那隻黑猩猩嗎？一個也沒有。

科學家提起這項研究時，通常將它視為專注力**出錯**的例子。其實那是一個專注力「陷阱」——你遺漏你應該要注意到的事物，所以就凸槌了。不過，我認為這反而證明你的專注力強大到不可思議。因為由此可見，你的專注力系統可以有效地關閉雜訊。以這個例子來說，你的任務是計算傳球次數，於是你把專注力集中在白球衣，把黑色的東西都濾掉，包括那隻黑猩猩。在我看來，這就是專注力的神奇**力量**。它有效凸顯了重要的訊息、擋掉無關緊要的事物，所以你才會看不到跳舞的黑猩猩。

同樣重要的是，你的專注力系統時常在做這件事——凸顯某些事，遮蔽其他事。我牙齒麻掉的那幾個月，害我的生活一團亂的，就是專注力系統的這種能力。我「選擇」把專注力放在某些事情上，包括擔憂工作、擔憂房子、擔憂未來，其他事就變得模模糊糊，包括我的丈夫、兒子，還有生活的其他部分。

我們都得問問自己：

我的專注力現在凸顯了哪些事？

遮蔽了哪些事？

這會如何影響我的生命經驗？

大腦專注時的樣子

大腦天生就有偏向性，習慣以偏概全。這或許聽起來是壞事，因為我們馬上聯想到種族、性別、性向、年齡，或是導致不平等對待或階級特權的那種個人偏見，但我指的不是這一類「偏見」。我指的「以偏概全」，是人腦不會對它接收到的所有資訊一視同仁。事實上，你也不會。或許你喜歡綠色勝過藍色、黑巧克力勝過牛奶巧克力、深層浩室或鄉村音樂勝過古典樂。你大概想得到各種理由解釋自己的偏好（你的過去、經驗、關係等），但是談到大腦運作的方式，造成大腦以偏概全的原因多半是**演化的壓力**。

舉例來說。人類的視覺比嗅覺靈敏，但狗的嗅覺卻比視覺靈敏。為什麼？幾千年前，我們的祖先要存活下來八成仰賴視覺勝於嗅覺，我們的狗朋友則剛好相反。猜猜看你的大腦有多少部分貢獻給視覺？[3]別忘了除了視覺，大腦還有很多其他功能。百分之五？百分之十？百分之二十五？

答案是百分之五十。

你的大腦有一半都貢獻給一件事：視覺感知。所以，我們可以毫不猶豫地說：你的大腦**偏好**視覺線索勝過於其他感官線索。但實際情況甚至比這更加極端。

現在請你抬起頭片刻，頭部和眼睛對著前方。這就是你的「視野」，亦即你在任何時刻都看得到的可觀察範圍。對擁有一雙正常眼睛的人類來說，這個視野大概是兩百度。所以如果你在周圍畫一個三百六十度的圓，你能感知的範圍只有這個圓圈的一半多一點。而你的視覺最敏銳的範圍，就在你的視野正中央。這個小小楔形是你唯一能達到視力1.0的範圍。我說它「小」，意思是真的很小。從你能感知到的兩百度視野來看，你的視覺高敏銳區只占了兩度。

試做以下動作：把兩隻手往前伸，然後舉起兩根大拇指並排，互相觸碰。兩個指甲並排的寬度，大概就是兩度——你的高敏銳視覺區就只有這麼一小片。假如你不相信我，試著慢慢把拇指分開，同時保持視線平穩。很快你就會發現視線變模糊。若要兩隻拇指都保持清楚鮮明，你的視線就得來回移動，基本上就等於一次又一次快速變換視野，好讓每根拇指短暫停留在視野中間。

那麼，那兩度的高敏銳視覺區呢？大腦視覺皮層裡的細胞有五〇%都在處理這兩度的訊息。之所以指出這一點，是為了解釋大腦隨時都在以偏概全。無論你正在做什麼，大腦都偏好視覺資訊，尤其是視野正中央的那一小片範圍。位在那兩度珍貴範圍內的事物，呈現在你的腦中，都會顯得特別巨大而強烈。

同樣地，身體感知在腦中的呈現也高度偏頗。有件事你應該不會太驚訝。我們指尖上負責觸覺感知的神經元比前臂多很多。你比較想用哪個部位去摸可愛小兔子的軟毛，指尖還是手臂？現在伸手摸一摸有紋理的東西，例如毛毯、你的毛衣等等。先用手背撫摸看看，再用指尖撫摸看看，留意兩者的差異。這就是你跟大腦「偏見」的**第一類接觸**。跟手的其他部分或手臂相較，指尖觸碰毛衣時會觸發更多神經元。

腦中內建的這種結構式偏見對我們不可或缺。這種偏見來自於演化壓力，人類祖先從中獲得存活的優勢。我們無時無刻不依賴它。想像你把視線移到門口，查看是誰走進門。我們的視線和專注力緊緊相繫，就像永

讀框框右下角的字

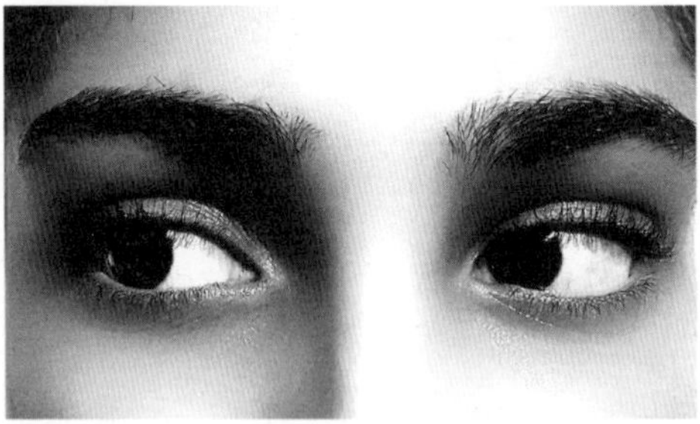

這是左下角　　　　　這樣就對了

遠步伐一致的舞伴。移動視線經常是我們轉移注意力和讓人（包括你的狗）知道我們把注意力放在哪裡的方法。眼神是極其強大的一種社交線索。

然而，視線在哪裡，不一定保證你的注意力就在那裡，或處理資訊的過程一定順利。回想你上一次在對話中間恍神的經驗。換句話說，你可能撫摸著小兔子卻沒感受到牠柔軟的細毛，可能看著自己小孩的臉卻沒聽到他們說的話。為什麼？因為你腦中永遠在上演一場「要處理哪些資訊vs.要封鎖哪些資訊」的戰爭。而決定這場戰爭誰輸誰贏的強大力量，就是**專注力**。

大腦即戰場，勝負操之在專注力

大腦即戰場，裡頭的神經元、神經節點（一叢叢神經元）和神經網絡（互相連結的神經節點，彷彿有一個個轉運站的地鐵路線圖）搶著出頭，壓抑彼此的活動。有時它們結成聯盟，增強彼此的活動，有時則會互相打起來。神經節點比個別神經元更能發揮影響力，甚至能連成網路，就像一個全國性政黨在各地成立辦公室，鞏固勢力並將之化為連貫的訴求和強大的集體行動。無論何時，你的腦中都有許多神經網路在互相競爭，看誰拔得頭籌。

忘了「我們只使用了大腦的一〇%」這個迷思。你的大腦現在百分之百都在工作，裡頭組成神經節點和神經網路的八百六十億個神經元互相合作、增強，但也互相壓抑。一個神經網路開始活動，另一個就會被剷平。多數時候這是好事。假如讓你**抬起手**的神經網路活動沒壓下讓你**放下手**的活動，你的手就會動彈不得。事實上，某些損害到認知力、肢體動作、視覺等的神經退化性疾病，確實會出現這種現象——神經元得不到清楚明確的行動指令，喪失了原本該有的協調反應。[4]

在大腦戰場裡，我們**希望**大腦動態時時刻刻都有明確的贏家和輸家。如此一來，我們才能完成各式各樣的動作，從擺動身體到追隨特定思路等等。

在實驗室裡，我們用**臉**和**景**這類複雜的視覺項目來探索感知力和專注力。臉很特別。在頭皮貼上電極，我們就能記錄腦電留下的獨特印記。讓人看過人臉圖像後，我們的記錄儀器在一百七十毫秒確實偵測到腦電。這個信號的振幅，也就是人臉圖在腦內觸發的神經元數目所產生的電壓，非常之高。這是種鮮明又可靠的腦印記。我們稱之為N170。

假如我讓你看一張人臉圖，同時記錄你的腦電活動，我會看到清楚的N170。半秒後我再讓你看第二張人臉，仍舊會看到清楚的N170。但若是同時給你看兩張臉，N170的振幅就會驟降，立刻變小變弱。[5]

這樣的結果似乎很奇怪。**更多**視覺資訊觸發的腦部反應怎麼會**變少**？答案是：**腦內戰爭**！處理每一張臉的一叢叢神經元**互相壓抑**。腦印記之所以變弱，是因為兩張臉都在爭搶我們的神經活動，結果兩張臉都處理不好。

所以呢？想想這對我們在世上的體驗會造成什麼結果：神經活動的多寡，決定感知經驗的豐富程度。我們感知細節的能力，或者根據感知內容採取行動的能力，跟感知神經元的活動密不可分。回想你上一通講的視訊電話。如果是一對一通話，對方的樣子和表情可能都會在你腦中留下深刻印象。但如果是十五人的視訊會議，你大概只覺得印象模糊，訊息超載。有愈多張臉，你的感知力的豐富程度會更受限，打更多折扣。不只人臉如此，各種訊息都是。我們周圍的一切隨時都在爭搶腦部活動的青睞。

因此，**專注力**才會變成超級英雄。

再回頭來看那兩張臉。這一次，我要你專注於左邊那張臉，不許移動眼睛——專注力轉向左邊的臉時，眼睛維持不動。我們看到的結果是：即使螢幕上還是有兩張臉，什麼都沒改變，你感知左臉和回答相關問題的能力都提高許多。把專注力轉向那張臉，促進了對應神經元的活動，活動變多表示感知力變豐富。它贏得了戰爭！決定勝負的就是專注力。

重點整理：**專注力使腦內活動偏向一邊**，它選擇的資訊因此更具競爭優勢。你專注的事，將會觸發更多相關的神經活動。我們可以說，專注力在細胞層面上**改變了你的大腦運作方式**。專注力確實是一種超能力。

專注力的三個子系統

目前為止，我所說的**專注力**似乎是單一的腦部系統。你可以把專注力轉移到任何地方，選擇性地提升資訊處理的過程。但這只是專注力的其中一種面向。專注力其實包含了三個子系統，彼此互相合作，幫助我們在複雜世界中運作順暢。[6]

手電筒

專注力有時就像手電筒。你指向哪裡，那裡就會變得更明亮、更突出、更顯著。那麼不在手電筒光束內的事物呢？那些資訊被壓制，繼續保持微弱、模糊、被封鎖在外。

專注力研究者稱之為**定向系統**（orienting system），你用它來挑選資訊。你可以把光束指向任何地方，無論是外在環境或內在的思想、記憶、情緒、身體知覺等。人具有把專注力手電筒任意指向任何地方的神奇能力。你可以拿它照亮跟你在一起的某個人，也可以照亮過去或未來。你想照亮哪裡，就可以把手電筒指向哪裡。

探照燈

某方面來說，這就是手電筒的相反。手電筒的光束狹小而集中，相反地，這個稱為**警戒系統**（alerting system）的光束卻非常寬闊。我家的車庫門上有個大探照燈。不是隨時都打開，但動作感測器一偵測到動作，它就會立刻開啟，我往窗外看就能觀察外面的動靜。有人送包裹來嗎？有隻浣熊跑過去？還是有訪客？我的注意力準備投向探照燈照到的事物。想像你開車時看到某個黃燈在閃爍，你立刻提高警覺，就像專注力系統拿出探照燈。注意力往外擴散，準備就緒，跟我探出窗外一樣。這個系統的守備範圍寬闊，接收力強。這時候的你處於警戒狀態。你不確定自己在找什麼，但你知道你在尋找**某個目標**，而且隨時能快速把注意力轉往任何方向。你提防戒備的可能是外在環境，也可能是出自內心的想法或情緒。

雜耍演員

隨時指揮、監督和管理你正在做的事，同時確保**行動**跟你設定的**目標**一致，這就是雜耍演員的工作。這個子系統負責所謂的「執行功能」，正式名稱是「中央執行系統」(central executive)。這是確保我們走在正軌上的監督者。我們可能有短期的小目標，例如讀完這一章、擬一封電子信、整理廚房。也可能是長期的大目標，例如為參加馬拉松自我訓練、讓小孩快樂成長、爭取升遷。無論目標多麼遠大，沿途一定隨時會遇到挑戰、要克服的分心事物，還有要對抗的競爭力量。所以我們得同時應付多種要求。

中央執行系統就像一名雜耍演員，同時要讓很多顆球飛在空中。雜耍演員的工作不是包辦每件事，而是確保整個過程進行順利，**目標**與**行為**一致，進而達成最終目標。舉例來說，你的目標是在下午六點前完成一個有時效性的案子，但你卻在網路聊天室聊到五點，計畫六個月之後的一項活動。這就是中央執行失誤。你的雜耍演員沒盯緊你目前的目標，沒能在手機訊息響個不停時克服拿起手機的誘惑。於是，你的行為很快跟你想達成的目標脫鉤。現在，把這種現象乘上你一天、一個禮拜、一個月得完成的事……

重點在於，你利用你的雜耍演員**克服不自覺的傾向**（比方手機一響就拿起來看），根據收到的新資訊更新並修改目標，同時隨時提醒自己目標所在。克服。更新。提醒。

每次我們做這幾件事的時候，就是中央執行系統在發揮功能。規畫和管理的任務愈多，你愈加依賴這種專注力。有時你正在拋接球，有人丟了另一顆球（任務）給你，你別無選擇只能接住。這可能會把另一顆球撞出去。也有可能你選擇不斷接更多的球，覺得自己應付得來。或許你真的可以，端看你的雜耍演員能讓你的行為和目標配合得多好。

專注力在任何一種模式下都能有效運作，但通常不會三種模式同時運作。例如，手電筒和探照燈模式不可能**同時**運轉。想想你聚精會神投入一件事的時候。假如有人走過來跟你說話，你可能要過幾秒鐘才意識到有人在說話，更不可能馬上就能解讀那些話語（你有多少次在看書、滑手機、打電動、用筆電時抬起頭，問：「你說什麼？」）。這就是**高定向**、**低警戒專注力**正在運轉：你的手電筒鎖定一個目標，其他事物都變黯淡了，無論是周圍的景象和聲音或心裡的胡思亂想都不例外。

現在，想像你切進一條陰暗的僻巷，抄捷徑走路回家。之前，你還在認真規畫明天的事，現在你暫時拋開這件事，切換成高度警戒模式，掃視周圍可能的威脅。這是**高警戒、低執行專注力**正在運轉。換句話說，你的探照燈打開，雜耍演員眼前只有一個任務：確保你的安全。

無論你為了什麼理由（不需要被威脅，只要**感覺**被威脅）進入「警戒」模式，你的大腦都無法專注或規畫。這時專注力似乎失靈了，其實不然。這正是專注力正常的運作方式，因此我們才得以：

- 在需要的時候**專心**，
- 在需要的時候**小心**，並且
- 在需要的時候**規畫**並**管理**我們的行為。

我們要人「注意聽」的時候，往往指的是**專心**。但專注力不僅止於專心。專注力是一種貨幣、一種多功能的資源。生活各層面幾乎都需要它，而它的每個面向（手電筒、探照燈、雜耍演員）跟我們做的每件事都密切相關。前面已經談過專注力如何讓你感知周圍的環境。除了感知，專注力的這三個面向涵蓋了**處理資訊的三種領域**：**認知領域**、**社交領域**，以及**情感領域**。看一下下頁的簡單圖表，就能理解這三個領域如何運用專注力。這差不多包含你一整天、甚至一輩子的「資訊處理過程」。

還有另一個重要的大腦系統也用來執行這些功能。它不屬於專注力系統，但是關係很近，那就是**工作記憶**（working memory）。工作記憶類似腦中的暫時「工作區」，讓你

認知領域（思考、規畫、做決定）

手電筒	幫助你跟隨並延續思路。
探照燈	幫助你判斷情況，注意到跟你手上任務有關的想法、概念和觀點。
雜耍演員	幫助你確定目標並牢記心中，知道下一步該怎麼做才能朝目標前進，同時克服分心和可能害你偏離目標的「不自覺」行為（例如拿起手機）。

社交領域（連結、互動）

手電筒	幫助你把光束指向其他人，傾聽他們說話，與他們互動。
探照燈	幫助你察覺某人說話的語氣，以及其他人的情緒狀態。
雜耍演員	幫助你應付多人的對話，選擇相關看法記在心中，過濾並評估不一致的意見。

情感領域（感受）

手電筒	幫助你把光束轉向自身的情緒狀態，先釐清是何種情緒，而後在它妨礙你做其他事時能辨認出來。
探照燈	情緒反應提醒你注意自己的感受，幫助你判斷這些感受是否「合乎比例」（對應到當下情況是否恰當）。
雜耍演員	幫助你在需要時執行情緒的方向校正。

得以在很短的時間內處理資訊，短則幾秒，長不過一分鐘。

專注力和工作記憶肩並肩一起合作。[7]無論專注力何時、以何種方式運作（集中光束、擴散光束，或是雜耍），處理的資訊都必須暫存在某處為我們所用。專注力和工作記憶不只形成我們意識經驗的現存內容，還有**利用**這些資訊內容在世上立足的能力。[8]

我需要一個更好的「老闆」嗎？

目前為止，我們一再強調專注力的力量有多強大，或許你會想：**假如專注力已經是一種超能力，我何必還要強化它？**

專注力**確實**強大。我希望你闔上這本書後，能真正瞭解並徹底領會專注力系統天生具有的強大力量。我希望你意識到，過去你可能從未發現專注力為你做的所有事。我們往往把專注力這種超能力視為理所當然，就像把身體和心智時時刻刻發揮的神奇功能視為理所當然一樣。你或許不會閒來無事就想起心臟每天抽取兩千加侖血液這件事，但事實就是如此。[9]心臟隨時都在為你工作，把氧氣和養分輸送到全身。專注力或許也同樣被低估了。通常，我們不會體認到自己的心智或身體具有的力量，直到有一天有地方因為某些原因出了差錯。

這時候，你就會想要一個更好的老闆。

陷入專注力危機時，我出現的症狀很不尋常（我從沒聽過有人牙齒麻掉！）。但專注力危機其實並不少見。看看四周，你認識的所有人似乎都陷入了專注力危機。你可能覺得自己時常分心、專注力渙散或難以專心。甚至在讀這本書時，你就發現自己時常放下書去看手機。假如專注力真有那麼強大，我們怎麼會那麼難以專心？

專注力之所以強大，在於幾個關鍵，比如它能強制或限制你感知的內容，可以快速穿越時空，還能模擬想像的未來和其他實境。但這些能力也能反過來對你不利。主要的原因有幾個。其中一個是人類大腦千年以來的自然傾向，有些傾向我們或許覺得令人挫折，卻攸關存活且有著保留至今的充分理由。但另一個原因跟我們生活的世界有關。

專注力中斷

想像我們的祖先正在採莓果或打獵。突然間，他們在樹叢間看見一張臉。是掠食者（快跑！），還是可能的晚餐（快衝！）？他們要能做出判斷——而且是**馬上**。

我們在實驗室拿上方的圖給受試者看，然後一邊觀察他們的腦電活動，一邊問他們關於景（是室內還室外？城市或鄉下？）或臉（是男是女？是開心還悲傷？）的問題。當受試者把注意力放在臉上時，從他們的大腦測到的N170比注意力放在景上時強很多。**專注力會強化人對臉的感知。**這幫助我們的受試者表現得更好，就像過去幫助人類祖先多活一天享受獵物，而不是被動物吃掉！但有時還是**免不了**被吃掉的命運。那麼，專注力為什麼有時候會失靈呢？

我們稍微更改了一下實驗，讓受試者看一樣的臉／景圖片，但不時穿插另一張暴力或令人不安的負面圖片。[10]那是從媒體上抓下來的圖，就是你在二十四小時播放的新聞頻道、臉書貼文，或是你「狂刷末日」（譯註：doom scrolling，指不斷瀏覽負面消息）時會看到的東西。即使我們要受試者「專注」的事物都一樣，他們辨別「相關」或「不相關」事物的能力卻幾乎歸零。光是讓他們看帶來壓力的圖像，也就是我們周遭無時不在的影像，就足以破壞他們的專注力。

每種超能力都有自己的剋星。一碰到剋星，專注力會**快速**瓦解。一旦瓦解，原本的強大力量就會反過來對你不利。這時候，專注力變成了一輛頻頻故障的霹靂車，漫無目的且不受控制地在過去和未來之間跳來跳去，不斷悔恨過去或預測也許永遠不會發生的災難。它緊抓著徒勞無益的事情不放，用無關緊要的雜音把工作記憶填滿。

專注力確實強大，但並非所向無敵。某些狀況是專注力的強大剋星。不幸的是，那些狀況剛好就是我們的日常。

2 專注力剋星

破壞專注力的三大力量是：壓力、心情低落、威脅。這三種力量往往一起作用，聯手打擊專注力系統，有時很難清楚區隔。

二〇〇七年，佛羅里達州墨西哥灣沿岸。剛從伊拉克回來的美國海軍陸戰隊上尉傑夫．戴維斯（Jeff Davis）正開著車橫越大橋。橋上的視野壯觀無比，陽光在水面上閃爍，天空萬里無雲，藍得不可思議。眼前一片美景，戴維斯卻視而不見。相反地，他的腦海被沙地和灰塵漫天的道路盤據，那些籠罩他內心的陰影彷彿會動。他體內的壓力荷爾蒙飆升，因為他跟過去開在那些路上時一樣滿懷焦慮。他人在橋上，油門愈踩愈深，車速快到令人捏把冷汗，但他的心——他的專注力，卻在半個地球以外的伊拉克，拉也拉不回來。他只想把方向盤輕輕一轉，墜入橋下一了百了。他費盡全身上下的力氣，才沒有那麼做。

戴維斯上尉當下的經驗，就是所謂的**專注力被綁架**。這個例子想必比一般人的經驗更極端、更慘烈，但專注力被綁架其實很常見。專注力就像你的大腦打出的聚光燈。它經常從你想投射的目標被扯開，移往精密複雜的大腦認為更「重要」和「緊急」的事物上，即使事實剛好相反。

前一章，我們談過專注力是一個強大的系統，決定了腦內戰爭的勝敗。其實呢，**腦外也有一場爭奪專注力的戰爭**。

你的專注力是大家爭搶的熱門商品

在實驗室裡，專注力研究都在嚴格控制的環境下進行。光線保持昏暗，強弱都有明確的規定。受試者坐的地方距離螢幕五十六吋。我們還會檢查你的眼球活動，確定你是否按照指示直視前方。最重要的是，為了確保我們測試的參數不會受到不明因素干擾，我們明確規定你要把專注力放在哪裡。這種狀況高度人工且不自然，真實世界遠比這複雜、活潑且充滿未知。但真實世界才是我們專注力發揮影響力的地方。

在你的大腦裡，專注力會**偏袒**某些腦內活動。它偏愛的腦內活動就能「贏得獎品」，對腦中正在進行的活動發揮更大的影響力。在你的大腦外面，「注意力市場」贏得的大獎則是引誘你掏出錢包。注意力商人帶領設計師和程式人員團隊，運用演算法想盡辦法贏得你的注意力，贏得了注意力也就能賺到你的錢。而且非常**有效**。

最近，我正在為家中的新電磁爐尋找一組平底鍋。我上網 google「電磁爐平底鍋」之後跑出很多資料。但是看了我喜歡的美食部落客的影片，瀏覽幾頁有趣的文章之後，我還是找不到我要的鍋子。隔天我一打開 Gmail 就看到一則廣告，標題是「哈囉，廚具愛好者！」。登入社交媒體，我的動態牆滿是平底鍋廣告。我相信廣告商這樣死纏爛打，像獵犬一樣追蹤你的數位足跡，把產品丟上你常去的頁面，希望你賞臉點擊，對你來說已經司空見慣。而我還真的點了下去。我點下一個我認得的公司的廣告，還點了一個紅色廣告，閃爍著：「阿米希，現時特價！敬請把握！最後七分鐘！」

不斷有人在獵取我們的注意力。廣告商比任何人都知道專注力有多珍貴，也知道如何抓住你的注意力。神經科學文獻指出左右專注力的三大因素：[1]

一、熟悉：我第一次點下連結，就是因為之前聽過那家公司的名稱。我的專注力立刻因為過去的經驗而強烈地偏向一邊。熟悉的名字冒出來時，彷彿磁鐵把我的專注力吸引過去。

二、突出：第二次點下連結，則是因為我被廣告的外觀吸引。顏色、閃爍的光線和字體大小等外觀特徵彷彿在對我大喊：「看這裡！」突出（新奇、響亮的聲音、鮮豔的燈光和色彩、動作）的事物，令人難以抗拒，馬上把我的注意力吸引過去。而且還為每個人量身訂作（看到我的名字，眼睛馬上一亮）。因為如此，很多應用程式才會要我們編輯個人檔案。人都會被跟自己有關的東西吸引。我們的注意力移來移去，變化快速又不穩定，很容易被牽引。

三、符合目標：最後，專注力可能受目標驅策，因為自己選擇的目標而偏向。例如，我的目標是找到好用又實惠的平底鍋，於是最後我把網路搜尋範圍縮小，只看這些範圍內的選擇。當我們心中有個目標，專注力就是這麼運作的：**根據目標限制我們的感知**。但我的例子也凸顯一個弱點：目標是這三大「專注力引力」中最脆弱的一個。熟悉和突出的事物，輕易就能把我的專注力拉走。

這是一場爭奪我的**定向系統**（手電筒）的戰爭。它被熟悉的事物拉走，就像被磁鐵吸走，也會被突出的事物拉扯。最後，我的目標贏得了勝利，但我花了好多時間、繞了好多路，才終於找到自己想要和需要的。當然不只買鍋子如此，我們想做的任何事都一樣。專注力是一種超能力，但我們經常搞不清楚它在哪裡，或掌控在誰或什麼事物手中，更別提它如何或何時開始發揮神力。更糟糕的是，我們很多時候遇到的狀況都像是專注力遇到了大剋星，害它難以施展超能力。我指的不只是網路世界，還有職業生涯、人與人的關係，以及生命投出的各種變化球。

什麼是「專注力剋星」？

破壞專注力的三大力量是：**壓力**、**心情低落**、**威脅**。這三種力量往往一起作用，聯手打擊專注力系統，有時很難清楚區隔。但接下來我會一個一個介紹，看看這些力量如何又為何足以擊潰你的專注力。

壓力

負荷過重的感覺，我們稱之為「壓力」。人一旦承受壓力，大腦就會展開時空旅行。

這時專注力會突然像被綁架一樣，譬如戴維斯上尉在橋上的經驗。人類大腦很容易被記憶或煩惱拉走，或是不斷編故事。壓力升高時，這種傾向害我們跟當下脫節。你不斷回想過去發生的某件事，儘管那麼做早就沒有幫助也毫無建設性；或是擔心不只尚未發生，甚至可能永遠不會發生的事。這只會加劇或加重你承受的壓力。承受巨大壓力的時間太長，你就會陷入專注力下降的惡性循環：專注力愈是下降，你愈無法控制它；愈無法控制它，專注力就愈下降。

承受多少壓力算「太多」，可能極其主觀，因人而異。跟我共事的許多人都不認為壓力是一種問題（你可能也一樣）。他們反而把壓力視為一種強大的動力，能夠挑戰並激勵他們克服困難，更加努力追求卓越。這一點我能理解。看看下頁的圖。[2]圖中指出壓力跟表現如何互相作用。由圖可見，壓力低時（例如沒有事情追著我們跑，沒有工作要趕），我們的表現沒那麼好，但壓力一增加，我們就會奮發向上，迎接挑戰。這種「好」壓力稱為**良性壓力**（eustress，念成 you-stress），是刺激表現的強大引擎，一路延伸到這張表的最高點，亦即最適水平（我喜歡叫它「甜蜜點」）；在這之前，壓力都是一種正面的動力，驅策我們前進，並集中我們的注意力。

要是能一直停留在這裡就萬事ＯＫ了。但實際情況是，即便停留在最適壓力水平

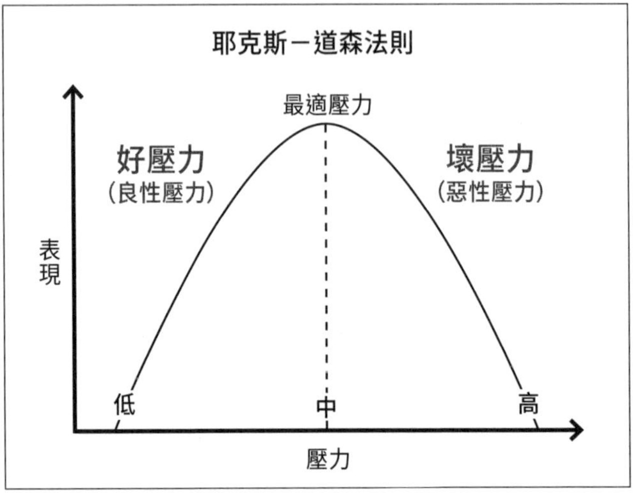

太久，也會把我們推下高峰，滑下長坡，原本的良性壓力就成了**惡性壓力**（distress）。

即使壓力一開始是有益的，是激勵我們進步的動力，處在高要求的狀況下愈久，持續不斷的壓力對我們的影響會愈來愈大。我們會開始從最適壓力點上跌下來，掉到壓力曲線的另一邊。這時候，壓力帶來的好處快速流失，成為侵蝕、破壞專注力的力量。你的手電筒發出的光束愈來愈常被負面想法卡住。警戒系統升高，因此無論你遇到**什麼事物**，感覺都像不斷閃爍的警告標誌，把你拉進高度警覺模式，使得你無法專心做任何事。而負責中央執行系統的雜耍演員把球掉在地上，導致**你想要做的**和**你實際做的**事不再一致：行為與目標脫鉤。這種情況發生時，自然而然的結果就是：心情墜入谷底。

心情低落

所有事都可能導致心情低落，從長期憂鬱到聽聞噩耗都是。無論原因是什麼，結果都可能讓你墜入無盡循環的負面想法之中。在實驗室裡，我們只要誘發受試者的低落心情，他們做專注力測試時，成績就會退步。

我們如何「誘發低落心情」？有時候是讓受試者觀看令人不安的影像，類似我之前提過的研究，或是請他們回想負面記憶。然後，再讓他們做需要動用專注力和工作記憶的認知測驗，例如記住幾個字母再做心算。每次被誘發低落心情之後，他們的表現都會退步，像是準確度降低、速度變慢、穩定度下滑。[3]

威脅

當你受到（或感覺受到）威脅時，不可能還能專心做手邊的工作、追求目標或計畫未來。我在第一章提過的手電筒呢？能夠任意操控專注力轉向何方的強大力量呢？呼，沒了。想像那束明亮穩定的光開始東飄西蕩，集中的光線分裂四散。你原本想做的事呢？不可能完成了。

受到威脅時，專注力會按照兩種方式重新配置：第一，對威脅提高警覺；第二，專注力被威脅牽著走，因此任何跟威脅有關的事物都會抓住你的專注力不放。這一點明顯跟人類存活有關。在人類演化的關鍵時刻，保持高度警覺是必要的，不然就無法活下來繁衍後代。假如你太投入一件事而沒發現掠食者正悄悄逼近，大概就完蛋了。受威脅的感覺啟動了「高度警戒」的快速開關。此外，演化還加碼給了人類額外的人身保險，那就是讓威脅我們的事物牢牢抓住我們的注意力，確保我們的專注力固著在上面，想分心也很難。因為如此，人類才能隨時留意周圍是否有掠食者，並在掠食者出現時緊盯著對方。這種能力或許拯救過我們的祖先無數次，但也造成了其他後果。人類祖先從未寫出傳世的鉅作或設計出精密的機器，就是這個原因。假如你隨時覺得受到威脅，當然無法專心投入其他工作或體驗，無論「威脅」是實際的或象徵的都一樣。[4]

在實驗室裡研究威脅，我們不會把試驗對象放在讓他們覺得人身安全受到危害的情境，那樣有違職業倫理。然而，跟我合作的人士當中，有不少實際面臨過人身安全的威脅。例如上戰場打仗或接受真槍實彈訓練的軍人，還有冒著狂風撲滅野火的森林救火員。對一般人來說，威脅沒有那麼真實，但這不表示威脅對我們的專注力影響比較小。跟上司討論自己的績效；跟保險公司爭執；上公聽會作證，就影響街坊的新法令跟市府官員交換意見等等，這些狀況雖然不致威脅人身安全，還是可能讓人覺得自己的名聲、財務安全或認知的公平正義受到了威脅。

就算你智商一八〇，也不得不接受人類大腦的一個現實：某方面來說，這三萬五千年來人類大腦都沒什麼改變。[5]只要我們的大腦自認受到威脅，就會重新配置專注力，無論你面前的東西是不是真正的威脅。

狡猾的剋星

就算沒去過神經科學實驗室，也沒讀過一篇篇科學研究提出的證據，你大概也能理解壓力、心情低落和威脅對專注力有害。我們會想，**那好吧，我只要減輕壓力，注意自己的心情，避免自己因為並非威脅的事物感覺受到威脅就好啦。**

問題是，人很不擅長辨認破壞專注力的力量，即使已經被那些力量團團包圍。我們往往認不出是什麼剝奪了我們的專注力。更進一步說，由於從未訓練對自己的心智保持敏銳，我們很難意識到專注力下降造成的結果。

成見威脅（stereotype threat）就是一個很好的例子。當社會對身分的既有偏見（多半跟性別、種族或年齡有關），妨礙我們的表現或身心健康，就構成了一種成見威脅。一項針對亞洲女大學生的研究，測試了兩種普遍成見交互作用的結果。[6] 一種成見是女性天生數學不好，另一種是亞洲人天生數學很強。研究員要一群學生做數學測驗之前先寫下性別，只要寫下「女」即可；另一群學生只要寫下族裔。事先被「指點」要把族裔牢記心中的這組學生成績出色，另一組跟性別綁在一起的學生成績較差。

但有個結果令人意外。不是只有「負面」成見才會影響表現。在另一個相關研究中，研究員強調受試者的優勢（「亞洲人的數學很強」），沒想到他們卻表現不佳！由此可見，根據成見而來的**高期望**也會形成威脅——這裡的「威脅」是指，擔心自己達不到期望，無法證實這種正面的成見。成見威脅有利有弊，你可能強化低評價的成見（「女性數學都不好」），也可能強化（或辜負）高期望的成見（「亞洲人數學很強」）。無論是哪一種，都會部分威脅到你的認同核心，因此瓦解你的專注力。最後，無論在哪一個研究中，這種現象都只在知道這些成見的受試者身上發現。也就是說，如果你覺得自己是該族群的一員，那些成見就會傷到你。

這件事為什麼重要？因為它凸顯了成見為什麼會對專注力構成威脅——它**盤據**你的專注力。「我年紀大了，所以動作慢吞吞又健忘」，或是「我太年輕，不夠格當領導者」，這些想法都會害你分心，因為它們對人腦的專注力系統都是一種威脅。當我們擔心自己證實了他人的低期望，或是達不到別人的高期望，對認知就是一大負擔。

成見威脅曾在我的人生關鍵時刻起過作用。當年還在大學讀神經科學時，我曾在專做**心智理論研究**（theory of mind）的實驗室工作。心智理論就是推測自己和他人的心智狀態，並理解他人的感知與我們不同的能力。我認為很有趣，甚至考慮讀研究所，繼續鑽研這個主題。主持實驗室的教授在系上很資深，地位崇高。三年級期末，我在他的實驗室已經待滿一年，因此我去找他請教申請研究所的事宜，徵詢他的意見。到今天，我還記得他臉上的表情：除了驚訝，還有懷疑。

「妳要讀研究所？」他問：「來自你們文化的女性，很少發展職業生涯。」

我記得那句話對我的打擊有多大。當他看著我，他看到的是我的性別，還有我的文化形成的某種刻板印象，而不是一個有才能又有潛力的年輕學生。

那學期我離開他的實驗室之後，再也沒回去。那時我剛修完一堂很棒的課，是我最喜歡的主修課之一，開課的是派蒂・路特-羅倫茲（Patti Reuter-Lorenz）教授。這位教授在我眼中口才好又聰明，表達清楚又風趣，而且還會玩搖滾樂。直到懷孕後期都還挺著大肚子教書。她堅強勇敢，充滿活力。大四剛開始，我聯絡她，問她的實驗室有沒有缺人，他們研究的是……**專注力**。

這件事決定了我的人生方向。當時我感受到成見威脅帶來的沉重打擊，但我不想陷入那種對我不利的情境中，我知道那對學習和成功都毫無幫助。如果現在能跟第一位教授說話，我會謝謝他說出心裡真正的想法，我才得以及時改變方向，找到這份在許多方面都讓我的生命改觀的志業。

想想你歸類自己的各種方式，如性別、種族、性別認同、能力或缺陷、體重、外貌、社經地位、教育背景、國籍、宗教、工作經驗或缺乏經驗。無論是什麼樣的歷史包袱或既有偏見讓我們感受到成見威脅，一旦覺得受到威脅，就會對我們的表現、目標，甚至整體心理健康造成危害。這就是文化潛移默化的力量。如果能擺脫文化該有多好，可惜沒那麼簡單。成見威脅使我們隨時「警戒」，造成專注力分散、變淺，難以集中。

壓力有時也一樣難以捉摸。

當壓力感覺不像壓力

最近，我向我任職的大學校長，也就是邁阿密大學的胡利歐·弗倫克（Julio Frenk）醫師介紹我的工作內容。他一聽到我們團隊的研究，便有興趣為他的領導團隊提供正念訓練課程。但若要團隊花時間接受訓練，他就必須進一步瞭解這種訓練對他們有什麼好處。

於是，我開始進行一對一的簡報，從高壓期間造成的認知負荷說起。他聽得很專心，然而在我解釋完這些專注力破壞因子造成的危害之後，他提出一個問題。

「可是，如果我**不覺得**壓力大呢？」

他承認自己忙碌不堪，但那感覺不像是**壓力**。他沒有不堪負荷、焦急、恐慌或其他跟壓力相關的典型感受，反而形容那比較像是「很多事情在背景裡發生，把我拉開」。

我點點頭，可以理解像他這種階層的人士對「壓力」的感受有別於一般人。高能力、高成就的領導者，往往不認為自己的生活充滿壓力。他雖然理解專注力會被盤據腦中的各種想法綁架，「壓力說」卻無法使他產生共鳴。

我從實驗室的研究中發現，你不需要**覺得**有壓力，專注力就會打折扣。領導者負責的許多工作，譬如高度消耗認知力的要求、考核壓力、緊繃的人際互動、不確定性等等，也都會破壞專注力。[7]在最近的一項研究中，研究員告訴受試者，完成一項需要高度專注、耗時幾分鐘的任務之後，**可能要**上台演講。[8]這群人比被告知**不用**上台演講的另一群人表現更差。這樣的結果或許不令人意外。但重點來了：「不確定」要不要演講的這組，表現得甚至比被告知一定要上台演講的第三組更差。可見「不確定」本身為大腦多加了一種占據心思的認知負荷，進一步消耗了專注力。

這項研究告訴我們，一件事不需要感覺有壓力，就會耗損專注力。這方面我也有親身經驗。我一直不認為自己牙齒麻掉是「壓力」造成的，也從沒想過這麼解釋。

你或許只是覺得自己的行程很滿，滿到漸漸難以找出並瞄準最重要的事，或是保持最佳表現所需的清楚思緒。

每個人的壓力耐受度（也稱「惡性壓力」耐受度）都不同。你或許不覺得自己的生活充滿壓力。只是一旦加諸在你身上的要求太過密集，時間拖得太長（從幾週到幾個月），很有可能對你的專注力造成影響。你要說那是「高要求」也可以。這裡指的是有如臨界點的「要求」，過了那個點，你就不再覺得舒服或對你有益。若是專注力系統（在目前狀態下）已經超出負荷，你覺得痛苦和失控的機率就會大增。

不管如何定義，高要求期間都可能侵蝕你的專注力。那麼，理所當然的解決之道，難道就是避免這種惱人的狀況嗎？降低期望？減少要求？調降目標？

當然**不是**！很多壓力來源都無法避免，有些甚至是我們邁向成功和實現目標的必經之路。假如把它們拿掉，等於是在自我設限。所以我不是要你改變生活、改行，或是降低對自己身為專業人員、父母、運動員、社區幹事的期望。無論你想達成什麼目標，這都不是我樂見的結果，相信你也一樣。這本書不是要勸人減少要求以增強專注力，或學習如何拒絕別人，而是要在**面對**壓力、挑戰和高要求時，也能有最佳表現。值得做的事都不簡單。工作不簡單。為人父母不簡單。要成功也不簡單。

設定遠大的人生目標可能帶來壓力。人生總難十全十美。如果我在接下第一份往終身職邁進的教職和成立第一間實驗室的同時，沒有生下第一胎，或許牙齒就不會麻掉！但我想成為母親，也想成為教授和科學家。這些事都得在一定的時間內完成（根據生物學定律和挑戰性高的學術生涯的遊戲規則），沒得商量，我也不願意放棄其中任何一個。

這就是進退兩難的典型局面。一方面，你長期面對高要求，所以得拿出高水準的表現。另一方面，高水準表現所需的認知能力，卻又因為長期面對高要求而快速枯竭。

專注力連續體

切記：專注力**不只**會影響工作表現。專注力是你用來做每件事的多功能資源。這表示當它開始瓦解時，影響到的不只是你回信或完成報告的能力，還有你跟你重視的人之間的關係互動，以及朝著遠大人生目標邁進的能力——或許你離目標還很遠，但如果想達成目標就得慢慢縮短距離，這時專注力若是不足，就可能偏離目標或失去方向。此外，還有你在重要關頭的應變能力，無論是危及生命的緊急事件，還是情緒或人際關係危機；這些危機是否能化解，都可能影響重大事件或關係的日後發展。

無論在何種資訊處理的領域，前面提過的三種專注力模式都對壓力、心情低落和威脅造成的破壞，還有其他不利狀況相當敏感。專注力枯竭有各種表現方式，從體溫過低到**死亡焦慮**（mortality salience，想著自己終將死亡）都有。[9]

下表大致列出專注力**最佳化**時的表現，以及專注力**打折扣**的結果。

從左邊欄位看下來，你會看到一個人成功運用專注力時的側寫。當專注力強大、靈活、訓練有素時，就會呈現這個模樣。但事實上，沒有人穩穩地或完全落在這一欄（我的實驗室和範圍更大的研究領域都有愈來愈多佐證）。

專注力連續體

最佳化		打折扣
你可以跟上思路、制訂策略、規畫跟做決定。你能覺察狀況、分類工作，以及排出優先順序。	認知領域	你的思路可能亂掉，頻繁轉換。你卡在細節裡，或被看似無法克服的問題分散心思。
你能與他人連結，進行直接且有意義的互動。	社交領域	你無法感受或理解他人，錯失與人連結的重要線索和機會。
你會覺察自己的反應，做出的回應發自真心，也拿捏得當。	情感領域	你的情感回應拿捏失當，對自己的情感狀態缺乏覺察。

沒有學生。

沒有律師。

沒有企業執行長。

沒有軍事將領。

沒有美國太空總署、波音公司、馬斯克創辦的SpaceX的頂尖科學家。

沒有任何人。

專注力剋星為何如此強大？

有個著名的專注力測驗，各年齡都適用。你坐在電腦前，一連串字母一一出現在螢幕上，你的任務是用最快的速度說出每串字母的顏色。[10]聽起來很簡單？

用旁邊的圖試試看。坐下來，然後盡量快速且精準地說出墨水的顏色。

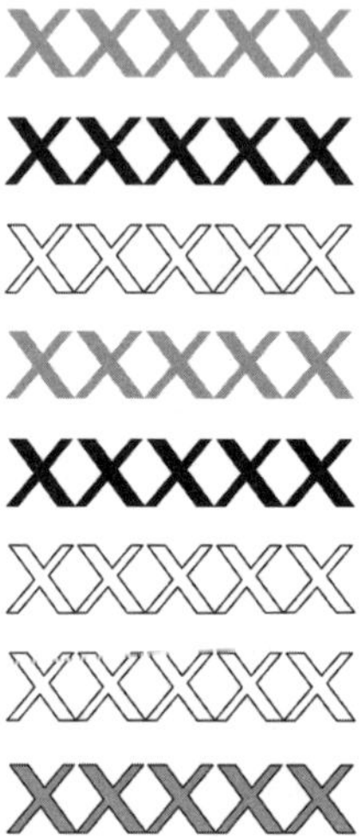

很簡單吧？完全沒問題。但我要你用下

一頁的圖再試一次。你的任務還是一一說出字母的墨水顏色。注意：是**墨水**的顏色，不是**文字**。準備好了嗎？預備，開始！

還是很簡單嗎？可能還好。

在實驗室裡，我們會用電腦測量受試者回答的時間，但你自己做就沒有。不過你可能會發現自己的速度比第一次測試慢，而且到第四行時遲疑片刻，多停了一秒，有股想說「黑色」的強烈衝動。說不定你不小心脫口而出，之後才又改成「灰色」。

但指示明明很簡單，為什麼會這樣？**因為我故意讓你的大腦跟自己打起來**。一邊是自動反應（讀或看到字），一邊是你接受的指示（說出墨水的顏色）。兩個搭不起來，於是產生了我們所謂的「高分歧」（high-conflict）片刻。

在大腦裡，這代表「麻煩來了」。為了因應問題，專注力的執行系統被找來「加把勁」。有了專注力，你能更輕鬆地克服不自覺念出字的衝動。你的行為變得跟目標更加一致。在實驗室就能追蹤到這種改變。比起在低分歧測驗之後進行高分歧測驗，在高分歧測驗之後進行高分歧測驗，受試者的反應更快、更準。這聽起來好像是件好事。[11]有時確實是，但也可能變成專注力枯竭的根源。

在生活中，我們認為**很有挑戰性的狀況**通常會讓大腦陷入「分歧狀態」[12]。也就是說，我們感知到的事跟**應該**發生的事不一致。大腦以不同的方式反映這種分歧：

- **抗拒**：我們或許希望發生的事能夠到此為止，心中充滿恐懼、悲傷、擔憂、不滿，甚至怨恨。
- **懷疑**：我們或許不相信自己對正在發生或應該發生的事所做的評估，進一步加深心裡的懷疑。
- **不安**：我們變得焦躁不安，不確定發生了什麼事，但就是覺得不滿。
- **渴望**：我們或許會對正在發生的事更加渴望，迫切想要得到它。

大腦的這些分歧狀態都代表出了問題。於是，專注力被召來解決問題。但生活中的問題不像數學題，破解之後就能從待辦清單上劃掉。這些問題多半是長期且複雜的問題，或是人類天性的一部分，無法像數學題一樣很快算出答案。

分歧狀態之所以耗損專注力，原因在於：**它們會持續不斷地召喚專注力**。連續動用專注力，使得專注力快速枯竭。專注力一旦枯竭，你就會進入自動駕駛模式。這時候，大腦很容易被突出醒目的東西「捕捉」並吸引過去。

如果一直處在分歧狀態，這些事物會搶占你的大腦工作區和專注力資源。大腦忙著處理分歧，只剩下少量專注力資源能用來克服自動駕駛傾向，因此**突出**的事物便會抓住你的目光，讓你流連忘返。所以，假如你度過漫長又辛苦的一天，比方壓力大、焦慮又忙碌，就比較可能受到閃亮鮮豔的東西吸引。你會去拿餅乾而不是胡蘿蔔。你會點下一閃一閃的廣告。你會把應該存起來的錢花掉。你會把比錢更珍貴的專注力放在你從來不想停留的地方。

在這些情況下，我們習慣求助於幾種常見的對策。這些對策既普遍又自然，經常是我們的預設反應。問題是，它們不具實際效用。

失敗的因應對策

正面思考。往好處想。做一些事放鬆心情。設定目標並想像目標。壓抑心中的煩惱不安。專注在其他事情上。我們都聽過這些在壓力下處理事情和專注心神的建議。其中有一些也涵蓋在表現心理學和專業領導訓練中。當我們發現自己開始分心或陷入負面思考迴圈，我們的預設反應往往是求助於這些方法。這樣不好嗎？這些方法其實都需要動用專注力才能執行，反而會進一步消耗專注力，而不是強化專注力。雖然常聽人說，我們能夠也應該「藉由轉念改變心境」（換上樂觀正面的態度），但這種方法跟其他方法一樣，都要付出高昂的代價。更糟的是，在高壓力之下，這種方法通常沒用。

試試這個：別想北極熊。[13]我說真的！別想。這是你現在唯一要做的事。別再想北極熊了！

你在想什麼？

我應該猜得到。

我們對現役軍人做了研究，訓練他們正面思考，看看這是否有助他們熬過高要求的軍事訓練。結果發現不行，不但無助於提升或保護專注力，專注力甚至日漸下滑。

為什麼？部分原因是，在痛苦或艱辛的情況下，必須動用許多專注力，才能用正面觀點重新思考一件事。當專注力已經開始下降，要建立這種心智模型（mental model）很困難，因此所有努力會像沙堡碰到漲潮一樣土崩瓦解。之後為了重建和修補，你又得投入大量認知資源，就像拚命阻止沙堡被水沖走一樣。很難。最後，腦力（和專注力）

都耗盡，什麼都沒達成。

儘管有不少研究指出正面思考在許多情況下有用，但正面思考和壓抑這類方法，在高壓力和高要求期間不但無效，甚至可能有害。我稱這些方法是「失敗的因應對策」，因為使用這些方法解決專注力問題的同時，我們反而進一步耗損了專注力（想像扭傷了腳踝還硬要跑步）。那會變成一個快速惡化的循環。在專注力下降、大腦開始分心時，我們努力正面思考，壓抑，逃避，推開現實，快速通過。但這種種努力會瓜分我們的認知資源，於是壓力更高、心情更壞，造成專注力下降的力量更加強大。當專注力進一步快速惡化，你更努力求助於這些無效的對策，耗費更多認知燃料。於是你陷入向下螺旋之中，認知力節節敗退，應對能力每況愈下。

你就是無法不去想那隻北極熊，而且勉強自己不去想，**很快**就會榨乾你的心力。這些方法占用了你的專注力。使用這些方法就像提油滅火，只會使情況惡化。我們想盡辦法要掌控專注力，卻把認知力投入根本無效的方法。

接下來的問題顯然是：**那麼，什麼方法才有效？**

3 大腦做的伏地挺身

訓練大腦留在當下可能是專注力訓練缺少的重要一環，也是各種裝置、大腦訓練應用程式，還有我們試過的其他方法都漏掉的催化劑。

我兒子還小的時候很愛一種叫作「捏捏樂」的玩具。那時候我正在跟專注力激烈奮戰。捏捏樂基本上就是一個透明滑溜、裝滿水的塑膠軟管，兩邊密封。當你想把它拿起來抓住，它會往內一凹，從你手中跳出去，抓也抓不住。里歐會用小手包住它，然後這玩意就會射向空中再彈到地上──他百玩不膩。

只是我感受不到絲毫樂趣。我陷入同樣的循環，但我想抓住的不是捏捏樂，而是我的專注力。問題是我抓得愈緊，它跳得愈遠。

我記得要**命令**自己的大腦平靜下來。我記得我愈來愈難控制它，它開始大力反撲。

令人沮喪和分心的內在獨白愈來愈大聲。我覺得好絕望，好像我愈努力，情況就愈糟糕。除了絕望，還有愈來愈強烈的渴望。我渴望能真正體驗生命，而不是活在快轉和倒帶的狀態裡。

很多人都有過這種對存在的渴望。有些事促使我們反省自己對眼前展開的生命有多投入（或不投入），例如健康危機、離婚、天災人禍、生離死別、全球傳染病。促使我們這麼做的，甚至可能是好事，比如成功、升遷、跟心愛的人共度美好時光。也可能是日積月累的體會，例如直覺自己**一定**有辦法把外在表現和幸福程度「升級」。無論是什麼，你都因此發現你沒有自己希望的那麼專注、控制得宜和貼近現實，但若想要充分享受生命，**勢必**要更加投入才行。我們試過各種可用的方法和訣竅，從數位排毒週末到生活祕訣應用程式等等。我們需要能化解這種困境的有效方法，幫助我們更專心、更有反應、更貼近生活。

現在我們已經知道，專注力既強大又脆弱，人類天生就容易分心，而我們周遭的世界也不斷利用人類的這種自然傾向。前面我提過有方法可以化解，但其中的一大挑戰是，一般人都認為大腦不太能夠改變。我們覺得自己多少已經「定型」，而那個「型」已經難以改變，是基因組成或天生性格的一部分。

神經可塑性：訓練大腦改變大腦

神經科學家過去都認為，大腦的運作方式多半固定不變。一旦成年，過了仍在發育、可塑性高的青少年時期，「大腦就不會再改變。」學習新知或有新體驗時，當然會產生新的連結，但那也只是把既有的地標連起來而已，就像建一座橋連結兩塊陸地，或者加一條支線串連兩條公路。這些工作還是在同一個基座上進行。成年之後，大腦這張地圖已經印上半永久性的墨水。

直到我們發現自己錯了，這在科學界經常發生。人類的大腦，而且是發育成熟、已經成年，甚至**受過傷**的大腦，具有驚人的**神經可塑性**，意思是它能自我改良和自我重組，端看它接收的內容和規律進行的步驟而定。這裡有個現成的例子。倫敦這座古老城市的地圖複雜到讓人腦袋打結。研究員把倫敦公車司機的大腦跟計程車司機的大腦互相比較，結果發現計程車司機的海馬迴（大腦掌管記憶和空間定位的關鍵部位）明顯比公車司機大。[1]他們的工作內容多半相同，都是開車在市區裡穿梭，為什麼會有這樣的不同？因為公車司機只需要記住並行駛特定路線，計程車司機卻必須把全市的地圖記在腦中，還得靈活捲動腦中的地圖，找到每次要去的新路線。這些人顯然不是從小就開始駕駛公車和計程車，因此他們的大腦產生的改變是長大之後才發生的。

這項針對神經可塑性的研究已經公開多年，卻沒有深入大眾意識之中。我們還是認為大腦是「固定安裝」的系統，而我們回應各種狀況的方式（無論認知或情感上）都是不可更改的現實，是我們的個性或認同的一部分，我們只能面對它或迴避它，但無法真正改變它。我在「專注力危機」期間，之所以想到我可以改變大腦而不是人生方向，也是因為我選擇的職業對我的影響。當你面對類似我遇到的危機，直覺反應可能是思考如何改變人生才能做得更好，例如換工作、推掉責任。但對我來說，沒有哪件事有商量的餘地。我已經走上自己選擇的人生道路，做著我喜歡的事，沒有一件事我想要改變，除了我在這個過程中的感受。此外，我本身就是神經科學家，對大腦驚人的神經可塑性早已知之甚詳。多年前，我當醫院志工時認識的下身癱瘓患者高登，他所受的腦部創傷第一次讓我對神經可塑性能做到的事留下深刻印象。受過傷的大腦竟然能夠大幅恢復它似乎已經失去的功能。儘管需要時間、練習和持之以恆，但確實有可能做到。這告訴我一件事：大腦是**可以**改變的。因此，從受傷到復原之後的第一步，就是讓恢復健康的人有機會反覆練習，希望藉此優化某些功能。我們能不能利用大腦的神經可塑性，把大腦變得更健康、更善於面對這個時代的挑戰？

我**可以**改變我的大腦，這一點我很確定。我不確定的是，要**如何**做到？

我牙齒麻掉的那年春天，傑出的神經科學家理查・戴維森（Richard Davidson）剛好來我們系上演講。目前，理查在威斯康辛大學麥迪遜分校帶領一所欣欣向榮、專攻冥想研究的心智健康中心。但二〇〇〇年代初他來賓大演講時，尚未開始暢談他近年所做的冥想研究。演講結束之前，他把兩張功能性核磁共振造影並陳在螢幕上：一張是被誘發正面情緒的大腦，另一張是被誘發負面情緒的大腦。為了得到這兩種影像，研究員要受試者回想開心或悲傷的記憶、聆聽振奮或哀戚的音樂，或是觀看悲劇或喜劇電影的片段，藉此引發他們的情緒反應。在此同時，巨大的核磁共振儀會嗶嗶嗶、嗡嗡嗡發出無線電波脈衝，捕捉大腦活動的資料。

MRI（magnetic resonance imaging，核磁共振造影）就像你膝蓋或腳踝受傷時會做的檢查，提供的是**靜態的**解剖畫面，就像體內的快照。fMRI（functional MRI，功能性核磁共振造影）就不同了，它利用的是大腦和血液在磁場下的方便特性。神經元一發射，便需要更多充氧血，而充氧和缺氧的血液會留下不同的磁跡。fMRI將大腦不同部位在一段時間內的血氧濃度打亮，這表示它能夠持續地間接追蹤大腦神經元在哪裡最活躍。[2]理查給我們看的那兩張投影片，呈現出的大腦活動截然不同，就像羅夏克的墨跡測驗圖。負面情緒大腦的運作方式跟正面情緒大腦不同。

問答時間，我舉手發問：「要怎麼讓負面情緒的大腦變得像正面情緒的大腦？」

他毫不猶豫地回答：「冥想（譯註：meditation 有冥想、禪修、靜修、靜坐、靜觀、內觀等譯法，本書視情況採不同譯法，但若是書中用來訓練專注力的正念訓練，則統一譯為「正念冥想」）。」

我不敢相信自己的耳朵。這是一場關於大腦科學的演講，他怎能說出「冥想」這種答案？那就像對著一群天體物理學家說起**占星術**一樣奇怪。冥想怎麼會是值得進行科學研究的主題!?沒人會把你當一回事吧。此外，我對此存疑也有個人的因素。

從小到大，家父都是靜坐冥想的奉行者。我記得小時候一大清早，搖搖晃晃、睡眼朦朧地走進爸媽房間，就會看見我爸沐浴更衣完畢，手上抓著瑪拉（念珠），眼睛閉上，跟雕像一樣坐著靜止不動。我很少回我出生的印度老家，但十歲那年夏天，我們回了印度一趟。那年家裡的一件大事是某個跟我年紀差不多的堂哥要辦成年禮。典禮期間，祭司在他耳邊說了些悄悄話。後來我才知道他念的是一小段古老梵文組成的特殊**咒語**。每天，堂哥都要用一百零八顆珠子串成的念珠默念這段咒語一百零八次。

我覺得很好玩，那就像受邀加入一個神祕社團，感覺很大人、很了不起。我問媽媽那是什麼咒語，什麼時候我才能得到我的咒語。這時她才對我說出晴天霹靂的消息：我不會得到咒語……因為只有男性有，而我是女性。根據印度教傳統，只有男性有成年禮，也只有男性能得到咒語。我媽為此感到不滿，因為她一直希望自己的女兒受到平等的對待，但這就是印度文化的現實。

對我來說，這件事到此為止，冥想從此跟我無緣。既然它不接受我，我也不會接受它。我把它打包裝箱，跟其他過時的性別歧視和我討厭的古老傳統全部塞進大腦深處。我不打算學煮印度菜，成為完美的印度妻子，當然也不打算嘗試冥想。因此，當理查·戴維森在演講上說出「冥想」二字，全部的我——科學家、教授、被家族傳統排拒在外的憤怒女孩，都拚命在抗拒。我把他的回答拋到腦後，但這個答案仍然困擾著我。

同時間，我們正在實驗室裡尋找提升專注力、心情和表現的新途徑。我們試過不少東西，包括各種裝置、大腦訓練遊戲，還有其他誘發心情的方法。有一次，我們調查了很多學生稱為「高分神器」的新裝置，據說這種裝置能幫助他們更容易集中精神。那是一個連到耳機和護目鏡的小型手持裝置，使用者把它打開，就能體驗到閃爍的光線和安撫心情的聲音。你什麼都不用**做**，只要被動地聽聲音和看光線即可。這個裝置大受歡迎，在某個熱愛科技的亞洲國家，父母還會買給自己的小孩使用。大學生也說他們靠著它通過了國家考試。廠商聲稱它能提高專注力、增強記憶和減輕壓力。真有那麼神嗎？試過的人說有，但我們不一定要相信——我們的團隊可以在實驗室裡測試並找出明確的答案。

於是，我們做了一個基本的專注力研究，為了確認又再加做一個。在兩次研究中，我們讓受試者做電腦測驗，評估他們的專注力，之後讓他們帶著「高分神器」回家，規定他們連續兩週每天使用三十分鐘。當受試者回來重做測驗，「高分神器」對他們的專注力表現有多大影響呢？**零**。毫無改變，甚至一點點進步的傾向都沒有。

我們在其他地方的發現也難以說服人。二〇〇〇年代初，大腦訓練遊戲似乎大多無效。我說的「無效」是指，科學界並未一致認為這類大腦訓練遊戲對遊戲本身以外的領域有任何幫助。[3]訓練兩週之後再去玩遊戲，你或許會拿到更高分，但碰到同樣需要高度專注力的**新**遊戲就會破功。進步只是暫時的，或者僅限於特定的遊戲。換句話說，進步無法轉移，也無法持久。原因是什麼？目前針對大腦訓練應用程式、甚至被動感官裝置的研究，有快速增加的趨勢，大家對這個主題仍然爭辯不休。但我的強烈直覺是，這些裝置只要求你用特定方式運用專注力，卻沒有鍛鍊到專注力的一個重要面向，那就是對專注力時時刻刻的**覺察**。

我們試了很多新玩意，或許也該來試試……古老的方法了。

戴維森的演講過後不久，我買了傑克．康菲爾德（Jack Kornfield）的書《初學者的內觀禪修》（*Meditation for Beginners*），內附一張CD引導你進行冥想。第一次播放CD時，我沒抱太大期望。以前我從未試過這種引導課程，老實說也不感興趣。但那跟我想像的冥想完全不一樣。我喜歡康菲爾德的聲音和風格，還有他持續導引我專注在呼吸上、察覺自己是否開始神遊的旁白。過程中沒有念咒或誦經，沒有如我害怕跟預期的，要我扭曲身體或想像能量的流動。驚人的是，他好像很懂我的腦袋！早就猜到它會分心、抗拒、逃避、抱怨，還有覺得無聊。他建議，當你發現「大腦自行其是時，只要把專注力轉回呼吸上即可」。整個過程不會太嚴肅或太心靈，剛好相反，很日常、實際、不打高空。

「冥想」是一種泛稱，範圍很廣，就像「運動」一樣。假如有人問你有什麼嗜好，你不會只回答「我運動」，而會說你打網球、打籃球或玩極限飛盤。這些當然都需要有健康的體魄，此外也得練就特定的技能，才能從事特定種類的運動。比方體操需要的訓練就跟曲棍球不同。冥想也一樣。每個人都能藉由特定的練習來鍛鍊特定的心智特性。人類從哲學、宗教、心靈層面等思想傳統中，發展出各式各樣的冥想技巧。其訓練內容就是一種心智「健身」，會根據你選擇的冥想種類而有不同，有超覺冥想（transcendental meditation）、慈心冥想（compassion meditation）、正念冥想（mindful meditation）等。以超覺冥想為例，你的目標是達到「超覺」的境界，跟比你強大的力量互相連結。慈心冥想則是訓練自己關懷他人的苦難，把減輕他人的苦難當作目標。康菲爾德的書鎖定的則是**正念冥想**，亦即把專注力放在當下，「不加入個人意見」地體驗它（不要自己編故事來解釋正在發生或之後會發生的事）。

之後一個月，我每天練習，每週多加兩分鐘，最後累積到每天練習二十分鐘。我開始覺得嘴巴的感覺慢慢回來，下巴不再隨時覺得痠痛，牙齒也不麻了，我終於能夠輕鬆如常地說話。真是萬幸！之後，我發現我又能看到外子的臉了。我是指**真正**看進眼裡，注意到他的表情，立刻接收到他的感受或想表達的事。跟我兒子的互動也是一樣。我發覺自己與他們的連結遠比過去更加深刻，而且輕鬆不費力。工作上，我更加投入也更有效率。我對身體和生活都有更敏銳的覺察，心也變得更穩定。**這是怎麼一回事？**

我的生活其實並未改變，工作還是一樣吃力，一樣要申請補助，一樣要教書，一樣要指導學生、主持實驗室、跟同事爭辯、讀 wump 的睡前故事給我兒子聽（wump 比較像駱駝和驢子的綜合體，而不是天竺鼠，現在我終於能專心了）。但確實有什麼產生了變化，我覺得自己判若兩人。我好不容易把自己拉回來，重回身體，重回心智，重回當下，感覺就像拿回了掌控權。我有把握自己能面對挑戰並克服挑戰，也覺得自己充滿了生命力。

我很好奇為什麼會有這樣的轉變。透過這套冥想練習，我跟一、兩個月前的我截然不同。這有點像是天降奇蹟，但我知道不是。是我的專注力系統發生了變化，而我得搞清楚其中緣由。我熟悉專注力的腦神經科學，卻從未在科學文獻中找到它跟正念訓練的連結。我心想：**我得把這個連結帶進實驗室**。

正念訓練實測

我每天做正念練習，「測試」自己是否感覺更好、更敏銳、更清晰，但我知道在自己身上做實驗（實驗雖小卻對我造成強大的影響），跟設計一個實際的科學研究可不一樣。這項研究本身跟我個人的感受無關，重要的是，在判斷其他人士身上的客觀表現是否提升時，我的方法是否夠嚴謹。從事專注力的科學研究時，我們會先檢視幾個特定問題（其中的詳細參數和對照組都有嚴格規定）。但是在問特定的研究問題之前，我們首先要知道一個人需要做多少正念訓練，我們才得以用客觀的度量衡去追蹤它產生的影響？是幾小時？幾天？還是幾個禮拜？

既然要做，我決定乾脆大幹一場。

香巴拉山區中心（The Shambhala Mountain Center）位在科羅拉多州丹佛市的外郊。四周被銀綠兩色的白楊和白樺、西半球的冰藍色天空，還有落磯山脈險峻的紫色山脊圍繞。那裡是名符其實的閉關所，跟外面的世界、日常生活，甚至手機訊號徹底隔絕。最重要的是，中心舉辦了為期一個月的密集靜修營，學員每天要花**十二小時**運用正念參與各種活動，其中又以正式冥想為主。假如我們想知道正念練習對實驗室測量的專注力有何影響，這裡再適合不過——也可能根本沒有影響。

我們的研究團隊拉著裝滿筆電的行李箱飛往丹佛，筆電裡存著我們在實驗室做的同一種專注力測驗。他們在靜修中心的報到處擺了一張桌子，等學員一抵達就開始發送徵求志願者的傳單。上面寫著：「快來參與專注力和正念冥想的研究！」很多人（大多數都冥想多年）興致盎然。隔天早上，靜修營還沒開始，志願者就五五一組抵達，在筆電站坐下來接受一連串測驗，這些測驗的目的是要收集大家的資料並找到一個基準線：他們的起點是什麼？從專注力的功能性來看，他們的「常態」是什麼？

其中有一項測驗叫「應答持續專注力」（Sustained Attention to Response Task, SART）。該測驗在一九九〇年代末研發出來，正如其名，測試的是一個人持續專注的能力。測驗方式如下：受試者坐在電腦螢幕前，有個數字會在螢幕上出現半秒又消失，半秒之後又出現另一個數字再消失，就這樣持續二十分鐘。受試者的任務是在每次數字出現時按下空白鍵，**除非**數字是三。按照設計，數字三出現的機率只有五%——並不高。

這個測驗一次要用上三種專注力子系統。**定向系統**要注意每個閃過的數字，同時要對數字三保持**警戒**，還得運用**中央執行系統**，確保自己符合指示，只在該按的時候按下空白鍵。

簡單吧？或許，但並不容易。大多數人都表現不佳。為什麼？會不會是數字跑得太快，他們看不清楚？並沒有。用半秒鐘處理視覺資訊，對大腦來說綽綽有餘。或許他們別開了視線？我們在受試者的眼周貼上電極，追蹤他們的眼球動態，確定他們的眼睛都盯著螢幕。我們的發現如下：儘管他們的眼睛看著螢幕，專注力卻不在上面。他們進入了自動駕駛狀態，只要看到數字出現就按下空白鍵。他們的專注力手電筒照向了別處，探照燈沒開，而雜耍演員掉了手上的球。

我選擇SART測驗，正是為了這個緣故。在細究正念訓練得以強化**哪一個**專注力子系統之前，我想知道它能不能把所有子系統的基本弱點（專注力被綁架）縮到最小。為期一個月的靜修能不能提高專注力，有助於把專注力固定在眼前的任務上？為了找出答案，我需要一種需要動用專注力各面向的測驗，同時也要它面對分心、無聊和腦袋神遊的挑戰。SART 正是不二之選。

在之後的測驗中，我們會問更多特定的問題，瞄準不同的專注力子系統，比方看看正念訓練是否提升了探照燈功能勝於手電筒功能，這在之後的研究會得到證實。

這些受試者完成一開始的測驗之後，便在科羅拉多州的山脈展開四個禮拜的靜修營：落實正念生活，醒著的時間多半投入正式的正念訓練（很多個月後，我也展開類似的靜修，但時間短很多，用大腦的「新兵訓練營」來形容再適合不過——很硬！）。從一大早起床到上床睡覺，他們要不斷重複三十到五十五分鐘的訓練，而且不能出聲。就連吃飯也不能交談，學員得按照指示學習如何一邊吃飯、一邊練習。到了月底，我們會再回來讓他們重做 SART 測驗，看看有沒有什麼改變。這有點像在魚身上打標籤再放回海裡，讓牠們跟其他魚一起游回靜修營的冥想海域。

同時間，我們給另一群沒有冥想的人做兩次 SART 測驗，兩次同樣相隔一個月。一個月後我們重回科羅拉多州，把靜修營學員抓回來測驗，結果發現他們的專注力都**進**

步了。他們參加完靜修營比參加前的表現好很多。參加前，他們按錯按鈕的機率約有四〇%，這是他們的起跑點。沒有冥想的這組，錯誤率同樣是四〇%，但一個月後再接受測試，他們的成績還是沒變。相反地，另一組在參加完靜修營之後，錯誤率只剩下**三〇%**。[4]所以，整體進步了一〇%。

假如一〇%聽起來不多，或是漏掉數字三感覺沒什麼大不了，那就試試看把背景換成真實世界的場景。我們把另一版本的SART測驗移到真槍實彈的模擬場景。[5]這次閃過螢幕的不是數字三，而是虛擬人形靶，而受試者按的也不是空白鍵，而是填充了虛擬火藥的武器。儘管如此，受試者的表現跟之前沒有太大不同。他們還是會在不該射擊的時候射擊，而且**很常**發生。我大受震撼，因為這表示專注力（和提升專注力）在真實世界裡可能生死攸關。

我們因此受到鼓舞，另外研究了正念訓練對專注力的不同子系統的影響。[6]我們利用專注力網路測驗，觀察手電筒、探照燈和雜耍演員這三個專注力子系統對正念訓練的反應。以下是我們的發現：冥想者的雜耍演員較強，這些人甚至在參加靜修營**之前**，就有更好的中央執行系統，靜修營結束後，他們的警戒系統進步了，也就是探照燈能更快偵測到新資訊。

我們也讓醫學系和護理系學生接受同樣的測驗。結果發現上過八週的正念減壓課程後（世界各地七百五十多個醫學中心皆有提供），他們的定向系統進步了，對專注力手電筒的掌控力變得更好。

根據我的個人經驗，開始正念訓練的頭幾天，我最先注意的幾件事之一，就是感覺比之前**更糟**。在托兒所放下兒子離開時，我注意到自己的心往下沉，那種感覺就跟伴隨而來的焦慮和悲傷一樣，會持續好幾個鐘頭。還有緊咬下巴的隱約疼痛感，往往跟工作時段排山倒海而來的要求同時發生。從實驗室回到家之後很久，我的腦袋還是轉個不停。當然，這些現象本來就一直存在，但**因為我開始把專注力放在上面**，所以它們好像被放得更大。

但後來，由於我對身體的感受和同時發生的負面想法更有自覺，慢慢能及早捕捉到那些想法。我能夠覺察它、承認它，任由它自行消失。這種跟自己的大腦互動的方式，讓我擁有更強烈的掌控感，不再覺得自己常被負面想法和情緒挾持，而能察覺到身體變得緊繃，注意力開始飄散。很快地，我覺得自己更有能力在需要時為大腦重新定向，跳出負面情緒的迴圈，而不是像瀑布底下激烈翻騰的水花一樣被捲進去。

而現在，初期研究得到的結果似乎跟我的經驗不謀而合，進一步證明正念冥想**有別**

於目前為止我們研究的其他方式，確實能改變專注力（大腦的老闆）的表現。但我們得再三確認。

正念訓練真的是提升專注力的祕方嗎？

一週四天連續四週，我們會在邁阿密大學的美式足球隊員重訓結束時，去攔截他們。[7] 實驗室助理會發給他們附上耳機的 iPod Shuffle（那時候還很潮）。我的同事史考特・羅傑斯（Scott Rogers）用令人安心又堅定、自信的聲音錄製了十二分鐘的課程，帶領聽者做兩種活動的其中一種：正念練習或放鬆練習。聽者不知道自己被分成兩組，一組得到的是正念訓練，另一組得到是放鬆訓練。研究員要兩組人同時做不同的練習（當事人不知情）。在一般人眼中，這兩種練習**看起來**差不多（比如他們都只需躺在墊子上閉上眼睛），但其實他們的專注力以很不一樣的方式被「指導」。正念組透過練習，磨練專注力站在觀察的位置上，比方觀呼吸或做身體掃描（我很快會帶大家做這些練習）。放鬆組則利用專注力操控想法，指揮肌肉活動（如漸進式肌肉放鬆練習）。按部就班的訓練結束後，我們要參與者把同樣的錄音下載到手機裡，指示他們回家之後自己練習。

這次沒有完全沒做訓練的對照組，每個人都有做其中一種訓練，雖然一般科學研究都有對照組。原因是這些美式足球員正好在接受賽季前的訓練，承受的壓力很大，風險也大。結束之後，他們都得進入訓練營，屆時的表現將決定整個球季、甚至整個生涯的發展。教練知道沒受任何一種訓練，對球員來說很不利，所以堅持每個人都要接受一種訓練。這對測驗本身反而更有利，因為如此一來就提出了一個迫切的問題：假如正念訓練有幫助，它會比類似放鬆訓練的其他訓練**更有用**嗎？

我們知道科羅拉多州靜修營的學員，以及我們在校園訓練過的醫學系和護理系學生都有顯著的進步。現在要釐清的是，**正念練習**是不是方程式成立的關鍵？還是放鬆練習也能達到同樣的效果。

參與者在賽季前的空檔，專注力會漸漸下滑，這一點我們都有心理準備。我們發現在高要求期間，無論是誰，專注力都會下降。[8]學生、軍人、頂尖運動員皆無例外。所以我們的問題是：正念或放鬆練習有助於避免專注力下降嗎？

以下是我們的發現。兩種訓練都對某些層面有幫助，例如心理健康。但就專注力而言，兩組卻有不同的結果，其中又以每週練習五天以上的人差別最大。

正念組的專注力**保持穩定**，沒有下降。可見正念訓練確實能夠「保護」專注力，即使在高要求期間。

但放鬆組的專注力卻更加**退步**。

我絕對不是要人「不要放鬆」。我要說的是，把放鬆當作防止專注力下降的方法**並無效用**，因為它沒有真正處理專注力下降的**原因**。

如前所述，有些方法雖然在其他狀況下有用，但在專注力短缺的高要求期間反而雪上加霜。記得「別想北極熊」這個例子嗎？我們常聽見的建議是**壓抑**，**現在別去想**（想像其他正面的事）。專注力的新科學卻說這樣不對，你反而要**接受和允許**。試圖壓抑會產生矛盾的效果，使工作記憶裡的內容停留更久，因為你得主動提醒自己把它壓抑住。很多正念練習的研究指出，如果你把「抗拒」改成「接受和允許」（下面章節我們會學習如何達成），帶來壓力的內容就會消失。[9]

現在我們已經知道，正念訓練是鍛鍊專注力的關鍵。下一個問題是：它有多有效？能在受到重重保護的大學校園或寧靜的靜修營以外的地方幫助我們嗎？當我們處於極端壓力、時間壓力、高要求的環境中，能幫助我們嗎？我們在理想狀況測試過正念練習的效力，那麼在剛好相反的地方呢？換句話說，在**真實生活**中呢？

壓力下的正念練習

在實驗室裡，當我們開始思考類似壓力這種剋星如何影響專注力，會發現各種情況都有可能。但其中有個共同點是：**壓力把你的專注力從當下劫走**。腦中的時空旅行害我們脫離當下，同時霸占我們全部的專注力。專注力被綁架的情況比比皆是，這提醒了我，訓練大腦留在當下可能是**專注力訓練**缺少的重要一環，也是各種裝置、大腦訓練應用程式，以及我們試過的其他方法都漏掉的催化劑。為了檢驗我的想法是否正確，我們把觀察目標轉向壓力最大、要求最高的族群：軍人。

當飛機在西棕櫚灘上方盤旋、等待降落時，我抓住座位扶手。我很緊張，但並非因為害怕坐飛機，而是因為我要去見海軍陸戰隊預備部隊的領導階層。之前，我們跟軍方推銷專為軍隊設計的正念訓練初探性研究，沒想到他們會點頭答應。我們的聯絡人是預備部隊的兩名上尉，他們暫時答應讓我們進入基地，甚至獨排眾議，准許我們測試正面冥想對陸戰隊成員的效用。這次我們的研究對象是軍人，正念冥想並非他們擅長的事。

之前，我們在科羅拉多州靜修營的研究有了令人振奮的發現，受試者的表現**進步了**。這代表正念訓練在理想情況下能提升專注力，但若是換成**沒那麼理想**的情況呢？到偏遠寧靜的地方，持續進行不到一個月的密集冥想如何？在充滿田園風情的山中靜修所靜坐冥想聽起來很棒，但大多數人需要專注力派上用場的時刻，都是在高壓的日常生活中，同時要處理好多件事的時刻。再說，**一天冥想十二小時**對大多數人太不切實際。難道正念訓練幫不了一般人嗎？

我們在實驗室裡反覆思索這個問題時，我正好接到在另一所大學從事國際安全研究的某教授來電。她本身是退役軍人，親身經歷過軍隊部署的艱辛之後，轉向正念訓練，希望能讓其他軍隊成員嘗試看看。因為她沒有神經科學或實驗研究法的背景，想找人一同合作。戴維森（他來賓大演講之後，我們一直保持聯絡）建議她來找我。

我對她的提議很感興趣，並開始鑽研關於專注力和軍隊部署的相關研究。一投入研究，我很快沉迷其中，坦白說也不禁感到擔憂。軍隊代表一個隨時得應付超高要求的族群，這對他們顯然殺傷力很大。軍隊部署之前，軍人必須接受密集訓練，模擬一整天面對生死存亡的極端情境。之後，他們就會被派到**真正**生死難卜的地方。我們之前討論過破壞專注力的強大力量，那對軍人來說卻是持續不斷的生活方式。除此之外，還有其他破壞專注力的因素，例如睡眠中斷、不確定性、極端溫度、死亡焦慮（想著自己終將死去）。更要命的是，那時正好是九一一事件過後，美軍正湧入伊拉克。那是二〇〇七年，美國已經投入戰爭六年。軍方不斷部署部隊。部隊裡的自殺率和創傷後壓力症候群節節攀升。不只壓力導致士兵心理失調，也有很多人為道德創傷所苦，因為產生違反內心道德標準的反應，跟遺憾、懊悔和罪惡感拉扯。

我對於跟軍隊合作難道毫無猶豫嗎？當然有。我認真思考了很久。這些軍人的許多問題來自必須上戰場。不上戰場難道不會比較好？

當然會。那樣不就太好了？但這個問題基本上類似我們該拿生活中的壓力源怎麼辦？我們該改變生活，還是改變大腦？我無法改變世界，終止戰爭。但或許我能幫助在軍隊服役的人面對沉重壓力時表現得更好，避免專注力下降，以及更有效地掌控情緒，即使在戰火籠罩下，也能忠於自身的道德標準。

最後，我們有很多事得向這個族群學習。這些處於你想像得到最高壓、最緊繃、時間最緊迫的狀況下的人，正念練習能否提升他們的專注力？這些背負國家任務、生命遭受威脅的人，能不能因此得到一些激勵？如果可以，我們一般人或許也能從中獲得幫助。該是我們來看看能不能將正念練習從山上帶到戰壕的時候了！

這絕對不會成功

走進佛羅里達州西棕櫚灘的海軍陸戰隊預備部隊中心時，傑森．史畢塔列塔上尉(Jason Spitaletta）對我說了一句話，聽起來並無惡意。他笑咪咪地跟我握手，爽朗地告訴我，我們的研究大概注定要失敗。他說海軍陸戰隊成員不可能想要嘗試；正念練習不是他們會投注心力的東西，它聽起來太「軟」了（當時是二〇〇七年，對所有人來說都還是很新的觀念）。

儘管如此，史畢塔列塔上尉和預備部隊基地的另一位長官，還是答應主持這次的研究。這位長官是誰？還記得嗎？就是我在第二章提過的傑夫．戴維斯上尉。那是我跟他第一次見面，不太確定要抱什麼期待。幾個月前跟戴維斯通電話時，他口氣懷疑，但心態開放，直言他們有必要試試新的方法。

史畢塔列塔和戴維斯跟我想像中的海軍陸戰隊成員一模一樣，兩人都頂著大平頭。我承認有一瞬間，我產生了認知失調，很難想像這兩個穿著沙漠迷彩服、肌肉結實、表情冷酷的大男人坐下來冥想的樣子。而且，如果連我都難以想像，軍隊高層一定也心存懷疑。那時候，我們的研究仍在初步階段，沒有人把正念冥想當作一種「認知訓練」。

我們得自己測試，看看得出的資料會有什麼發現。我的主要目標是為一個強大的實驗做好各種配置，包括問正確的問題，以及選擇細膩到連專注力的微小改變都檢測得到的評估指標。有了仔細的規畫和些許運氣，相信我們一定能得到清楚的答案。

我很幸運能跟戴維斯和史畢塔列塔一起合作。他們雖然是海軍陸戰隊預備部隊的上尉，卻也很像我們實驗室裡的研究生。交談時，我發現他們反應靈敏又充滿好奇，對神經科學和實驗研究法很感興趣。我感受得到他們富於同理心的領導方式，看得出來他們真的關心也想幫助自己的隊員，畢竟他們要帶領這群隊員深入複雜、危險又棘手的情境。戴維斯家中還有幼兒，卻已經是第四次要被調到不同的營地。還有什麼比這更大的專注力剋星！

他在電話上說，有必要試試新的方法，確實沒錯。我們**都得**試試新方法。

在校園的實驗室裡，我們在受試者接受專注力測驗時穿插令人不安的影像，藉此模擬高壓情境。但在這裡，海軍陸戰隊的預備部隊中心，我們的實驗對象不只看到實驗室秀出的影像，也感受到真實生活中的強大壓力。這裡可不是寧靜祥和的靜修中心。正念訓練**在這裡**能改變什麼？

我們團隊架好筆電，讓海軍陸戰隊成員做了各種認知力測驗，此外還測了他們的心情和壓力程度。之後八週的部署前訓練期間，我們規定他們完成二十四小時課程——以由來已久的正念減壓技巧為模型，在醫療環境中做過測試，但為了軍隊重新量身訂做。他們由此認識了正念訓練的基本功，包括專注於呼吸、掃描身體等，引導他們以「不加入個人意見」的方式把注意力拉回當下。我們知道要讓這個族群接受正念訓練，就得用他們能夠理解的方式切入。

他們的回家功課是：每天做三十分鐘的正念練習。

八週後，我們重回營隊替他們測驗。有些人每天乖乖做功課做了很多天，但大多數人都沒那麼聽話，各種情況都有。實地收集的資料往往呈現這樣的樣貌：參與者的變化性很大。跟參加完靜修營的學員截然不同。為了分析結果，我們把人分成兩組。「高度練習組」一天大約練習十二分鐘，「低度練習組」則遠低於十二分鐘。結果我們發現：低度練習組的專注力、工作記憶和心情，這八週以來都愈來愈差，高度練習組則維持平穩。訓練結束時，比起低度練習組和沒做練習的對照組，高度練習組表現更好，也表示自己的狀態改善了。這證明我們早期的研究發現仍然是對的，即使在高要求的環境下也不例外。**正念練習確實可以使專注力保持平穩。**

在這之後，海軍陸戰隊被調派到其他地點，回來後，我們又替他們做了一次測驗。

同樣地，結果一開始亂七八糟，沒什麼具有統計意義的發現。測試的人數實在太少，而且有些人早已退出研究、離開軍隊或調到新的營地。很多人在部署過程中，早就中斷了正念練習。

儘管如此，還是出現一個現象。部署前被歸於低度練習組的一小撮人，比部署前表現得**更好**。這個結果跟先前的資料互相牴觸，而且也說不通。他們為什麼進步了？畢竟即使在部署之前，他們做的正念練習就比其他人少很多。

我打電話給設計並提供正念訓練的同事，想弄清楚是怎麼回事。她也無法解釋，直到我把低度練習組成員的名字念給她聽。她這才想起來這些人曾經從伊拉克寫電子郵件給她，跟她說「我有個部署前做妳那個練習的夥伴一覺到天亮。我需要妳幫助我學會他做的那種練習」。於是，這些遠方的弟兄在她的指導下，得以展開正念練習。

基本上，這些低度訓練組員把自己變成了**高度**訓練組員。被部署到伊拉克期間，可以想像行程表一定難以預測，情況又嚴酷無比，他們卻自己主動**增加**正念練習，因為它造成的改變太過明顯可見。

值得一提的是，這項研究是我們第一次在軍事背景下測試正念訓練，結果令人振奮。然而，它並沒有產生驚人的結果，因為規模太小，得到的資料也不穩定。即使結果差強人意，代表的含意卻很**深遠**。第一，正念訓練能夠用來幫助高要求族群保護專注力。第二，你不能說「只要有訓練就有用」，要定期練習才會有用。

我們為了讓這項研究順利起步而克服的重重難關，如今都值得了。現在我們有活生生的例子能夠證明，正念訓練確實能打造某種「心智盔甲」，有效保護專注力，即使在你想像得到的最高壓情境下都能不被破壞。

從現在開始訓練

想像一下需要用上體力的情境。假設你要幫忙朋友搬家具好了。你抬起一張很重的沙發，才發現搬不太起來……你鬆開手，趴下來開始做伏地挺身，希望藉此得到你需要的力量。

假如這聽起來很笨，想想這就是我們很多人每天遇到認知挑戰時常有的反應：不是想出自我鍛鍊的方法，把它變成一種習慣，然後每天一點一點強化自己的能力，而是一旦碰到壓力或陷入危機就鬆開手，做一、兩個「大腦伏地挺身」，相信這樣就能幫助我們站起來並「抬起沙發」。結果到頭來只會消耗更多精力。

我們必須**現在**就開始鍛鍊，一方面為了目前可能碰到的要求，二方面也為了未來將面臨的挑戰。

好消息是，剛開始分量不用多，而且馬上就能進行。事實上，**你已經開始了**。此時此刻，你已經踏上專注力訓練的旅程。你知道自己擁有的力量（專注力），也認識了自己的敵人（壓力、心情低落和威脅這三大剋星，還有它們極具殺傷力的原因）。接下來，我們要探討人類大腦如何又為何善於分心，我們又該拿它怎麼辦。事實上，專注力問題無法完全歸咎於外在壓力源，例如我們之前討論過的那幾種。我們很容易把困難的狀況想成最大的挑戰，**以為只要能把狀況排除就沒事了**。

然而，耗損專注力的根本因素是內在風景的雜草，我有時稱之為「腦內風景」（mindscape），它跟對你不利的外在因素關係較小，跟專注力運作的方式較有關係。就算把雜草拔完（擺脫壓力源和「威脅」），雜草還是會再冒出來。或許週末去泡溫泉或出海釣魚時，你不覺得有雜草悄悄爬滿你的腦內風景，但那不表示一旦重返日常生活，它們不會再度出現。事實上，想要回去無憂無慮地度假本身可能就是雜草，把你的一週之始變成全新的一種痛苦根源。

經歷過專注力危機之後，我發現自己其實並不瞭解我的腦內風景。我當然「認識自己」，但那是蘇格拉底所說的層面，也就是自己的個性、價值觀和喜好。但是我並不認識自己腦內時時刻刻發生的事，也不認為這件事很重要。我的專注力此刻在哪裡？此刻占據我腦海的是什麼想法、情感或記憶？正在運作的是什麼故事、認知和心態？

一直以來，我自認是個行動力強、目標明確、爭強好勝、有野心又拚命的人，但踏上正念之旅之後的發現令我吃驚。我頭一次體驗到另一種用腦及瞭解內心風景的方式，有別於更努力、想得更快更周全、**做**得更多。重點在於**投入**——接受一切，保持好奇，專注體驗生命的每個時刻。以前，我一直以為我可以靠「思考」擺脫困境。我猜想大多數人都是如此，總覺得要學習新知、評估狀況、度過危機，唯一且最好的方法，就是思考透徹，想出破解方案，用理性去解決問題，然後採取行動。心理學家稱之為「論證思考」(discursive thinking)，即判斷、計畫、制訂策略等等。我們不知道還有其他的面對方式。但事實證明，只有思考和行動是不夠的。

專注力科學強調**行動**(action)。這來自於我們對專注力系統為何演化出來的理解——為了**限制**人類的資訊處理量，濾掉不重要的雜訊，這樣才能專注做一件事，完成重要目標。換句話說，我們需要專注力的幫助才能做出行動，跟世界互動。這方面的文獻資料有限，也是我為自己的專注力危機尋找答案時空手而返的原因。儘管這一開始讓我沮喪，但也刺激我開始研究另一種專注模式，一種接受一切，把重點放在**覺知**、**觀察**和**在場**的專注模式。

笛卡兒藉由提出「我思故我在」這個結論，化解了存在焦慮。可是大多數人卻**因為**「我思故我在……分心」而更加焦慮。長期以來，我們都對思考和行動上癮，因此轉換到專注投入的模式對大多數人來說並不容易。這需要訓練。而專注力的新科學有愈來愈多研究資料指出，我們的思考和行動能透過這種訓練變得更有效、更有意義。

顛峰心智就是不讓**思考**和**行動**凌駕**專注投入**。它掌控了兩種專注模式，既能專注也能接納一切，因為取得平衡，讓我們迎向並克服專注力受到的挑戰。如此我們才能贏得這場不公平的戰爭。

戴維斯上尉（就是在佛羅里達州的橋上陷入專注力危機的那個人）最近遇到另一種很不一樣的危機。

四十四歲那年，他搭乘 Uber 計程車時剛好心臟病發作。跟我提起這件事時，他描述他如何運用我們研究期間他才開始做的正念訓練（距今已經超過十年），救了自己一命。當下他沒有慌，反而很快地觀察、評估情況，再採取行動。根據他的判斷，他人在車上，需要立即接受治療。他專注而平靜，指示司機靠邊停車。他自己打了電話叫救護車，甚至在救護車開來時揮手攔下車。由於他太不像生死危急的病患，救護車司機一度還不理他，說：「不不不，我是來載心臟病患者的！」即使身體陷入危機，他的專注力卻很集中又廣納一切。他還是能夠使用他的顛峰心智。

戴維斯上尉跟我轉述這件事時，聽到他平安無事，我鬆了一口氣，同時對他竟然能改造自己的專注力感到讚嘆。他原本有個很糟糕的「老闆」，也就是差點害他從橋上跳下去的專注力系統，這個老闆卻搖身一變，成為卓越的領袖、引導者和盟友，甚至救了他一命。

看到這裡，如果你已經準備好提升自己的專注力，所有你需要的知識都已齊備。你已經知曉我們從最初的正念研究中得到的發現：

專注力**很強大**。

專注力**很脆弱**。

專注力是**可以訓練的**。

現在，我們要從一個基本、但不可缺少的技巧開始訓練：如何在一個時時讓人分心的世界，幫助大腦聚焦。

4 找到你的專注力焦點

愈常把專注力溫柔地帶回目標，它愈能輕鬆跟上，就像你訓練小狗一樣。你的大腦也會愈來愈擅長覺察自己何時分心。

最近我去了一趟加州。先飛去聖荷西，然後租了輛車往南開。耀眼藍天讓我精神一振，將時差一掃而空。路上沒什麼車，四線公路寬敞開闊，我的專注力也跟著開闊。平穩往前開時，各種想法源源冒出……我在腦中重拾我正在寫的一篇論文，思索我對新實驗的一個想法，預先想出晚上打電話回家要問小孩的問題。我的視線掠過從隔音牆上方探出頭的高大常青樹，那跟我在邁阿密的家看到的風景很不一樣。我隨著廣播放送的歌曲哼唱，大腦在不同的思路之間切換，就像一尾滑溜的魚，前後來回跳來跳去，但那也無所謂——直到我開進十七號公路。這條狹小彎曲、常常險象環生的道路，穿過山麓池邐而去，接往太平洋沿岸的聖塔克魯茲。天邊彷彿突然間烏雲籠罩，大霧將我的車包圍，雨開始傾盆而下，柏油路變得又濕又滑，車也開始變多。公路縮成兩線，有輛車切到我前面，在某一處土石流漫進馬路。我的思緒跟著道路變窄，縮到只剩下一個強烈的念頭：**活著抵達妳要去的地方！**但煩惱跑了進來，之後是對煩惱的煩惱。我知道這對我沒有幫助。我得把所有的認知力集中在前面的路況。我必須**聚焦**。

我當然已經歷劫歸來，並未葬送在十七號公路的土石流和不怕死的駕駛人手中，不然就不會在這裡描述這段經歷。這個故事要說的是，有時候，你得要抓住專注力的手電筒，瞄準方向，然後固定在你需要它照射的地方。其他時候，你的焦點可能到處漫遊，轉來轉去，偶爾抓住外在風景或腦內風景的某樣東西。無論是哪一種，專注力手電筒都受到了影響，但大多數人難以察覺也無法控制……現在還沒辦法。

手電筒代表你從周圍環境中**挑出一小撮資訊的能力**。當我說**聚焦**，指的是你挑選的資訊，無論是什麼資訊，都比周圍其他資訊受到更好的處理，呈現的品質也更好。還記得你腦內的「戰爭」嗎？當專注力指向某處，無論是地方、人或物，解讀它的神經元暫時贏得了對腦內活動的影響力。聚焦於某事物，即調高了該事物的「亮度」，同時調暗跟當前目標無關的其他資訊。若是失去這種能力，我們常常會麻木無感，不知所措，被周圍訊息淹沒。

我們很少注意到自己的專注力是如何根據外在情況和環境的要求變換形態，由窄變寬。但我敢說，當你的手電筒不在你想要的地方，你**一定**會發現——你需要聚焦在重要的事物上，卻很難專注。分散注意力的可能是其他思緒、強烈的情緒，或個人成見。諷刺的是，必須專心的內、外壓力可能就是造成分心的根本因素。這種情況發生時，你或許會試著用無益的方式安撫自己或轉移注意力，導致思緒漫不經心地捲動和點擊（可以這麼說），距離目標的完成愈來愈遠。假如你為了重新聚焦得用盡全力，你並不孤單。最近一項針對在工作場合使用社交媒體的調查指出，社交媒體雖然能讓「大腦喘息」，五六％的員工都說會害他們工作分心。[1]

我們意識到自己要很努力，才能把心思集中在手邊的工作。一天中你有多少次抬起頭，發現自己的心不知飛到哪裡，但就是不在眼前的工作上？這可能相當令人沮喪。你明**知道**分心會造成實際的後果（錯過期限、沒注意到來車，甚至更糟），但你就是無法聚焦在需要聚焦的事物上。

你的手電筒有多穩？

我們在邁阿密大學對大學生進行了一項研究。[2]他們來到實驗室之後，要坐在電腦前閱讀一本心理學課本的章節。螢幕上一次會跑出一個句子，大多句子都很正常，有時我們會丟出一個完全不相干的句子，但頻率不高，只有五%左右的機率，假使專注，明顯能看出句子不符合上下文。受試者的任務很簡單：在每個句子出現後按下空白鍵，繼續下個句子；假如句子不符合上下文，就按 shift 鍵告知研究員。我愛吃橘子。如果你在實驗室參與這項實驗，讀到前面那句話，就必須按下 shift 鍵。

我們鼓勵受試者集中注意力，並提供一個清楚的誘因：結束後有個小考，我們也會給他們學分，感謝他們的參與。

他們表現如何？一點也不好。他們漏掉大半不相干的句子。漏掉的句子愈多，之後的考試自然也表現愈差，因為他們顯然沒記住內容。

你或許會抗議，說這個測驗太難，畢竟課本的內容可能很乾，知識密度又高，按空白鍵超過二十分鐘又無聊得要命。或許吧。可是，其他實驗的參數較簡單，卻也有同樣的發現。[3]研究員要受試者念出螢幕上的英文字，如果是真的字就按空白鍵，如果不是就按 shift 鍵。受試者一個字一個字念下來，看到 arp thj usult grept frew bramt，還是按下空白鍵。讓我問你：你念了幾個字之後，才發現它們不是真的字？

在這個研究中（很多實驗室都做過這個實驗），受試者有三〇%的時間沒有馬上認出那些字不具意義，平均按了**十七次**空白鍵，才發現自己念出的東西是亂碼。[4]

或許這樣並不公平，因為我沒事先告知。我們來試試另一個測驗，這次的規則全部公開透明，而且很簡單，不用幾秒鐘就完成了，你甚至不用離開座位。

當我說「開始」時，我要你閉上眼睛呼吸五次。如果你已經有冥想的習慣，就增加到十五次，而且是規律、均勻的呼吸。你的任務是專心呼吸，吸氣和吐氣，其他都不要想。只要一發現自己分心去想別的事，或有其他思緒闖出來，就張開眼睛。

準備好了嗎？開始。

好，咱們來評估一下。你從第幾次呼吸開始分心並停下來？我猜不是第五次。甚至很前面？

這顯然是個快速、沒壓力、紙上談兵的遊戲，不具任何風險。若是遊戲結果會造成實際的後果，或許你就能專注於呼吸（或任何目標）久一點。但我們在實驗室和實地研究的發現是，就算風險變高，結果還是一樣。人無論如何就是無法一直專心。就算有錢可拿或是只需要盡情享受，也是一樣。即便分心會有慘重的後果，也無法改變。[5]

神經外科醫師和輪機長

我在一個寒冷灰暗的冬季清晨拿著一杯咖啡走下計程車，步向矗立在大型學術醫學中心內的一棟醫學大樓。現在是早上六點半，還有充裕的時間找到我七點要進行全院晨會（grand rounds）演講的講堂。「全院晨會」是醫學院每週一次的活動，通常針對特定疾病或患者側寫提出報告。今天報告人是我，聽眾是一群神經外科的住院醫生，主題是正念和專注力。

我架設好幻燈片，耐心等待活動開始。時鐘滴答滴答走著，眼看已經六點五十五分，講堂裡卻半個人也沒有。難道是我記錯時間？六點五十七分，門猛然打開，伴隨一陣語笑喧譁，四十幾個人湧入講堂找位子坐下。座位很快被填滿，我鬆了口氣，看來我沒記錯時間。

但開始演講之後，我又焦慮起來。我不太確定是怎麼回事，但我清楚感覺到聽眾對我的演講不太感興趣。手機聲此起彼落，台下嘰嘰喳喳，動來動去，不時傳來沙沙的翻頁聲。空氣中明顯有股焦躁不安的氣氛。我對自己準備的內容很有自信，但結束後走出講堂時卻覺得這是我最糟的一次演講。因此一週後當我接到神經外科主任的電話，才會那麼驚訝。他說我的演講得到熱烈的迴響。**真的嗎**？我納悶。**但他們看起來都心不在焉**！之後，他問我能不能替所有住院醫師做正念訓練。

「他們很需要。」主任說。

然後加上一句：他自己也很需要。他跟我分享他最近的一次經驗。他經常要動技術性高又很吃力的腦部手術，一次長達八小時，不但要站很久，還得在打開的人腦內部做細微而精確的動作。問題是他最近發現自己常常分心，不只上課期間，連手術中也會。聽了我的演講，他才知道這是大腦在神遊……而且**很常發生**。

他跟我描述的事件不僅是他的狀況，也是許多外科醫生的縮影。有天晚上，他跟太太起了爭執，兩人吵得很凶，問題最後也沒解決。隔天開刀開到一半時，有位護理師進來轉達他的手機簡訊。手術中接收簡訊或回答問題，對他來說並不少見，畢竟他開的這類腦部手術得耗上一整天。但這次傳來簡訊的是他太太，而且跟前一晚的爭執有關。他感覺到，要把全副精神轉回手邊這場風險極高的手術有多麼困難。簡訊打斷了他的工作。即使護理師還沒拿著紙條走進來之前，他的心思就一直飄回前一晚的爭吵。為什麼？原因在於，只要是人都有一種需求，就是所謂的「認知閉合」（cognitive closure）的需求。[6]亦即一股想要解決令人困惑、不安、甚至曖昧不清的問題的欲望。手術本身雖然占據他的專注力最前端的位置，但只要一分心，他的心思就會飄向該如何解決跟太太的爭執上面。

在離手術室很遠的地方，也有另一個人為分心所苦。蓋瑞（Garrett）是華盛頓州渡輪運輸系統的工程師，他正在考慮利用正念訓練，幫助自己度過需要高度專注卻很難維持的漫長夜班。身為輪機長，他得在奧林匹克級渡輪的船艙裡值十二小時的夜班。這種渡輪的速度可達將近二十海里，最多可載運一千五百名乘客和一百四十四輛汽車，重量超過四千噸。操作這種渡輪不但要精準，也要事先規畫，光要把這隻綠白兩色的大鯨魚轉向或慢下來，前置作業就得花上很多時間。蓋瑞的工作有很大一部分是站在測量儀表和其他儀表前監看刻度，確保一切運作正常，隨時準備接收來自船長要他改變方向或速度的命令。凌晨三點，來回航行的最後一趟，集中精神變得無比困難，一個恍神，後果就會不堪設想。沒發現某個問題可能損失好幾百萬，甚至釀成賠上人命的意外。蓋瑞告訴我：「我做的是枯燥無味的重複性工作，搞砸了卻會有嚴重的後果。」

蓋瑞擔心自己無法保持專注，把負責的重要工作做好。於是他想出一個方法：用手機設定每十分鐘響一次的鬧鐘。鬧鐘一響，他就開始一一檢查所有的儀表。要是不這麼做，他很容易分心走神，時間也不知不覺地流逝，彷彿在船身底下沖擊而過的海水。

我對神經外科主任說：「首先呢，叫護理人員以後手術中別再拿簡訊給你看！但我們可以做得更多。」

我對輪機長說：「你意識到自己的專注力極限並找出克服的方法，這樣很好。但我們可以做得更多。」

期待一個人手術八小時或值十二小時夜班，從頭到尾都不分心，太過不實際。就算在一趟半小時的渡輪途中，要人不分心都很難。我們的專注力（**手電筒**）很容易受影響。假如你在前面的練習中呼吸不到五次，甚至不到一次就分心，別覺得難過。你的專注力天生就是如此。**為什麼？**答案源自於人類專注力系統一些最根本的運作方式，也會觸及我接下來要介紹的神經科學的幾大概念（**負荷理論**[7]**、大腦神遊、警覺遞減**[8]），以及就專注力的訓練而言，每個概念所代表的意義。瞭解這些能幫助你隨時覺察「手電筒」的運作狀況，認出它面臨的挑戰，以及學會更輕鬆自如地控制專注力。首先要弄清楚的是，當你發覺「大腦疲勞」、難以專心的時候，究竟發生了什麼事。你的專注力資源彷彿正在「外漏」，認知油箱就要見底。這個概念從直覺上就能理解，好比你整天或工作期間都在燃燒認知燃料，用到最後一滴不剩。問題是，這並非專注力的運作方式。

負荷理論：專注力不是油箱

專注力從未消失，即使當你無論如何都難以專心，出現這種錯覺的時候。當專注力開始疲勞或下降，要把專注力放在你希望的地方就更難了。但它不會因此消散。在認知神經科學裡，這可用**負荷理論**（load theory）來解釋。負荷理論簡單說就是：專注力的量是恆常不變的，只是沒有照你希望的方式使用。

以我開上十七號公路穿越聖塔克魯茲山脈的例子來說，輕鬆愜意的路段對我的認知要求（神經科學用語是「負荷」）較低，到了危險路段，我的專注力分配的方式就不同了。在低負荷路段上，我還有專注力資源能投入其他思緒：計畫、做白日夢、欣賞風景、聽音樂。負荷變高之後，我便沒有那種餘裕，所有的專注力資源都集中在眼前的目標：安全地開往目的地。但專注力**總量**並沒有改變。你可以這麼想：你隨時會用上百分之一百的專注力，專注力一定會投入某處。因此，問題就變成：**哪裡**？

警覺遞減：你的表現會愈來愈差

找一件事要人持續做一段時間，然後把他的表現做成圖表。你會發現對方的表現愈來愈差，失誤變多，反應變慢也變得不穩定。在實驗室裡，我們利用持續一段時間且需要準確反應的重複性工作進行測試，用圖表呈現**警覺遞減**（vigilance decrement）的現象。受試者坐在電腦螢幕前，螢幕每半秒會出現一張臉。[9]研究員要他們看到臉就按空白鍵，看到上下顛倒的臉就不要按。

結果呢？

慘不忍睹！前五分鐘他們還會克制自己，沒有太常按錯，之後便開始在不該按的時候按下空白鍵。整個過程有四十分鐘，他們的表現愈來愈差。

你可能會說：**可是這個實驗很無聊，他們才會無法專心**。

首先，我們在複雜度和吃力程度不同的測驗中，都看到受試者表現退步的現象。沒錯，這在簡單的測驗中更快發生，但是在比較複雜或多變的測驗，警覺遞減的狀況照常發生，受試者的表現逐漸退步，即使在短短的二十分鐘內。想想我們一般工作持續的時間比二十分鐘長多少（例如長達八小時的危急外科手術，或是在渡輪上值十二小時夜班），你就會明白用二十分鐘準確達成目標，算是很短的一段時間。再說，無不無聊其實很主觀。大腦手術這件事本身無聊嗎？

最後，你說得沒錯，這個實驗是很無聊。更精確地說，它的設計就是要讓人盡快覺得無聊，我們才能研究注意力過一段時間的變化。從前我們以為警覺遞減是某種大腦疲勞造成的：大腦累了，就像肌肉使用一段時間也會累。如果要你連續做一百次二頭肌彎舉，你的表現肯定會每況愈下。但這跟我們對大腦運作方式的理解並不吻合。大腦不會像運動過度的肌肉一樣「疲勞」，這不是它運作的方式。這麼說吧，你的眼睛不會因為張開很久而看不見，耳朵不會因為聽了二十分鐘而聽不見。大腦會累的概念其實說不通。我們的發現是：表現退步的同時，大腦神遊反而變活躍了。

大腦神遊：資訊處理過程的暗物質

我稱**大腦神遊**（mind-wandering）為認知的「暗物質」，因為它隱而不見卻又無所不在，而且會造成某些後果。我們的大腦時常在神遊，只是我們往往毫無所覺。這類大腦活動被歸類在**自發性想法**（spontaneous thought）的大傘下，顧名思義指的是不受約束的想法，也就是非刻意、不自覺冒出的思緒或念頭。

自發性想法不必然不好。當你沒有事該做，大可讓大腦神遊，說不定會產生創新、令人振奮又有建設性的想法。想像散步時任由大腦神遊，就像讓狗跑得很遠到花叢或樹叢裡探險。有些最出色、最創新的靈感就來自這種自發性想法，我們科學家稱之為**意識內在反射**（conscious internal reflection），簡單說，就是做白日夢。這不只能通往用其他方法可能得不到的想法和解答，也可能對專注力有益，因為它重新充飽你的專注力，提振了心情，也緩解了壓力。

大腦神遊跟做白日夢屬於同一類型的大腦活動，兩者卻很不一樣。同樣都是自發性想法，大腦神遊卻是在你有想做或必須做的事的時候發生——大腦不顧手邊的事，飄到別處。在實驗室裡，我們將它歸類為**無關任務的想法**（task-unrelated thought, TUT）。舉遛狗為例。輕鬆散步時，任由小狗東奔西跑，輕鬆又無害。但如果你正要趕去某個地方，你得一直停下來把小狗拉回來，一次又一次之後，你很快會覺得一個頭兩個大。因為方向愈來愈亂，你得花更久時間才能抵達，心情也會漸漸煩躁焦慮起來。

無關任務的想法要付出龐大的代價。大腦神遊之所以很快出問題，有三大原因：

一、感知解離（perceptual decoupling）。[10]這表示你跟當下環境脫節。記得臉／房子的測驗嗎？我們要你聚焦在臉上，於是你的專注力系統放大了臉的訊號，把其他訊息減弱。就是如此。只不過這裡被放大的是你在想的事（大腦神遊時，你通常快轉到未來，或倒轉回到過去），被減弱的就是真實的周遭環境。就像看不清楚或聽不清楚的感覺。這會引發下一個問題……

二、出錯。伴隨感知解離而來的就是出錯。到處神遊的大腦很容易出錯，這一點很好理解。假如你感知與理解環境的能力變弱，無可避免會開始犯錯和失誤。感覺沒什麼大不了？還記得我一開始提出的數字：人一生有五〇%的時間都在神遊，對當下發生的事心不在焉。醒著的時候，無論你在做什麼，都只有一半的機率真正投入其中。每次跟人說話，即使雙方有眼神接觸，對方只有一半的機率真的在聽你說。更別忘了所有研究都證明，沒有任何動機或賞罰能說服一個人減少大腦神遊？他們就是阻止不了自己，即使後果可能很嚴重。這麼看來，無論是坐在沙發上看雜誌或是進行腦部手術，大腦神遊發生的頻率可能都一樣高。[11]

最後……

三、壓力變大。[12]努力做一件事卻冒出跟任務無關的想法，對整體的心理健康和心情都可能產生影響。可以肯定的是，無論大腦神遊的內容是什麼，就算是你滿心期待的夢幻假期或回味無窮的開心回憶，之後都不免造成負面效果。[13]就稱之為「重新進入」

（重回當下並確定方向）的代價吧。這對我們有害而無益，因為大腦神遊的時間一久，可能會影響心情和壓力程度。而我們知道專注力剋星的殺傷力有多大：壓力變大會讓你**更容易**神遊，導致心情更糟……看出我們陷入的惡性循環了嗎？

總結：當你需要專注完成一件事，不管是工作、跟小孩或伴侶對話，還是獨處看書，任由大腦神遊、東飄西蕩，並不是一件無傷大雅的事。你會開始漏掉東西，頻頻出錯，心情變差。但你似乎就是無法為你需要做的事、為別人，甚至為自己專注投入。

這些都指向一個問題：人到底為什麼會發展出神遊的能力？想到人腦是幾千幾萬年來演化的成果，我們不禁納悶：有什麼可能的理由，要我們繼承這種有害又麻煩的天生傾向？**當初為什麼要打造一個會分心的大腦**？

為什麼大腦會神遊？

把時間倒轉一萬兩千年。想像你在森林裡打獵或尋找可食用的莓果，你需要集中精神，今天才能找到食物填飽肚子。我們已經知道當你掃視特定目標，腦內的專注力系統發生了什麼事：你的大腦偏向（選擇性鎖定）特定的色彩、聲音和氣味。一看到葉叢後面一動，或是香甜水果的特定色澤和形狀，你的注意力就會縮小集中，其他的一切自動消失。你逐步逼近，然後……被你渾然不知埋伏在一旁的老虎給吃掉。

會神遊的大腦能救你一命嗎？很有可能！早期人類的專注力一下聚焦、一下失焦，不時分心抬起頭，因為大腦神遊而放下手邊工作，或許是因為知道自己有成為獵物的危險，所以發展出這種因應之道，最後才能活下來，把（容易分心的）基因一代傳過一代。

在實驗室裡，我們在各種研究中觀察到，人腦如何**積極抗拒**長時間專注於一項任務。我們的大腦似乎打定主意就是要到處漫遊。為了釐清原因，我們得考慮到一件事：即使我們認為大腦神遊有害又麻煩，矛盾的是，它可能也是人類的一項重要資產。

在說明我們如何調查這一點之前，我得先指出**自覺專注力**（voluntary attention）和**不自覺專注力**（automatic attention）的不同。你大概可以猜到，「自覺專注力」是你主動選擇把「手電筒」指向哪裡，「不自覺專注力」則是注意力不經你的主動選擇，就被吸引並拉往其他地方。「抓住注意力」（attention-grabbing）是一種修辭方式，但其實形容得很精準。想像在黑暗中使用手電筒，你選擇把它往前指，照亮眼前的小路，這就是**自覺專注力**。現在想像突然旁邊發出聲音，或許是樹枝啪一聲斷掉，你會怎麼辦？反射性地把手電筒轉向那個方向。你想都沒想就這麼做了，這就是**不自覺專注力**。

我們在實驗室的測試方法如下。

電腦的空白大螢幕中間有個加號（十），我們要受試者把視線放在加號上。原因是，視線和專注力通常互相連結，但某些情況下可能分開（想想你在派對上與某人交談，注意力卻飄到身後的對話——視線和專注力分開）。在這個實驗中，我們希望確定**唯一**移動的是你的專注力。

受試者的任務：看到螢幕右方或左方出現大大的X就按下空白鍵，一看到就盡快按下去。變化：有時會有一道閃光先出現，X再緊接著出現。閃光可能出現在跟X一樣的地方，也可能不一樣。研究員要受試者不必擔心閃光，無論如何，只要看到X，按下空白鍵就對了。就這樣。

簡單吧？但我們觀察的重點是，受試者受到閃光提示跟沒受閃光提示的反應有何不同。你大概猜得到，閃光若在目標跳出的地方先出現，受試者的反應更快也更準確。

這大概不是什麼驚天動地的大發現。閃光顯然抓住了受試者的注意力。**沒錯**。閃光「抓住」了他們的注意力。這證明專注力可以在我們不自覺或沒有主動選擇的情況下被拉走。如果有人在鬧街上大喊你的名字，你的注意力會立刻轉向那個聲音。這並非你主動的選擇。此外，你也**阻止**不了專注力轉向（這是關鍵）。這一點你可能直覺上早已知道。當你聽到手機發出聲音，注意力馬上會從手上的事情轉向亮起的手機螢幕，用不著我來告訴你，你一定知道那是什麼感覺。而這個研究之所以重要，在於它證明專注力確實如此運作。你不只是似乎無法輕易阻止大腦轉向讓你分心的事，而是真的阻止不了。

這讓我們對於大腦為什麼會分神、放下手邊的事，有了第一層的理解。只要分心的事物出現，無論來自外在環境或內心想法，不自覺專注力就會跳出來應付。這確實解釋了一部分的大腦神遊。但除此之外，我們還有更多發現。回到閃光和X的電腦螢幕測驗。我們小小調整了一下實驗，進一步探索人類大腦一個很有趣的現象。

這次還是有閃光，還是一樣在X出現（或沒出現）的位置先出現。但這一次，X不是緊接著閃光出現，而是停了一**剎那**（幾百毫秒）才出現。結果受試者的反應慢很多。閃光事先提醒的優勢？沒了。

等等——**為什麼會這樣？**假如閃光把你的不自覺專注力拉向X即將出現的地方，這次你怎麼會錯過？幾百毫秒造成了什麼樣的差異？

我們先按下慢動作鍵，一格一格來看發生了什麼事：

一、閃光在四等分螢幕的左上方出現。

二、你的專注力被閃光拉過去。
三、X沒有在同一個地方出現。
四、你的專注力離開（神經科學用語：取消關注〔disadvantage〕）螢幕左上方。
五、你的專注力轉向螢幕其他區……
六、……當目標之後出現在原處，你發現的速度變慢。然而，X若是出現在另一邊，你發現的速度卻變快。

我們稱這種現象為**抑制返回**（inhibition of return）。[14]顧名思義，你的專注力被阻止回到原來的地方。假如你的專注力手電筒被拉向某處，結果那裡沒出現任何東西，也沒發生什麼事，你會自動取消關注那個地方。換句話說，你不再把那裡當作關注區。我要強調的是，這個過程發生得**很快**。所有步驟都在五百毫秒內連續快速發生，你甚至毫無所覺！而且無論接收資訊的是何種感官都不例外。這方面，我發表的第一篇研究是以聲音來試驗，結果依然相同。

大腦為什麼會這樣？這可能是一種瀏覽策略（scanning strategy）。再次站在我們祖先的立場想想看。你又回到那片森林裡，正在打獵或採集，同時留意有沒有掠食者埋伏在附近。你聽到左邊傳來聲音。砰的一聲！你的專注力自動轉去掃視那一區。假如你沒看到／聽到／聞到什麼，專注力很快就會移走，掃視周圍其他區域，因為發出聲音的東西無論是什麼，都可能還在附近，而且已經移動了位置。

如今，我們顯然不再需要狩獵或採集，平常也不用為了覓食出外打獵，更不會被老虎追蹤。但重點是要認清一件事：這種大腦活動或許**源於**遠古人類，卻沒有因此過時，在各種情況下仍有它的功用。此外，我們在實驗室裡設計不同的情境，研究自覺專注力和不自覺專注力，但在日常生活中兩種都會用到，而且兩者之間不斷互相影響。

人類的大腦效率高又善於應變，永遠在想辦法發揮最高效能，以得到最大的收穫。大腦神遊在人類演化過程中脫穎而出，或許是為了盡可能提高**機會成本**[15]——即大腦預測它現在放棄的東西（專心做手邊的工作），長遠來看是值得的，因為之後可能有更大的收穫（無論是存活、自保，或是找到其他更好的選擇）。如前面所說，無聊是很主觀的，任何事都可能變無聊。無聊很有可能是演化的結果，目的只是要強迫我們去找別的事情做。從前，我們以為警覺遞減完全是大腦疲勞所致，因為耗盡了認知資源。但我認為（其他人也是）事實更加複雜。很可能跟過去的基本存活機制有關。這對身為二十一世紀現代人類的你，代表的意義是，只要你專注在一件事上很久的時間，你會漸漸感覺到專注力在抵抗，最後飄散到其他地方。

我帶著你認識這一連串基本的認知科學，因為這樣你才能瞭解大腦神遊是人類與生俱來的生理傾向，同時接納它（在某個程度上）是你不可或缺的「能力」。如果你的大腦沒有這種傾向，可能會害自己搞錯方向或失去方向。有些被診斷出注意力不足過動症（簡稱過動症）的人常說，他們的問題不是無法專心，而是**搞錯專心的對象**。太過專心時，我們可能忘了當下的目標，不曉得自己目前的行為跟目標是否**一致**，也搞不清楚何時該修正方向或接住迎面而來的變化球（**老虎！**）。專注力高高低低可能是一種好處，這在後文還會再提到。但即使這種大腦傾向有潛在的好處，不表示它隨時都是正確的。此外，就算分心是大腦神經的基本設定，也不代表我們必須接受它。

重點整理

剛剛我們一口氣學了好多新知。但前面說過，看到這裡你可能早已漏掉大半內容。這不是你的錯。都得感謝咱們聰明祖先的生存直覺！先來快速複習一遍。

因為你隨時隨地都用上百分之百的專注力（**負荷理論**），專注力永遠在某個地方，所以如果無法專心做當下該做的事，很可能是因為你的大腦在神遊（大腦冒出**無關任務的想法**），並對周圍環境視而不見（**感知解離**）。大腦神遊是你的大腦基本設定，背後原因眾多，其中包括（但不限於）避免被動作飛快、牙齒尖利的老虎追殺（**抑制返回**），而且可能造成**警覺遞減**，也就是一件事做得愈久，表現愈差。大腦神遊最初或許對人類祖先有益（**機會成本**、**專注力循環**[16]），卻害我們無法做好自己努力在做的事（手邊的工作），因而心情變差。

既然已經知道我們的大腦為什麼會神遊，接下來，我們得談談該拿它怎麼辦。第一步很簡單。

——學會發現自己正在神遊。

我遇到專注力危機之後幾年，外子也陷入同樣的困境。因為他開始讀吃力的研究所課程，加上我們兩人同時要應付工作、養小孩，以及女兒蘇菲出生之後又多一個小孩的挑戰。研究所開始上有限數列之後，麥克發現自己愈來愈難以專注，因此他加入我們針對成人過動症患者的初探性計畫，測試正念訓練是否對他們有幫助。我們沒有要求已經在服用藥物的受試者停藥，反而希望看看正念訓練能否強化他們的專注力，無論他們的起點為何、有服藥或未服藥，這樣才能從每個人的基準線測量他們有沒有進步。

確實有。[17]我們得到的普遍回應是，他們雖然沒有因為接受訓練而改變藥物，卻都表示能夠**更有效地使用藥物**。也就是說，他們對自己的專注力手電筒指向何方更加敏銳，且能在需要時重新拉回手電筒。有個人的評語是：「我不再坐在電腦前一整天，從一個網站逛到下一個網站。相反地，我更清楚自己要做什麼，也能**決定**要把專注力用來做那件事。」

其中一項訓練是每五分鐘播放一次鈴聲。靈感來自正式的正念訓練會使用鐘聲，提醒人們把專注力拉回到手邊的事。做完前幾週訓練之後，外子把鐘聲的錄音帶回家，在晚上做功課時使用。因為太有用了，他在工作時也整天播放。他知道自己很常分心，便利用每五分鐘響一次的鐘聲提醒自己回到正在做的事情上。

這件事敲醒了我，讓我瞭解這個問題有多麼普遍，而我們又多麼需要幫助。不過才幾年前，我為自己量身訂做了正念訓練，把自己當作一個「個案研究」。最初幾回，我發現自己的大腦像蚱蜢一樣跳來跳去。後來我發現，那不只是每天早上做練習時會發生的事，而是**時常**發生（當時我對正念訓練還很陌生）。我很驚訝自己的腦袋一整天下來竟然那麼常在神遊。後來我開始自我檢驗，看我有多常真正投入工作。

答案？沒有太常。

對我和麥克來說，最重要的一步是認清，我們的手電筒有多少時候指向我們不想要它指的地方。試試這個方法：從現在開始，時常檢查自己在幹嘛，留意自己何時投入工作、何時沒有。你甚至可以設手機鬧鐘提醒自己。如果不想像外子那樣，讓鐘聲每五分鐘響一次、持續一整天，你也可以設定每小時響一次。手機鬧鐘一響，就快速檢查自己的狀況，而且誠實面對自己：你在做什麼？你在想什麼？你的心**在哪裡**？

假如這個方法有用，可用下頁表格追蹤一整天的狀況（或在筆記本畫一張帶著走，手機上的筆記本也可以。重點是隨手可得，這樣才能快速又容易地完成）。寫下時間、手邊的工作、你的手電筒指向何方。一天或一週結束後再回來看這張表，你大概會知道自己有多常分心，還有通常都分心去想什麼事。

每次開始神遊，我們往往會在腦中展開時空旅行，你會發現自己心思飄向未來，忙著規畫或杞人憂天，也可能被拉回到過去，陷入反芻迴圈（別擔心，我很快就會解釋這個概念）。無論是哪一種，收集資料，藉此釐清是**什麼**把你從當下拉開又有**多常發生**，都有助於你繼續前進。此外，也能助你一臂之力，找出並面對你可能面臨的挑戰。

時間	手邊的工作	手電筒
早上十點	完成補助申請書	想到蘇菲這週末的舞蹈比賽，還有我得準備的東西。
中午十二點	打電話給我姊	聽她描述最近的柏克萊之行。完全投入其中。為她的成就和冒險開心不已。
下午兩點	帶人參觀實驗室	一開始很投入，後來開始分心，擔心之後得回頭繼續弄補助的事。

你或許發現自己經常因為電子郵件、簡訊、手機來電、社交媒體之類的數位干擾而分心。我們往往以為，只要排除這些干擾就什麼問題也沒有了。

我們的專注力危機：全是數位惹的禍？

把專注力問題的罪魁禍首推給現代科技是現在常聽見的說法。我們若真的想專心，似乎必須關掉所有電子裝置，退出社交媒體，到深山隱居來個數位排毒。

我拒絕這種說法。從基本層面來看，現在這個時代跟其他時代並無差別，「注意力危機」一直都存在。過去的人求助冥想（或其他靜修法）處理負荷超載和注意力渙散的問題，藉此重新聚焦並思考事情的輕重緩急，包括我們的內在價值觀、意念和目標。這當然可以是一種心靈上的追求，全看你如何定義。但我們發現，正念練習會影響專注力系統，以及它處理周圍干擾及內在雜音的方式。某部分來說，那是冥想者一直在追求的目標。想像很久以前的人類生活：古印度或中世紀歐洲人沒有智慧型手機和臉書，但他們的內心仍然感到痛苦，並藉由各種修煉來減輕痛苦。他們甚至有跟現代人同樣的煩惱：**我沒有徹底投入生命**。

若是不允許自己喘息，不允許大腦「休息」，暫時無所事事，專注力危機任何時候都可能發生。還記得「大腦神遊」跟「白日夢」的差別嗎？前者是在工作時分心，後者是沒工作時不自覺冒出的想法，是自我反省、激發創意的好機會。但現代人的問題是，我們**從不讓自己腦袋空白**。數位工具唾手可得，我們隨時都能接觸到各種交流、內容和互動，不習慣讓自己的思緒無拘無束、漫無目的地遨遊。神遊和做白日夢都屬於自發性想法，白日夢甚至對人有益，但現代人很少做白日夢。你上一次在商店裡排隊，只是東看看西看看是什麼時候？你是想著浮現腦海的事？還是拿出手機查看簡訊和信件？

我們都一樣。我常逮到自己的大腦從一件事切換到另一件事。我稱之為**多重作業**(hypertasking)。比方不斷瀏覽網路（點擊一個又一個引起你注意的連結），從一件事切換到下一件事和下下一件事。說不定你現在正在這麼做。我們全都「忙到沒空休息」，而且要求專注力系統做很多事——太多事了。你的專注力不比幾百年前的人差，只不過，現在你隨時在用一種特別的聚焦方式使用專注力。我們把專注力壓榨到極限。多重作業也造成多重壓榨！即使是你覺得放鬆的事（例如滑ＩＧ或讀某人分享的文章），也會占據更多專注力。那是**另一件工作**。查看手機通知或許感覺「很有趣」，但對專注力來說也是工作。工作：查看誰寫了什麼來回應你的貼文。工作：查看我得到幾個讚。工作：查看誰分享了我的好笑迷因。你的注意力集中在一件又一件工作上，一刻都不得閒，大腦也沒空自在遨遊。

關掉電子產品有時太不切實際。我們無法直接關掉手機或停掉信箱。我們無法打造一個不會害人分心的世界。問題不在於科技，而是使用科技的方式：我們不容許大腦用**別種方式**專注。所以，正念訓練作為一種穩定手電筒的方式才會派上用場，這樣你才不會把手電筒轉來轉去，指向所有讓你或可能讓你分心的事物，無論那是不是數位產品。

找回你的手電筒

專注力要能聚焦，你要學會的第一個技巧，就是留意自己的專注力手電筒何時從手邊的工作偏離。在第一個「核心運動」中，你的目標是一再找回自己的手電筒。練習方式如下：把專注力指向一個目標，留意它何時偏離目標，然後重新把它拉回目標。

把這想像成在訓練小狗。小狗本來就會到處亂跑，沒必要對牠太嚴厲或太凶。但你的態度應該前後一致，一再下達清楚的指令。如果小狗不聽話，我們不會一逕責備牠有多糟、多笨、多難訓練或多不可愛。相反地，我們只會重新訓練一次。訓練過程中，要採取這種**全力支持、但立場堅定**的態度。當你發現自己開始神遊，辯解、責備或反芻之類的舊習慣又冒了出來，就要留意。現在，拿掉「大腦神遊」的舊框架：它不是失敗或錯誤，只是要你重新開始並找回目標的提示。愈常把專注力溫柔地帶回目標，它愈能輕鬆跟上，就像你訓練小狗一樣。你的大腦也會愈來愈擅長覺察自己何時分心。透過練習，大腦漸漸能覺察最初把你的手電筒從目標拉走的力量，不再像過去一樣迷失其中或被綁架。這也能幫助你更快地重回目標。只要能夠更輕鬆地重新聚焦，我們就不會浪費那麼多時間，心情比較不會低落，壓力也更不容易飆高，有要事完成時也不會那麼擔心，無論是工作、他人或自己的事。

有趣的是，當你對大腦是否開始神遊的敏銳度提高，你也會開始留意是否需要讓腦袋放鬆，自由馳騁。剛開始養我們家的狗狗塔西時，我喜歡帶牠去狗狗公園就是這個道理。一解開繩子，牠就到處探索、玩耍、自由奔跑。我彷彿看見牠全新的一面——好奇、開心、奔放又友善的一面。這個時候，我會故意不拿出手機，讓自己重新認識我的大腦，什麼事也不做，不想事情也不回信。這個小動作就像送給自己的禮物。我發現這時靈感會源源冒出，與人為善的感覺重新浮現，精神也抖擻起來。我跟塔西回到家時腳步更加輕快。但要是一開始我根本不清楚手電筒指向何處或如何將它穩住，也無法真正將它放開。

要找回手電筒，我們可以藉助一般稱作「觀息」的基本正念訓練。這種訓練已經有幾千年的歷史。冥想的各家傳承告訴我們，它能鍛鍊專注力。如今我們從眾多研究得知，觀息也被納入提升專注力的認知訓練中。觀息看似簡單：**集中專注力在呼吸上，一旦分心就把專注力拉回來**。技巧再基本不過，但它對專注力系統的實際效用卻很驚人。觀息練習鎖定專注力的三個子系統，因為同時鍛鍊到**聚焦**（把注意力指向呼吸）、**覺察**（保持警覺並偵察大腦是否開始神遊），還有**重新定向**（動用執行功能來管理認知過程，確保專注力回到手邊的工作上）。

為什麼選擇呼吸？我們其實可以把專注力放在任何事物上，訓練專注力手電筒指向它，只要手電筒一晃動就把它拉回來。這當然對你有幫助。事實上，平常當你想全神貫注做一件事，譬如聽演講、簡報或播客，或是寫報告、練樂器，就很適合嘗試這種方法。不過，之所以選擇呼吸來做每日訓練，有幾個重要理由。一是它能穩定身心，讓我們體察呼吸當下的身體感受。這能幫助我們更容易察覺大腦是否從當下的感受飄往對過去或未來的想像。此外，呼吸一直與我們同在，是專注力最自然的固有目標，我們隨時都能把專注力拉回到呼吸上。

呼吸是一個動態、不斷變化的目標。觀息時，你要把專注力集中在特定身體部位（如胸腔、鼻子、腹部）跟呼吸有關的明顯感受上。關鍵在於選定一個特定目標，並在正式練習時從頭到尾聚焦於這個目標。記住這是專注力練習，手電筒的光束要集中且平穩地指向目標。接下來，會有練習要你用這道光束掃描身體，再來我們會進入沒有專注目標的練習，只要觀察意識內容（記憶、情緒、想法、感受）時時刻刻的變化，**不要**被卡住或淹沒。要成功完成這些練習，你得先強化手電筒的力量。這些練習聯合起來，即能幫助你學會如何觀察自己的專注力。

【核心練習】找回你的手電筒

1. **準備就緒：坐下來，坐姿保持直挺、平穩、警覺。**要覺得舒服，但也不能過度放鬆。重點是「直挺」，而不是「緊繃」。坐直，肩膀挺起來，胸口展開，坐姿自然，散發自信和尊嚴。雙手放在扶手上，或是座位旁邊或腿上。閉上眼睛，或垂下眼皮放鬆地看著前方，如果這樣更舒服的話。呼吸，**跟著**呼吸走。跟著呼吸的自然步調走，不要控制呼吸。

2. **坐定：調整到跟呼吸相關的感覺。**或許是進出鼻孔的涼爽氣流、呼吸充滿胸腔時肺部的感覺、腹部的上下起伏。**選一個跟呼吸相關感受最明顯的身體部位，從頭到尾鎖定該部位。**把你的專注力轉向並固定在那裡，就像拿光束又強又亮的手電筒照射。

3. **開始！注意手電筒何時晃動……把它轉回來。**選好目標並聚焦之後，接下來輪到這項練習的重頭戲：注意接下來發生的事。**覺察**你的思緒或感受何時把手電筒從目標拉開。可能是突然想到你待會要做的事。可能是浮上腦海的記憶。可能是哪裡癢！當你發現手電筒被拉開，重新讓它回到呼吸上。只要輕輕「推」它一下，就能幫助你把手電筒移回目標上。

就這樣！這就是第一個練習。很簡單吧。只是簡單中自有它的巧妙和效用。藉由這個基本練習，我們學會兩件過去可能極具挑戰性、但你常常渾然不覺的事：覺察自己的大腦在神遊，然後把專注力重新拉回來。希望現在你已經知道大腦無時無刻不在神遊，這個現象非常普遍，沒有必要抵抗，那是人類大腦的自然傾向，只要有意識就在所難免。但是坐下來刻意把手電筒指向呼吸，「正式」做觀息這項核心練習後，我們對神遊的現象做了不一樣的處理：覺察它，並且把注意力重新回到呼吸。

整個過程如下：

- 把手電筒指向目標，
- 穩穩停在那裡，
- 覺察它何時飄走，然後，
- 重新把它轉回呼吸上。

這或許就是所謂正念呼吸訓練的「伏地挺身」。看到這裡，你應該已經知道，重複練習一段時間之後，這項練習不但能引導你的專注力，還能讓它更強大。

有個重要的問題是：**我應該練習多久？**

之前我說十二分鐘是個「神奇數字」，本書的最後一章，我們會再談到要真正改變專注力系統所需的「最低劑量」。就像體能訓練不會從仰臥推舉跟自己一樣重的槓鈴開始，我們也不會在專注力訓練一開始，立刻進行長時間的正念練習。

我建議剛開始不用長。試試看**三分鐘**，用手機計時。三分鐘比燒開水或烤土司的時間更短，甚至比洗戰鬥澡的時間更短。我等過比三分鐘更久的電梯。

重點是，三分鐘或許一下就過了，但如果你從未做過正念練習，即便是一、兩分鐘都會覺得很難熬。你可能把手電筒轉回到呼吸很多次，可能懷疑自己一定會失敗！相信我：之後會**漸入佳境**的。如果你天天練習，從**每天三分鐘**開始，等於為足以造成改變的心智健身打下根基。所以，剛開始不用多，但要持之以恆。一旦在生活中有了一席之地，要把它擴大就容易多了。如果三分鐘後你想繼續當然無妨，但不要覺得「必須」超出設定的時間。

現在你知道專注力手電筒如何運作了，最後還有一個重要的原則必須牢記在心：

——不要一心多用！

里歐念五年級時開始，每次看見我們旁邊的駕駛人邊開車邊講手機，都會覺得困擾。他本身就是個聰明的好奇寶寶，對很多事情感興趣，包括我在實驗室做的研究，所以比起一般的十歲小孩，當然對腦科學和專注力有更多的瞭解。他認為一次做兩件事，而每件事（說話、開車）都需要一定程度的專注力，最後一定會出事。他甚至實際檢驗了自己的看法。

為了參加學校科展，他設計了一個實驗：邀朋友來家裡客廳用 Xbox 360 遊戲機玩賽車。他從隔壁房間用手機擴音功能跟他們聊天，問他們各種問題。不意外：邊講手機的小孩比沒講手機的小孩分數差。

我承認這畢竟只是五年級小學生的科展實驗。但科學確實證明了這孩子的發現！一心多用，更確切說是**工作切換**（task switching），對表現、準確度和心情都有害無益。[18]里歐對這樣的結果既高興又生氣。他不懂邊開車、邊講手機為什麼沒有違法？不得不稱讚他的先見之明，如今很多州已經立法禁止開車時手持使用手機，以及收發簡訊。但根據我們對專注力的瞭解，法律還是有一定的限制。當我們同時做兩件需要動用專注力的事情，其實很難把任一件事做好，無論你手上有沒有拿手機都一樣。免持聽筒或語音辨識還是得用到專注力。

這麼想吧。你只有一支手電筒，不是兩支，也不是三支，而且這支手電筒一次只能照亮一樣東西（要強調的是，我指的是需要你主動聚焦的事，不是不須聚焦的「程序性」工作，如走路）。當你同時做很多件需要聚焦的工作，你其實是把手電筒從一件事轉向另一件事再轉回第一件事……以此類推。這樣為什麼會有問題？這就要回到之前提過的大腦偏向性。

當你專注投入一件事，無論是寫訴訟、編預算、看小孩在車道上騎腳踏車、思考如何開發你正在寫的應用程式，你的專注力都在按照那件事，**校正資訊處理方式**。這表示你腦中的所有運作此刻都在為那件事服務，所有活動都跟那個目標一致。我在實驗室裡證明了這一點。我們要受試者用最快的速度辨認點（看到紅點就按空白鍵）或字母（看到字母T就按 shift 鍵）。點若連續出現，他們就能又快又準地認出紅點，T的狀況也一樣。然而，當我讓兩種交錯出現，點出現不到一分鐘就換成字母，然後又換回點，不斷來來回回，他們的速度和精確度便大幅退步。那是因為專注力每次切換都得重新校正。

在真實生活中，我們面對的當然不是點和字母。我們從寫信切換到講手機，從講手機切換到跟走進房間的人說話。從結束一場會議切換到在行事曆加入行程等等。為了新工作而重新校正，既費時又費力，中間多少會有所延宕。

要理解這對認知力代表什麼，想像一間公寓套房。由於只有一個房間，每次你想使用它，就得把家具整個換掉。想睡覺嗎？擺出床和床頭櫃。想辦派對？拆掉臥房，擺出沙發和咖啡桌。要煮飯？全部拿掉，擺出爐子、料理台和廚具。聽起來很累？沒錯！當你在不同的工作之間切換，你的認知力也一樣累。

太常切換工作，做這些事時的專注力完整度會大打折扣。客廳會看起來……亂七八糟。廚房的爐子沒插上電。你的動作變慢，錯誤變多，情緒耗弱。你覺得自己的大腦過勞。在實驗室裡，我們發現你不只速度變慢，更糟糕的是，大腦神遊的狀況也變多了。雪上加霜的是，一旦大腦開始神遊就需要更常切換，一次又一次重回手邊正在做的事。這表示速度又會更慢，錯誤增加，心情變差。

解決方法？一個方法是展開正念訓練。當大腦神遊成為一個問題，正念訓練在任何狀況下都能幫到你。還有：**盡可能一次只做一件事**。[19]請擺脫「一心多用」很厲害、很令人羨慕、超強的錯誤想法。即便切換工作看似無可避免（真實生活中有時如此），也要知道這麼一來速度一定會變慢，因為重新投入需要時間。假如你慢慢來，泰然接受並加快切換工作所需的「重新校正時間差」，最後或許你會變得更快也更有效率，不再常常漏東漏西，犯的錯誤變少，也會更快樂（研究發現！）。[20]

唐娜．夏萊拉（Donna Shalala）擔任邁阿密大學校長期間，我記得有次我走進她的辦公室和她開會，我很確定那只是她當天的眾多會議之一。我抵達時，她正專心寫一封電子郵件，甚至沒抬起頭。我站在旁邊等她時，她繼續打字，專注力好像從頭到尾都沒中斷。整個過程頂多一分鐘，感覺上卻久很多。之後她闔上筆電，暫停片刻才抬起頭，然後彷彿把**全部**專注力都集中在我身上。我必須說，中間的差異明顯可見，也為整個會議定調。那一天我說的話，她似乎無一遺漏。

幾年後，我有幸跟一名退休的三星將領交談。他不但曾與許多資深將領共事，退休後也擔任他們的顧問。我問他是否在這些成功人士身上發現什麼共同特質。他說他們都有個突出的特質，他稱之為「樞紐領導力」（pivot leadership）。根據他的觀察，他們從上一個任務、會議或活動轉移到下一個時，都能切換得天衣無縫，然後百分之百專注，徹底投入。

這個故事告訴我們：盡可能一心一用，非得一心多用，就要接受切換工作所需的時間差，盡量減少副作用。**給自己時間切換，才不會一直卡在舊工作之中無法抽離，然後全神貫注投入新工作**。要做到這一點，當然需要對當下發生的事更有**自覺**，包括你的手電筒此刻指向何處。

最後，要知道就算這些你都做得到，而且每天勤奮地練習觀息……

——專注力還是不可能完美無缺、毫不動搖。

我在前言曾把長時間保持專注跟舉重相比較。沒做過體能訓練就期待自己有舉起重物的耐力和肌力，這很不合理。但我們似乎期待自己沒做過嚴格的**大腦**訓練，大腦就能發揮超強的耐力。我雖然堅持自己提出的論點，還是必須做些補充。

不自覺專注力告訴我們，無論我們正在做何事，專注力一定會被其他事拉走，這點很難改變。我們藉由觀察**大腦神遊**發現，就算沒有外在事物害我們分心，大腦不時也會自行去尋找。當你發現自己分心，不要覺得那代表失敗，或把它當作放棄專注力訓練的理由。**人腦的基本設定就是如此！**即便經過訓練，我們也無法期待自己像長時間舉著重物一樣，長時間保持專注。你應該想像自己在運球：

籃球從你手中落下又彈回。

你的專注力離開手邊的工作又回來。

對你來說，每次球從你的手中落下，不是一個機會（重新投入，確認你還在自己想要的地方），就是一個弱點（丟掉球，然後花力氣和認知力把它找回來）。愈常做正念練習，你就愈擅長「運球」，球也愈來愈常彈回你的手中，而不是滾走。但你必須繼續運球！就像籃球一樣，沒有其他精進的方法。假如你想獲得明星球員史蒂芬·柯瑞等級的專注力，你不能抱著球全場跑，而是要毫不費力地運球，即使世界最強的運動員都想（趁你在做你想做的事時）把球從你手中偷走。

我做正念訓練已經很長一段時間，幾乎天天做，能夠察覺並坦然接受有些時候我就是比較容易分心，這很正常。但剛開始時，我記得有陣子特別吃力，感到非常挫折。思緒被拉往各種不同的方向，我覺得自己反而在退步，愈來愈糟。於是，我去請教一位在大型醫學中心負責正念門診的同事。他的冥想資歷超過三十年。從大多數標準來看，他都是專業級的冥想者。我問他可以保持專注多久，想知道我該為自己設定什麼目標。我以為三十年的訓練一定成果驚人。十分鐘？甚至更久？

「呃……」他說：「我能夠專注不分心最久的時間？大概七秒吧。」

七秒？我大吃一驚。接著，我很快想到正念訓練最重要的原則：重點**不是**永遠不會分心。那是不可能的。目標應該是：能夠隨時察覺自己的專注力在何處，因此當你分心時，能夠輕鬆熟練地把手電筒轉回到需要照亮的事物上。

專注力訓練如此重要，還有另一個關鍵原因。專注力決定了進入**工作記憶**的內容。工作記憶是大腦的動態工作空間，能暫時儲存當下工作所需的資訊。可以這麼想：每當你在思考，無論是回想過去、解決問題、琢磨想法、想像畫面、邊聽別人說話邊記住你想表達的論點，全部要用到工作記憶。我們想做的每件事，幾乎都要運用工作記憶。然而，工作記憶也被破壞專注力的相同力量（壓力、威脅和心情低落）所影響。導致工作記憶失靈的元凶，大多是大腦一種害人不淺的習慣：**時空旅行**。

5 停止「倒帶」或「快轉」，持續播放，體驗當下

你的大腦開始神遊時，白板很快變得雜亂不堪，把害你分心的事吸進來，塞滿白板，沒有地方放你真正想做的事。

我正在等一名得過普立茲獎的記者打電話給我。他寫過關於分心和專注力的文章和書籍，說要採訪我。到了約定時間，他卻發了一通簡訊給我：「十分鐘後，我們可以聊聊嗎？」

我回他：沒問題。然後等他打來。

十分鐘後他打電話來，劈頭就開始道歉。「要命的一天。我……」

空白。沉默。他顯然說不出話。我聽得出來他的大腦突然故障（以技術性用語來說）。就像電腦突然當機，那個代表死亡的小小旋轉沙灘球（譯註：蘋果電腦當機時會

出現的圖標）跳出來。對方因為擅長使用文字贏得了普立茲獎，此刻卻說不出半個字。

他深呼吸一口氣，然後問我能不能先讓他喘個三十秒。我說好。三十秒過去，他又提出另一個要求。

「我可以先寫下一些想法嗎？」他問。

訪談終於開始之後，我一陣惱怒，他明明可以在打電話之前先做完這些事。因為時間變得不太夠，我直接切入**工作記憶**的主題；那是瞭解專注力，以及如何把它訓練得更強大的關鍵。[1]

之前我們提到，工作記憶是你醒著的每一刻都要用到的動態認知工作空間。不要被「記憶」二字誤導。工作記憶不只是用來儲存記憶而已。它是一個**暫時的**「塗銷空間」（scratch space），根據人類需求和演化設計，裡頭存放的都是暫時、非永久性的內容。

作家又能說話之後，我向他解釋：「我一向把工作記憶想成大腦的專用白板。不過這塊白板用的是隱形墨水，上面的墨水很快就會消失。你一在上面『寫』東西，墨水基本上就開始消失了。」

我描述了專注力供應內容給工作記憶的過程：專注力手電筒從周圍環境或內在環境挑選重要資訊，這些資訊再進入工作記憶。就像在真正的白板上寫字，你可以在上面寫下想法，思考概念，考慮決定，留意模式，記下你想說的話等等。不過，跟真正的白板不同的是，它有個特點：墨水只會停留在白板上短短幾秒。

幾秒很短。如果你從一件事很快移到另一件事的話，這不是問題，甚至對你有益。但如果需要更多時間，你要如何把重要的內容留在白板上？很簡單：**繼續把專注力放在那件事上面**。

把專注力手電筒指向工作記憶的內容，基本上就「刷新」了內容。[2]那好比一次又一次描出逐漸消失的墨水。移開專注力，亦即把手電筒轉向別處，墨水隨即消散，開始「寫上」其他內容。

由於工作記憶跟專注力密切相關，當它遇到破壞專注力的三大力量（威脅、心情低落、壓力）也同樣不堪一擊。除此之外，睡眠不足、精神失調（憂鬱症、焦慮、過動症、創傷後壓力症候群）之類的因素，對工作記憶也極具殺傷力。在這些力量的壓迫下，這項關鍵能力無法如常運作。你的大腦開始神遊時，白板很快變得雜亂不堪，把害你分心的事吸進來，塞滿白板，沒有地方放你真正想做的事。我正在對那名記者解釋這一切時，他突然插話。

「我剛剛打給妳的時候**就是這樣！**」他說：「因為我剛講完一通電話，得在不同的工作之間切換，但我又不想讓妳等。可是我的『白板』已經塞得滿滿滿，沒有空間再處理任何事。」

他說他需要「清空腦袋」，這個常見的說法，你我在某些時刻都會用上。但其實我們不可能「清空」腦袋。你無法把白板擦乾淨並一直保持空白。那是不可能的事。某件事的墨水一消失，就會被其他事取代。

問題是……是什麼事呢？

白板上有什麼？

咱們很快做個白板評估。你只需要紙筆和這本書即可。

步驟如下：想像你常去的一個地方，離你家約十五分鐘路程，例如雜貨店、工作地點、小孩的學校。現在，想像從你家大門到該地點的路程，計算你必須轉彎的次數。無論你是走路、坐車、搭公車或地鐵都可以，只要盡量精確計下轉彎的次數。假如你數到亂掉，重數一次也無所謂。

一旦分心，停下來記錄害你分心的事物。假如是手機響了，有訊息、郵件或推特傳來，就寫下「手機」。如果是突然擔心起待會要開的會，就寫下「會議」。若發現自己為了同一件事不只分心一次，記下重複的次數。或許你在腦海中會對你（想像中）的目的地浮現一些想法。盡可能精確記下轉彎的次數，還有過程中讓你分心的事物，不要少記或跳過不記。理想狀況下，我們希望得到大量的資料。

切記：使你分心的事可能是好事。不一定是負面的事才算大腦神遊。你可能想到早上發生的好事（排在我前面的陌生人請我喝咖啡，多麼友善的舉動！），或是你期待的事（三天的週末假期要到來了！）。無論是正面或負面、有建設性的想法或胡思亂想，全部記下來就對了。

這個練習類似我在前言要你做的事（記下你的手電筒偏離這本書的次數）。但這一次，你不只注意自己有**多常**分心，還包括是**什麼**讓你分心。

現在我們來看看結果。你發現自己一再分心去想什麼事？看看你的紀錄，你或許注意到有些事特別「黏」，不斷從腦中冒出來。你或許想著待會要享用的美味午餐，或許回想起上個週末你在聚會上說錯的一句話，直到現在仍覺得尷尬。我不知道，但是我敢打賭，你記下的事物絕大多數不是電話或敲門聲這類外在的干擾（甚至全部都不是）。

假如你跟大多數人一樣，那麼讓你分心的罪魁禍首，就是**你自己的大腦**。

我們通常以為害人分心的是外在事物，例如手機聲、郵件通知聲、門鈴聲、同事打斷你思緒的說話聲。然而，最難以抗拒的干擾，往往來自**內在**。上一章我們談到要在充滿分心事物的世界找回專注力，就得覺察手電筒何時偏離目標，還有如何又快又順地把它拉回到你想注意的事物上。基本上，這是訓練專注力的第一步。只是一旦開始注意自己的注意力，你就會發現，就算你想辦法排除可能的外在干擾（手機調成靜音、暫停收信、不顧一切把自己關在安靜的房間裡），總是會有**某件事**從腦中冒出來，可能是煩惱、遺憾、渴望、計畫。

這些念頭到底從何而來？它們為什麼不請自來，直接跳進你想用來做其他事的工作記憶？

使人分心的念頭從哪來？

大約二十年前，有個謎團讓我們神經科學領域百思不解。當時功能性核磁共振造影（fMRI）這個強大的新技術剛問世，大腦活動的一個新奇模式首次呈現在我們眼前，那跟我們已知的大腦網路都不吻合。這是怎麼回事？這個謎團多年來一直無解。

神經科學家對這種新科技興奮不已。當志願受試者在掃描儀中進行規定的任務時，我們得以看見跟腦內活動連動的訊號，同時追蹤腦內活動發生的**區域**。我們最迫切的希望，就是釐清人在從事需要專注的工作時啟動哪些腦部區域。換句話說，當你專心做一件事時，哪個部分的大腦會「亮起」，就專注力系統的運作方式而言，這意謂著什麼？要釐清這一點，我們得把「工作時」的大腦和「休息時」的大腦互相比較。

首先，我們觀察正在動用專注力和工作記憶的大腦，比如做「三個數字前」測驗的大腦。受試者在掃描儀裡看著數字一個接一個浮現螢幕，數字每次出現，他們都得回答一個問題：「這個數字跟三個數字之前的數字一樣嗎？還是不一樣？」這問題很難！由此我們得以窺見正在運作的工作記憶。

再來，我們需要大腦**休息時**的造影作為比較。於是我們要受試者「休息」，沒有測驗，沒有任務，沒有需要集中注意力思考的問題。

一如預期，受試者做「三個數字前」測驗時，大腦前額葉的某些區域特別活躍。[3]然而，經過一次又一次的研究，受試者「休息時」一再出現一個奇怪現象。有個不一樣的神經網路連上線——同時啟動的區域連成全新的組合。掌管記憶、計畫和情感的區域全部一起連線。這種組合我們從未見過，無法一眼就認出。**為什麼這些區域在大腦休息**

時同時啟動？看起來甚至像綁在一起，因此起伏消長都同步。

我們讓受試者換了不同、更明確的指示，但無論他們做什麼，結果仍然相同。當他們得到休息的指示，我們看到大腦中間（名為中線〔midline〕，想像你把頭髮中分，頭皮底下的部位就是中線）明顯亮了起來。每次要他們「休息」，這個神祕網路就會動起來。

於是，我們開始對離開掃描儀的人提出問題：「休息時，你在想什麼？」

他們的答案是：

「我在想午餐。」

「我在想自己有多不舒服。」

「我在想今天早上跟室友的爭執。」

「我在想我得去剪個頭髮。」

調查過愈多人，我們漸漸在他們的答案中發現一個模式：這些都是跟自己有關的事。在掃描儀裡的人，想的不是世界和平或政治議題。相反地，他們轉向內在，反省最近生活發生的事、制定計畫，還有分析自己的情緒、想法和感受。

這項發現促使研究團隊改變測驗方式。他們讓掃描儀中的受試者看一連串形容詞：高大、風趣、聰明、迷人、有趣、親切、悲傷、勇敢、可愛。[4]指示：從「一點也不」

到「非常」，用每個形容詞為柯林頓（當時的美國總統）評分。接著：「用這些形容詞為**自己**評分。」賓果！受試者休息時出現的不明網路再度浮現。一旦將問題從美國總統轉到他們自己身上，大腦中線區又連成一個網路。

研究員發現一件事：或許休息從來不是真正的「休息」。收到「休息」指示時，受試者卻按照預設開始想自己的事。有個半開玩笑的縮寫字開始在大腦研究員之間流傳，那就是R.E.S.T（Rapid Everpresent Self-related Thinking，隨時隨地快速切入跟自己有關的想法）。

如今，神經科學家稱這個曾經神祕難解的網路為「預設模式網路」（default mode network）。[5]因為一般認為，不需要高度專注的事情占據大腦時（待會我們會知道，即使**被占據**也往往如此），大腦就會回復這種預設模式。一旦找到這個網路且能加以辨識之後，我們發現它在各種情況下都會留下蹤跡。當你的大腦在神遊、預設模式便活躍起來。當你做一件事犯了錯，預設模式再度出現。許多實驗室在測驗中一再發現同樣的結果：答對問題時，「上線」的是專注力網路[6]；犯錯時，活躍起來的卻是預設模式網路。

這些結果告訴我們，當大腦神遊把你的專注力和工作記憶指向**內在**，你的預設模式就動了起來。即便沒有外在干擾，大腦還是會自己生產跟自身相關的突出內容。這些內在干擾跟外在干擾一樣「大聲」。這些情緒飽滿的念頭，甚至跟有人大聲喊你的名字一樣，都能強而有力地抓住你的專注力。[7]

當你不需要工作記憶時，這還不打緊。如前一章所說，大腦裡有容納自發性想法的空間是一件好事。問題在於，自發性想法隨時隨地會冒出來，可是你經常需要工作記憶為你完成其他任務。幾乎做**每件事**都需要動用工作記憶。

有工作記憶，才能工作

學習和記憶都需要用到工作記憶，它是通往持久記憶的「門戶」。有了它，你才能「破解」資訊（經驗、新知等）再存到長期記憶。當你想從長期記憶中提取資料（檢索），這些資料會「下載」到工作記憶中讓你快速取得，方便使用。

工作記憶對於社會連結和人際溝通也是不可或缺。[8]你從中追蹤並分析他人的意圖和行為，將這些觀察記在心中，藉此拿捏該如何與人互動，比方等輪到你說話才開口，或是即使有話要說，也得聽人說完。

也因為有工作記憶，你才會產生情緒。[9]想起開心、難過或不安的回憶時，便是動用工作記憶。基本上，當你建立一段完整、豐富、富於情感的經驗，就是用跟這段記憶相關的想法、情緒和感受，「填滿」你的白板。工作記憶跟你的感受能力密不可分。

反之亦然。**管控**情緒也需要工作記憶。舉例來說，某種情緒將你淹沒，你需要平靜下來。怎麼做？把問題想個透徹、用別件事轉移注意力，或是重新界定問題（**或許沒有我想的那麼糟……**），這些方法都需要用上工作記憶。

有個研究請受試者看一段令人不安的影片，不過規定他們看影片時要壓抑情緒，不能叫出聲、哭出來或有臉部表情。[10]接著，研究員分別測試每位受試者的工作記憶容量：請他們在解簡單的數學題時記住一些字母。之後，研究員開始尋找兩件事的關聯：成功壓抑情緒的受試者，工作記憶容量是否較高？

果真如此。工作記憶容量**低**的人，看電影時完全克制不了情緒。即使得到明確的指示，他們還是無法控制情緒。相反地，工作記憶容量**較高**的人，較能調節自己的情緒反應。這些人或許使用工作記憶把目標（「我現在的任務是**不要**有反應」）牢牢記在心中，或是**重新評估**狀況來調整自己的反應（「那只是電影，不是真的」）。無論使用什麼策略，關鍵在於他們有這麼做的認知容量。

最後還有一個重點：無論你想做什麼事，從準備午餐到思考一件事，工作記憶都在其中扮演要角。用神經科學的用語來說，那就是你「守住目標」的地方。

工作記憶是通往目標的門戶

工作記憶是你**牢記目標**的地方，這樣你才能朝著目標前進。這裡指的「目標」，不是贏得足球比賽的那種目標（雖然英文的「球門」和「目標」都用goal這個字）。我指的是微小的意念，還有你對投入的每件事設定的目標和希望達到的結果，包括所有的決定、計畫、想法、行動，還有你一天的所有行為，只要是著手去做的事都算，包括決定讀一本書，買晚餐的食材，想你最喜歡的迷因哏圖，製作報告幻燈片，學會使用一樣電子新產品，等沒車了再過馬路。你依靠工作記憶來守住目標和次目標，以及更新目標或更換目標，一件事接著一件事永不間斷。

新冠肺炎在全球爆發之後，隔離期間有天晚上我跟外子決定一起做點刺激的事。我們決定跟小孩一起打牌。

我們的女兒蘇菲說要玩一種叫「埃及拍」的牌戲。玩法如下：玩家輪流快速地從手中打出一張牌，只要特定牌組出現，先拍的人就贏牌。特定牌組包括三明治（8-2-8）、三條（8-8-8）、順子（7-8-9）等等。小孩愛死這個遊戲了，我跟麥克卻很討厭。因為**規**

則有夠多，而且得一直記住才能贏。你必須主動把所有規則放進工作記憶裡，然後在當下快速反應。

沒想到孩子輕輕鬆鬆就把我們打敗。我們兩個四十幾歲的大人，竟然敵不過大腦和身體反應都超快的十幾歲小孩。我們的孩子想不通我們怎麼那麼遜，一直努力糾正我們。「不對不對，」他們說：「要**盡快**拍下去。」兩個可愛的孩子不知道我們不是不懂規則，而是他們還很年輕的額葉飛快反應，想要充分發揮潛能，我們的卻往後縮，於是節節敗退。[11]但過程還是很有趣。當我邊玩（邊輸）時，突然想到這個遊戲正是**純粹工作記憶任務**的完美例子：我們得記住目標，然後根據目標採取行動。這是工作記憶的運作方式，以及它影響如此深遠的原因。

工作記憶是專注力的重要夥伴。有了它，手電筒照亮的資訊才能派上用場。但專注力若是不斷輸入顯眼、害人分心的內容，會成為守住目標的一大阻礙，更何況是達成目標。為什麼？因為腦內工作空間有限。工作記憶跟真實的白板一樣，塞太多就會爆滿。

有限的工作記憶

在實驗室裡，我們常做實驗設法將工作記憶的上限撐大。我們想知道，既然工作記憶對生活各個層面都那麼重要，我們到底擁有多少「空間」能投入所有的重要工作？

我們請受試者來實驗室，讓他們看人臉的圖片，而且是平凡的臉，沒有奇特或惹眼的五官讓人特別難忘。一張臉消失三秒之後再換一張。他們的工作是在心中比較兩張臉，再告訴我們相不相同。簡單！接著，我們把他們必須記住的臉增加到兩個，然後三個，然後四個、五個，最多到九個。這是測試工作記憶的資訊保存容量的基本方法。第一張臉消失三秒期間，受試者必須把影像保存在工作記憶中，也就是在白板上一再重複「畫上」影像。當他們開始答錯，我們就知道他們腦內的白板已經達到承載上限。

那麼，受試者的工作記憶「超載」之前，能記住多少張臉？猜猜看。五張？十張？還是更多？

答案是**三張**。

每次在實驗室做這個實驗，臉的數目愈多，受試者的表現就愈退步。超過三張之後，他們的表現跟亂猜一通差不多，好像從沒看過那些臉一般。

你可能會說：「臉很複雜耶，太多小細節了！」但研究發現，三、四項大概就是工作記憶的承載上限，即使是很簡單的題目也不例外，比如有顏色的形狀。為什麼？一個可能是，你儲存在工作記憶的每個項目都會留下獨一無二的腦波頻率，就像無線電頻道。你可以同時「打開」三、四個頻道，同時將它們互相隔開。[12]但如果超過四個，這些頻道就會互相干擾或變得難以區別。

地區電話號碼之所以是七個數字，其實也跟工作記憶的「大小」直接相關。一九五六年，心理學家喬治・米勒（George Miller）發表了一篇探討工作記憶的論文，題目是〈神奇數字七，加減二〉。[13]他發現我們記住一串數字的甜蜜點是七（加減二）。意思是說，大多數人最多只能短暫或輕鬆記住七個數字，因為用英語說出七個數字的時間，大概是我們的聽覺工作記憶的「緩衝時間」。[14]就算只是多兩秒，你可能還來不及撥號，數字早已從記憶中消逝（若你還記得從前的轉盤電話，就知道這在當時有多重要！）。

現在你已經曉得工作記憶是有限的，就能利用一些方法來幫助自己。例如，還記得電訪我的那名記者嗎？訪談剛開始時，他問我能不能先寫下他的想法，就是運用了「認知卸載」（cognitive offloading）的策略。[15]這是一個絕佳的方法，對提升表現很有幫助。然而，它沒有解決一個核心問題：**我們不是每次都知道自己已經認知超載**。我們並非隨時都能覺察自己的腦中白板上寫了什麼，往往要嚐到失敗的滋味才發現出了問題。

當工作記憶失靈時

本章一開頭的故事，就是工作記憶失靈的典型實例——認知超載。你想抓住太多事，於是把工作記憶逼到極限。這可能造成相反的結果：**認知空白**（blanking）。[16]你心想：「明明剛才還記得！」走進房間卻想不起來自己要幹嘛。或是坐在課堂上突然被叫起來說話，或在會議上舉起手，前一秒還胸有成竹，下一秒卻發現自己腦袋一片空白。為什麼會這樣？神經科學提出了幾個解釋。第一，我們的大腦可能不自覺地開始神遊。這時專注力手電筒被拉走，我們努力記住的東西瞬間消失，白板恢復一片「空白」。另一個可能是，我們努力抓住資訊，但因此產生的神經活動突然斷掉，也就是本來和諧一致的大腦活動突然同時停住。[17]你或許感覺得到本來有什麼在那裡，現在卻消失無蹤。

最後一個解釋是：**出現令人分心的事物。**

現在你已經知道突出的干擾有多麼強大。特別突出或「大聲」（實際上或象徵意義上）

的事物，肯定會引起你的注意，無論來自外在環境（聲光或其他感官刺激）還是腦內風景（思緒、記憶、情感）。這種干擾造成的一個影響是，一旦干擾你的事物侵入工作記憶，就可能覆蓋住你原本想抓住的內容。結果：你本來努力守住（留住資訊以便使用）或編寫（「寫進」長期記憶中長久保存）的內容就被擾亂。這樣的結果再次凸顯工作記憶和專注力多麼密不可分。

工作記憶和專注力的三個子系統

工作記憶和專注力就像舞伴，雙方必須合作無間才能完成大大小小的目標。無論是隔離期間跟小孩玩牌，還是面對生死攸關的危機，運用的腦內機制都一樣，最大的弱點也大同小異。

• **手電筒**為資訊編碼並將它留在工作記憶中，在白板上「重描」它，延長它留在上面的時間。

——**最大弱點：誘導轉向（Bait and Switch）**

當專注力被突出的事物自動吸引或拉過去時，這種更有趣的內容（對專注力來說）就會覆蓋住原本的內容。接著，自覺專注力開始重描這些新內容。之前的資訊從此消失，完全不留痕跡。

- **探照燈**進入白板，達成緊急的目標。遭到嚴重威脅或壓力時，警戒系統會暫時**封鎖**其他資訊進入工作記憶，確保大腦的作用系統將攸關基本存活的行為（戰、逃或定住不動）置於其他目標和計畫之前。

——**最大弱點：形成路障**

即使沒有真正的危險，警戒系統可能被受到威脅的**感覺**觸發。這會暫時封鎖其他資訊進入工作記憶，破壞依賴工作記憶運作的其他功能（如長期記憶、社會連結和情緒管理）。[18]

- **雜耍演員**把你當前的目標留在白板上，並在情況轉變時更新目標。

——**最大弱點：掉球**

工作記憶一旦超載、空白或分心，都會打亂負責中央執行系統的雜耍演員，導致目標喪失、行為出錯。雜耍演員掉了手中的球。

以上每一點都代表工作記憶和專注力攜手「共舞」的機會，成功的話，能順利朝著目標邁進，失敗則會害得我們出錯，例如在白板上放置錯誤的資訊、封鎖重要內容、偏離目標。

工作記憶失靈時，無論事情大小，一天、一週甚至一輩子累積下來，都可能讓我們離想抵達的地方和想成為的人愈來愈遠。

「那麼，」你問：「我們可以怎麼做呢？」

幫大腦白板去除雜亂

二〇一三年，我們實驗室跟美國和加拿大各地的教師合作一項大規模的研究。[19] 目的是確認正念訓練對認知表現和認知疲乏是否有影響，兩者都是教師特有的煩惱。我們請來一名合格訓練員為他們上八週的正念課程。除了上課，他們回家也得做練習。此外，我們讓所有教師做一個經典的工作記憶容量測驗：記住一小串字母如MZB，然後做一道簡單的數學題。每次多加一個字母，再讓他們做另一道題目，一直重複。我們想知道他們在解數學題時最多能記住多少字母，工作記憶才會開始退步，最後失靈。

之後，其中一半人開始上八週的正念課，另一半人得再等一陣子才開始上課（這是控制研究中的潛在污染源——動機差異的重要方法。一般會設計一個完全不上課或沒興趣上課的對照組，但我們只有延後對照組的上課時間，這樣理論上至少他們會有類似的動機，測驗時也會同樣投入，因為他們最後也會上課）。第一組上完課後，我們重新測驗兩組人，發現已經上過八週正念課的人，工作記憶的表現比還在等上課的那組好。

這個有趣的結果帶出下一個迫切的問題：正念訓練**如何**改善工作記憶？我的直覺是：它能幫助大腦白板去除雜亂。

我在加州大學聖塔芭芭拉分校的同事也有同樣的直覺，並利用一個聰明的實驗加以檢驗。[20]他們讓四十八名大學生做我們給教師和幾年前棕櫚灘那群海軍陸戰隊成員做的工作記憶測驗，但加了一個重要的變化。實驗結束後，他們要受試者回報自己有多經常神遊。也就是說，實驗期間，他們是否很常冒出無關測驗的想法？

測驗過後，一半的人受邀參加兩週的正念訓練，另一半人接受營養教育作為「對照訓練」。他們發現，只有正念訓練能提升這些學生的工作記憶，受益最多的是受訓前經常大腦神遊的學生。這個研究同時問了一個實際的問題：提升工作記憶和減少大腦神遊有助於學生的學業表現嗎？答案是：有！接受正念訓練的學生，GRE（進入研究所的重要考試）的閱讀理解測驗平均進步了十六個百分點。

讓我們先把重點拼湊起來。在高壓組，如認知疲勞的教師，壓力是專注力的剋星，而罪魁禍首就是腦內的時空旅行。你無法把手電筒指向你需要的地方，不是在倒帶（反芻、悔恨）就是在快轉（擔心或愈想愈壞……通常是想像可能永遠不會發生的事）。工作記憶（腦中的白板）要靠同一支專注力手電筒編寫和更新內容。但假如跟壓力有關的腦中時空旅行綁架了專注力，工作記憶就會被不相干的資訊塞滿，所有依靠工作記憶運作的程序也會受害。這表示理解、計畫、思考、決策、體驗和控制情緒，都打了折扣。

簡而言之：

——壓力引起的腦內時空旅行，把專注力手電筒從當下的經驗拉走，同時使腦中白板變得雜亂不堪。

若是能聚焦在當下，專注力就能夠用跟目標相關的資訊來編寫及更新工作記憶的內容。如此一來，工作記憶也能達成當前工作的要求。換句話說：

——正念訓練能幫助腦中白板去除雜亂，提升工作記憶的效能。

厄運循環

某個禮拜五晚上，結束教課、開會和趕報告的漫長一週之後，我告訴外子麥克，我的腦袋已經被榨乾了。我問他晚上的活動能不能全部由他安排、決定，我只有一個要求和一個條件。要求：我們要做些有趣的事，既能轉換心情又能被娛樂到。條件：不能叫我離開沙發。

於是他說，那我們一起來看《魔鬼神探》(*Lucifer*) 這部影集。故事裡的魔鬼路西法因為在地獄太無聊，於是搬去洛杉磯（不然還有哪裡，編按：洛杉磯原文為Los Angdes，即天使城），當上一家夜店的老闆（我翻了翻白眼不以為然，但他已經按下播放鍵。他提醒我：「是妳要我決定的！」那好吧！）。後來路西法跟一名警探合作，利用他的力量來懲罰為所欲為、作惡多端的人。他們死了之後呢？沒錯，被送進地獄。接著，這齣戲開始描繪它想像的地獄。基本上，魔王讓淪落地獄的人重溫自己人生最大的遺憾，同樣的時間迴圈一再重複。看到這裡，我想：**哈，那就是反芻**。

反芻是最強大的一種大腦時空旅行。[21]它讓人卡在同一件事裡，一想再想。反芻一件事時，我們被困在迴圈之中：重溫發生過的事，希望事情會有不同的結果，想像另一種可能的結果，或是回憶事情**實際**的發展，把同一件事想過一遍又一遍。把事情愈想愈壞也是反芻的一種：想像事情之後會怎麼發展，擔心各種可能永遠不會成真的狀況。這類型的迴圈會把人吸進去，大腦陷入分歧狀態，很難把手電筒從這裡移開。就算好不容易移走，通常也會很快被拉回去，就像舌頭自動會去舔疼痛的牙齒。

我覺得很有趣，沒想到反芻可怕到有人拍了一部戲說明它**真的**有如地獄。

大腦時空旅行削弱了完成當下工作所需的工作記憶。此外，無論我們一再反芻的是什麼事，由於腦內白板把這件事寫了又寫，就沒有空間容納其他事。認知能力和情緒管理能力也會大打折扣。在這種情況下，你或許會發現自己開始亂下決定或對小孩大小聲。壓力飆高，情緒低落。不請自來的壓力消耗我們的專注力，讓我們更難抗拒我所謂的「厄運循環」。

無論專注力凸顯和護送的工作記憶的內容為何，都是我們**分分秒秒的意識經驗**的實際內容。假設你的工作記憶鎖定目標，專注投入跟你想做的事和實際做的事一致的內容，譬如一些外在的工作。你專心，投入，反應快速，面面俱到，從感官細節到更大的經驗脈絡都無一遺漏。也就是說，達成目標所需的外在相關資訊，你都唾手可得。

相反地，如果有別的內容浮現你的白板，甚至成為你當下的經驗，你很可能喪失你一開始投入這件事的動機和目的。舉一個讓我揪心的切身實例。假如你的身體明明跟自己的小孩坐在一起，陪他一起念書，心卻在煩惱一個工作相關的問題，那麼你基本上是在工作，而不是在陪小孩。你甚至可能產生**感知解離**，手電筒聚焦於白板上的內容，因而無法處理周圍的感官資訊（鄭重聲明：同一本書讀了一百次仍不知道 wump 是什麼，就是這個原因）。

這造成的影響有多大？假如你把某些內容留在工作記憶裡，**大腦的計算資源就會轉去服務那些內容**。這就是我們所謂的工作記憶的**偏向效應**（biasing effect）。在某個實驗中，我們想知道工作記憶的偏向效應對感知的影響力。它對你**感知到的事物**會造成多大的影響？

我們做了一個實驗，類似之前測試工作記憶上限的實驗。不過，這次我們為受試者戴上電極帽，而且只要他們記住一張臉。[22]結果發現，臉從螢幕上消失的三秒間，當他們把臉留在工作記憶中，處理臉部資訊的神經元**依舊活躍**。我們怎麼知道？那三秒間，我們秀出一個灰色的小「探測圖」（不規則圖案），那是我們把之前那張臉的像素取出再隨機轉動而產生的圖像。有趣的是，我們發現，比起回想其他圖像（例如風景），受試者回想臉時，對探測圖產生的N170反應（大腦看見臉時產生的腦波）更加強烈。

來分析一下這個結果。為什麼這是一個有趣的發現？因為這告訴我們，工作記憶跟專注力系統同樣具有整體偏向的現象。也就是說，大腦的所有活動現在都以白板上的內容為準。你不僅**彷彿**正在經歷腦中思考而非眼前發生的事，從神經層面來看，那確實是你正在經歷的事。你的大腦**從內在**感知到的是一張臉，即使眼睛看到的是一個不規則的灰色圖案。

所以，假如你坐在沙發上讀一本有關 wump 的書，或者開車越過佛羅里達州的一座長橋，或是坐在法官席上聽被告律師結辯，思緒卻飄到別處，那麼根據你的大腦所知，你**確實**就在別處。

現在，我想在這裡指出一個重點。目前為止我們探討的工作記憶，包括它只能暫時保存、容易受到威脅和壓力的影響、可能被大腦神遊綁架等性質，或許聽起來都像缺點，彷彿工作記憶注定會失靈。另一方面我又一再強調，你想完成任何事都少不了工作記憶。這究竟是怎麼回事？假使工作記憶是人類大腦如此重要的功能，大自然為什麼要設計出這麼不完美又容易出錯的工具？這個軟體為什麼有那麼多程式錯誤（bug）？

是特質，不是程式錯誤

我的答案是：那不是程式錯誤，是它的特質。裡頭每個明顯的缺點，都有它存在的目的。我們一個一個來看。

隱形墨水

假如白板上快速消失的墨水會造成問題，為什麼我們沒有演化出能停留更久的墨水？讓墨跡更持久？

想像一下，要是腦中的這塊白板不會每幾秒就自動清空，會有什麼後果？每個閃過腦海的想法、每個引起注意的事物、每個細微的干擾，都會留在腦中久久不散，連有益的資訊都會變成負擔。別想要守住目標或解決問題，光是腦內淤積的龐雜資訊就會把你壓垮。你很難區分什麼事重要、什麼事不重要，因為腦中的資訊無論如何會一直留存在意識中，即使你已經不需要也無法抹除。由此可見，工作記憶非得演化出短暫留存的特質不可。你的大腦需要不斷快速地自動消除資訊，你才能保有彈性並選擇自己想要持續聚焦的對象。

脆弱

但工作記憶為什麼那麼容易被干擾？

這個問題請我們的幫手，也就是人類的祖先來解答。想像他在森林裡，此時工作記憶鎖定一個目標：**找到食物**。他正在搜尋這一帶某種莓果的紅色蹤影，因此大腦所有的功能此刻都以達成這個目標為準。當他搜尋著**紅色**莓果時，負責處理顏色的神經元活躍起來，蓄勢待發。接著，他看見樹叢裡有動靜，是老虎！工作記憶在彈指間拋下之前的目標，新指令隨之出現：**不要動**。

至今我們仍然需要工作記憶保有「脆弱」這項特質，儘管看走眼或只是想像有威脅時，可能害我們惹上麻煩。無論如何，我們都需要保有毫不遲疑快速反應的能力。因為有了這項特質，我們才能執行決定性、甚至保住性命的關鍵動作。

容量有限

可是，為什麼工作記憶的容量那麼有限？為什麼我們一次只能記住三件事，而不是三百件？

坦白說，至今我們仍在思考這個問題，或許可以從以頻率為基礎的大腦動態去尋找答案。一個可能的解釋是：就算你**可以**記住一百萬件事，工作記憶跟專注力一樣，存在的目的是為了**能夠**採取行動，畢竟你只有兩隻手和兩隻腳。

由於工作記憶有這些特質，我們才不會什麼都記住，到頭來變得對不斷更改的要求毫無反應。這些特質幾千年來對人類祖先都很有幫助，至今仍是，即使現代世界多半已經沒有老虎的威脅。問題是，這些從演化過程中篩選出的特質也有不利的一面。幸好人類學得很快，而且有愈來愈多研究指出正念訓練對我們的幫助。透過訓練，即便大腦天生有這些傾向，你還是能擁有顛峰心智，讓大腦發揮最佳效能。

拿回你的白板，按下播放鍵

以前我以為正念訓練就是按下「暫停鍵」，但我總覺得這很虛假或太理想主義。畢竟生命沒有暫停鍵，何必假裝有呢？要擁有穩定的專注力和顛峰心智，我們尋找的其實是「播放鍵」。我們要能夠停止按下倒帶或快轉鍵，**持續播放**，體驗人生之歌的每個音符，傾聽並理解周圍發生的事。

前一章，我們試過了第一個核心練習：**找回你的手電筒**。現在我們要試試一個變化版，幫助我們脫離厄運循環。這項練習之所以有用，原因在於我們必須擺脫不斷反芻的厄運循環，為大腦神遊的內容分類，做好分類之後再回到當下。當你**真的**陷入反芻式的大腦神遊（大多數人都會），你會漸漸認清發生了什麼事。而且練習愈多次，你會**愈快**認清。你不會在腦中重播十次跟朋友的爭執，才發現同事正在跟你說話，而你卻使用腦中白板在做其他事。因為訓練自己留意當下發生的事，你不會任由大腦預設模式長時間耗在無關也無益手邊工作的大腦時空旅行。你會更擅長發現大腦在神遊，同時自問：現在我的工作記憶是什麼內容？是否提供我現在需要的幫助？還是把自己拉回當下才是上策？若是如此，趕緊把專注力拉回當下的畫面、聲音，還有需求。

這是經典聚焦練習的另一種變化版，是從「找回你的手電筒」這個練習延伸而來的，對後面會介紹的另一個進階練習是很好的準備。進階練習需要培養觀察和監控自己大腦的技巧，而「留意」自己的念頭就是第一步。

【核心練習再升級】觀察你的白板

1. **重複前面的步驟：**開頭跟「找回你的手電筒」練習一樣。坐在一張椅子上，坐姿舒服而直挺，雙手放腿上，閉上或垂下眼睛（限制視覺干擾）。同樣地，選擇跟呼吸有關的明顯感受。記住專注力就像手電筒的比喻，把光束指向跟呼吸有關的身體感受。當手電筒轉向其他地方……

2. **留意它去了哪裡：**這是新的步驟！在第一個練習中，我要你覺察專注力是否飄走，若是飄走就立刻把手電筒轉回呼吸上。這一次，我要你暫停片刻，觀察手電筒轉向了何處。

3. **幫它分類：**辨別出現在白板上的干擾是哪一種。是想法、情緒，還是感受？**想法**可能是煩惱、提醒、記憶、靈感、待辦事項上的一件事。**情緒**可能是沮喪、想停止練習去做其他事的衝動、一陣欣喜、壓力上升等等。**感受**則是身體的感覺，例如癢、肌肉痠痛、坐到背痛，或是聽到、聞到、碰觸到或看到什麼事（如門砰一聲、有人在煮東西、貓跳到你腿上、燈光閃爍）。

4. **過程要快：**留意自己是不是像掉下兔子洞一樣，一頭鑽進干擾你的事，或者開始追問自己為什麼要想那些事，或是自然而然重拾無濟於事的習慣，比如責怪自己一開始怎麼會分心。但現在你要做的不是回答這些問題或怪罪自己，而是要留意白板上的內容，但不陷入其中。只要盡可能把白板上的內容分類（**想法**、**情緒**、**感受**）即可。

5. **繼續前進：**每次分類完就把自己拉回當下，回到呼吸上。假如是很深刻的經驗，或許會一再出現，那就再分類一次。

6. **重複：**每次發現自己開始神遊，就為神遊的內容加上分類標籤（想法、情緒、感受），之後再重新回到呼吸上。

一個重點：我絕對不是要說，白板上的內容一定要**隨時隨地**跟手邊的工作內容有關。那就像「完美無缺的專注力」的謬誤一樣，既不可能也不值得追求。白板上有眼前工作以外的內容，本身並非壞事。這沒有好或壞，單純就是**大腦運作的方式**，也確實會發生。自發性想法浮現腦海時，我們使用工作記憶解決某些跟當下無關的問題，譬如想通一個邏輯問題、釐清自己對某件事的感受，或是做計畫或決定。在不少情況下，白板上的內容跟過去或未來有關再好不過，這些因為大腦時空旅行而獲得的內容，反而豐富了當下的體驗。

假使自發性想法並沒有影響你的表現，或許就不是問題。這甚至是讓自己「留白」的好機會，任由大腦把它想要的東西抓進白板（事實上，自由馳騁的大腦帶回的資訊可能很豐富，這點稍後再談）。但是當下你也可能需要工作記憶來達成某些要求。這裡說的不只是工作表現，你有各式各樣的原因不會想跟環境脫節，像是與人互動、學習新知、顧慮安全。所以問問自己：

如果我分心，會有什麼損失嗎？

如果我錯過這一刻，對我來說重要嗎？

管理工作記憶跟管理專注力一樣，不是要隨時隨地完美無缺。重點不在於把自己鍛鍊得**百分之百**心無旁騖，這不但不可能，我也不推薦！你**能夠**做的是學會覺察大腦的變化。這種超能力讓你隨時能夠介入大腦的活動。

掌握白板上的內容

在《魔鬼神探》這部戲裡（我終究還是看了），後來觀眾得知原來路西法還有個壓箱寶。所有「困在」地獄裡的人根本沒有被困住，那裡的門都沒上鎖，他們隨時能夠離開。他們沒離開是因為自以為不行。

說到底，擁有強大的工作記憶並不是非要用它來達成目標或實現計畫，或隨時隨地專注於當下。這樣既不實際也不令人嚮往。重點在於覺察工作記憶的實際內容，在你有工作要完成時，能辨認並排除任何干擾（如大腦的時空旅行）。甚至是早上淋浴精神一振時，能夠沉浸在「當下」。在實驗室裡，我們發現表現較好的人比較懂得**排除干擾**。他們能讓墨水在適當的時刻消失，選擇性地決定：「我不要把那件事重寫一遍。」[23]

從這裡開始，專注力這門新科學幫助我們進一步瞭解，如何拿回工作記憶這個重要的認知工作空間。我們很早就知道工作記憶和專注力，以及工作記憶和長期記憶的關係。如今我們發現，工作記憶絕對不只是資訊的「儲藏室」。

工作記憶中的內容會限制你的感知、思考和行動（後面的篇章會再提到）。因此，我們要鍛鍊的第一個重點，就是把專注力手電筒指向腦中的白板，看看上面有些什麼內容。這是使用專注力「手電筒光束」的全新方式。但我們漸漸發現，因應現代社會的挑戰所需的認知容量，跟這種能力密切相關。

然而，要不要對白板上的內容隨時保持覺察，無法由你自己「決定」。這跟所有的訓練一樣，必須靠日積月累達成。因此，研究進行到某個階段時，即使屢屢受阻，我也必須繼續探索正念訓練的力量。

自毀前程？

我們對西棕櫚灘海軍陸戰隊成員所做的研究證明，藉由正念訓練，加上每天的練習，長期處於高壓力環境的人士，專注力和工作記憶也能夠不受影響，認知力仍保有彈性。正念訓練保護他們的專注力和工作記憶免受周圍的壓力源危害。這個研究大有可為，可惜規模太小。我們需要更大規模的取樣，還有更精準的實驗。我想進一步瞭解何種大腦訓練最有效，以及需要多少「劑量」，對於在高壓環境中工作的人才能發揮效用。

在職場上，我因為選擇這個研究路線，受到了警告。同事告訴我，正念研究是死路一條，太過空泛，有欠嚴謹。如果我繼續走這條路，等於是「自毀前程」。

無論如何，我們還是遞了研究補助申請單，而且拿到了兩百萬美元的經費，供我們為美國軍隊進行有史以來第一次的大規模正念訓練。我欣喜若狂。或許這是「自毀前程」，但至少我奮力一搏了。

現在只剩下一個問題：軍隊沒人願意接受這個研究。我到處推銷，每次都吃閉門羹。看來我們的要求太高。我們要求軍隊空出時間，而且是很多時間。這項研究還得測腦波，光是準備電極帽就要花上一小時！此外，我們選的時機再壞不過，剛好就在軍隊部署之前。這段期間，軍人要先受訓以備面對日後極度緊繃又高風險的實際狀況。但這剛好符合我的需求：他們在這段高壓期間必須拿出最佳表現，軍隊部署之後也得保持在顛峰狀態。但我遇到的每個人都拒絕了我。

問了整整一年後，才有人點頭答應。

點頭的人，就是我們在前言提到的華特．皮亞特中將。那時候（十多年前）他還是上校，帶領一支駐紮在夏威夷的美國陸軍隊，準備前往伊拉克作戰。我們團隊飛去找他討論這項研究時，他的副官提醒我們報告要盡量簡短扼要，因為他的時間非常有限。我走進門時，以為會看到一個刻板印象中的軍人：就事論事、一板一眼、自律甚嚴，不多說廢話。

沒想到，他首先帶我們參觀基地內的「紀念室」，也就是紀念壯烈犧牲的軍中弟兄的房間。我們繞著房間慢慢走，看著殉職士兵的姓名和皮靴。他談起軍隊生活在部署前後和期間的挑戰。他讓我們看他失去的朋友的照片，包括伊拉克友人。他還告訴我，當他瀏覽我們提供的研究資料，想起他太太辛西雅（Cynthia）常說的一句話：「不要人還沒出兵，心就出兵了。」因為每次部署，太太都發現他往往人還沒繞過半個地球踏進戰區，心就已經先飛走。我立刻想起各式各樣「人還沒出兵，心就先出兵」的方式——

花無數時間在腦中計畫、想像即將到來的下一件事，以至於完全錯過當下的生活。我想起幾天前的自己：人站在兒子踢足球的球場外，心卻飄到隔天的教職員會議，對球賽幾乎沒留下半點印象（到現在我還是很懊惱）。

坐車回飯店的途中，我在腦中回顧這次經驗——完全超乎我的預期！上校決定先帶我參觀紀念室，這件事本身就充滿力量。這讓我想到，梵語的正念是 smriti，直譯就是「被記住的」。

當我們**持續播放**，用當下的體驗填滿白板，就更有機會把當下編寫進長期記憶中。我們都想要記得更多。那麼，正念練習也能幫助我們按下「錄音／錄影鍵」嗎？

可以是可以，但按下錄音／錄影鍵並沒有表面上看起來那麼直截了當。

6 按下錄音／錄影鍵

製造記憶的過程就從當下開始。沒錯，大腦之後確實還得做一些工作，才能把記憶變成記憶，但整個過程從你當下開始接收原始資訊就已經展開，無法延到日後再做。

李察一走進我們的訓練課，我就看出他心裡存疑。他是個既和善又強硬的退伍軍人，目前任職於一家軍事研究中心。他沉默寡言，態度保留，相當客氣有禮，但是從他的眼神，我看得出來他的心完全不在這裡。

這是我跟同事史考特．羅傑斯主持的「訓練員培訓」計畫。李察被上司派來學習怎麼把正念訓練傳授給軍隊成員。他在沃爾特．里德陸軍研究所（Walter Reed Army Institute of Research）底下的研究銜接處（Research Transition Office）服務，負責協助將新科學（例如我們針對正念訓練對專注力有何幫助的研究）納入美國陸軍的訓練課程中。只是他的心裡強烈存疑，因為基督教是他的生活和信仰基石，他很擔心正念訓練跟他的宗教信仰互相牴觸。上司指派他先來受訓，回去再傳授給其他同袍，他很擔心自己是否能不負所託。

第一次走進課堂，他說他很緊張。「我當時的心態是：我要想辦法退出。」

但開始訓練之後，他漸漸不再抗拒。正念訓練完全不具宗教色彩。他非常能理解正念訓練的目標，還有它能提振專注力、工作記憶和心情的原因。士兵之所以常常無法達成當下的要求，癥結在於心思被其他煩惱占據，這一點很能得到他的共鳴。他慢慢發現，**正念訓練可能真的有幫助**。同時也不由心想：祈禱的時候（對他深具意義的習慣），他真的全心投入嗎？他有專心祈禱嗎？當他跟孩子在一起，他真的跟他們在一起嗎？孩子的成長速度驚人，轉眼已經青春期，總是想跟他分享過去的回憶。「那件事好好笑……」「爸，你還記得……」他心裡想：「天啊，我完全不記得了。」

每次碰到這種狀況，他都不予理會：**我就是記憶力很差**。現在他開始懷疑，自己是真的記憶力很差，還是並非如此？每次小孩想藉由共同的經驗與他連結，他都感到痛苦。

「我發現我之所以無法跟他們分享回憶，原因在於我一開始就沒融入當下。我的心一直在別的地方。」

即便他人參與了活動（有照片為證），卻沒有真正用心體驗當下。因為忙碌、壓力，還有責任，他覺得自己永遠心不在焉，無論他在做什麼或跟誰在一起都一樣。

「我其實不在那裡，」他說：「所以才完全不記得。」

記憶有時候很狡猾。我們以為自己會記得更多，結果碰到類似李察跟小孩相處的經驗，於是我們開始想，自己錯失了多少人生？有哪些回憶我們沒能留存下來？跟心愛的人一起度過的重要時刻、重要的知識，還是更多？例如有些東西你明明會，需要用的時候卻想不起來，心裡便產生了「我應該知道才對」這種沮喪而模糊的感覺。你想要傾聽並記住重要的會議內容或是跟家人共度的美好時光，同時間，腦中卻不斷重播一件你懊悔萬分的往事；這件事已經**存進**你的長期記憶，但你恨不得把它忘掉。

我們很容易懷疑自己的記憶是否出了問題，為什麼體驗和學習的內容沒有滲入長期記憶庫，反而消失無蹤？然而，以上這些例子（有些記憶留得住，有些卻留不住；有些知識需要時想得起來，有時卻想不起來）都是有原因的，而且原因可能跟你的記憶好壞關係不大。我們以為的記憶問題，往往是**專注力**的問題。

你按下錄音／錄影鍵了嗎？

拿出你的手機，打開相簿，滑到你最後一次拍照留念的事件。那可能是任何事，或許很大（跟朋友去聽音樂會），或許很小（貓咪趴在沙發上的照片）。看著照片，問自己：

- 你記得什麼？努力回想你記得的細微感受，如食物的味道、空氣的味道，任何沒有拍進四方照片的內容都可以。
- 大家說了什麼？你說了什麼？
- 你有何感受？
- 最後：你錯失了什麼？如果你能重新回到那一刻，你想把注意力第一個轉向哪裡，以填補記憶中的空白？

剛剛我打開手機相簿滑以前的相片，第一個抓住我目光的是里歐去上大學之前，我們全家最後一次聚餐。他已經長大成人，即將離家去探索這個世界，在那之前，我很希望一家四口一起吃頓飯，留下難忘的回憶。看著照片，我清楚記得自己努力要找對的拍攝角度，讓大家笑咪咪地面對鏡頭，卻不記得我們談了什麼或吃了什麼。

假如你很少拍照，那就回去看你的訊息串。最近你有沒有寄截圖或文章給誰呢？你記得原因嗎？想得起是什麼事嗎？還是內容和經過全都從你的記憶中消失了呢？

我們很容易把記憶想成大腦的**錄音／錄影**鍵。確實，我一直用「按下錄音／錄影鍵」這個比喻來形容我們記憶的方式。但其實大腦沒有真的在「錄音／錄影」……不完全是。

記憶不是錄音／錄影

記憶是一個複雜而微妙的過程。記憶變動不定，而非固定不變。跟相簿裡的相片不同的是，每次你叫出記憶，內容都不太一樣。記憶會變來變去。有些事會保存在記憶裡，有些則會消失無蹤。請放心，這很正常，**這就是記憶運作的方式**。記憶偏愛某種類型的資訊，我們會把其他事徹底忘掉其實是演化的結果。你覺得「有問題」的記憶力，或許具有演化上的目的。

記憶不是事件的逐字錄音機。你的大腦可能是厲害的時空旅行家，但你無法「倒轉」並完整重溫過去發生的事，因為沒有所謂「完整的記憶」。你記得的事，都會被當下、之前和之後的**經驗過濾**。「情節記憶」（episodic memory）就是你對自身經驗的記憶，亦即**把留在工作記憶中且獲得最多關注的經驗選擇性地加以編寫**。[1]翻成大白話就是：你只會記住你專注的事，並把它「寫在」白板上，而不是所有的事。此外，情節記憶不只包含外在事件（誰、哪裡、什麼事），也跟每個人對經驗的理解和詮釋密不可分。所以——這個經驗對你來說是開心？悲傷？有趣？還是緊張？你的情感經驗會影響你專注的事物，因而影響到你記住的內容。

「語意記憶」（semantic memory）代表你對這世界的理解，包括事實、想法、概念，同樣也經過選取。你記得哪些事，取決於你之前已經知曉什麼事。

這兩種記憶不但跟專注力密不可分，也自成一個緊密的迴圈。我們專注投入的事，就是我們記得的事，而我們記得的事，會影響我們專注投入的事——也因此影響我們記住的**其他事**。

為什麼要有記憶

有個朋友跟我說，她很擔心小孩形成的記憶，特別是有關**她**的記憶。

她提到，白天她因為一件小事吼了兒子。由於新冠疫情，大家關在家裡已經好幾個月，每個人都有點精神緊繃。

「我想說，**今天我們做了許多好玩的事，希望他不會記得我凶過他**。」她說：「後來我開始回想，發現我童年關於母親的回憶多半是負面的。我清楚記得她沮喪、大吼或是我闖了禍的往事。那種時候不多，我卻特別記在心裡，連細節都記得。相反地，好事我都印象模糊。但好事明明占了大多數！她陪伴我們一整天，帶我們做美勞，對我們很有耐心，也會聽我們說話，日復一日。但我記得的都是負面的事？我的小孩對我的記憶也會這樣嗎？只記得負面的事？」

我先告訴她壞消息：是的，比起正面資訊，我們更容易記住負面資訊[2]（**好消息**是，等我們邁入六十歲，這種傾向就會淡化）。我們所謂的「錄音／錄影鍵」，不會全面、如實地錄下發生的事情，因為記憶存在的目的不是方便我們回味過去，而是幫助我們在這個世界上**更立即採取行動**。記憶跟專注力一樣，是一個天生具有偏向性的系統，將存活當作第一目標是演化使然。我們總是在收集攸關生存經驗的「子樣本」，才會覺得可怕或緊張的經驗更深刻難忘。

記憶幫助我們學習，提供了穩定性和持續性。發生在我們身上的尋常、不變的事，多半會沒入背景，異常的事物才會特別受到重視，在記憶中變得更加突出。[3] 記憶的這種特質再次與專注力（同樣特別關注新奇和異常的事）相互結合。

我告訴我的朋友：她對童年的負面記憶特別深刻，其實是個好跡象。這表示她的童年多半過得快樂又安穩。她的小孩可能也會和她一樣，對某些事的記憶比其他事來得深刻。但如果生活的背景是溫暖正面的，那也會成為他們記憶的一部分，尤其是語意記憶。我們無法記住成長過程中的每一件事，記住一切對我們並沒有好處。

所以人才會遺忘。

「忘了吧」

忘記是一種高度演化的大腦功能，對人類來說不可或缺。沒有專注力系統幫助你過濾和挑選，你就會被資訊淹沒，記憶也是一樣的道理。

健全的人多半擁有極大容量的長期記憶，但這也意謂它很容易受到干擾：**過去**記得的事會影響你學習新知的能力，而**現在**正在吸收的資訊也會影響你過去所學。

新冠疫情在全球爆發之後，早期有一小段時間，政府當局說戴口罩不但沒有必要，而且是不負責任的行為。當時咸認病毒不容易人傳人，除非是直接接觸，最需要戴口罩的是近距離接觸重症病患的醫護人員。當時的指示是：**口罩對你沒幫助，所以把它留給醫護人員**。沒過多久，美國疾病管制與預防中心卻很快改變看法。我們突然被要求要隨時隨地戴上口罩，不戴口罩才是不負責任的行為。「別戴口罩」的舊規定要先被忘掉，「隨時戴口罩」的新規定才能被記住。

即使是記住生命中所有的美好時光，都會讓你不堪負荷。我們必須過濾並挑選記憶，就跟專注力一樣。

忘記是件好事。[4]這是人體生物構造的一個特質，而非缺陷。我們需要它，也依賴它，就如我們依賴記憶的其他「特質」一般，譬如負面記憶比正面記憶更深刻，才有利於生存、學習和決策。我們擁有記憶的另一個原因是為了學習，為了指引我們在當下和未來如何反應。為了達到這個目的，「忘記」的重要性絕對不亞於「記得」。大腦運作的方式自有它的道理，我們不會想要從根本上改變記憶的這幾項「特質」。然而，這個系統存在一些弱點，我們確實會因為這些弱點而遇上麻煩。

一張照片勝過千言萬語……記憶和專注力

讓我們回到你的相簿。你在本章一開始打開手機相簿時，有沒有注意到裡頭有多少張照片？我剛剛看過我的：**有好幾千張**。

我們拍下對我們有重要意義的事件並留下紀錄，因為我們知道記憶有多不可靠，也想記住這些重要的經驗。諷刺的是，往往是保存的動作本身妨礙我們記憶。

二〇一八年針對社交媒體的一項研究，探討一個重要問題：記錄一件事會影響你對那件事的體驗嗎？[5] 研究員設計了一連串情境，評估受試者對當下經驗的享受和投入程度，還有他們事後對該活動的記憶。他們把人分成三組，一組記錄活動以便放上社交媒體分享，一組記錄只為了給自己看，一組完全不用記錄。其中一項活動是觀賞 TED 演說，另一項是到位於帕羅奧圖（Palo Alto）的史丹佛紀念教堂自由行。

從享受和投入的層面來看，結果並不一致。在某些情況下，受試者似乎很喜歡編輯內容與他人分享，把這當作與人連結和交流的方法，因此更加享受活動本身。另一方面，也有人擔心自己的文章獲得的迴響，或是跟社交媒體上的其他人比較，因而無法盡情享受當下。從記憶的層面來看，結果卻非常清楚一致：被規定要照相的人，無論是為了放上社交媒體還是給自己看，事後回想活動細節時，明顯表現較差。

為什麼？記錄需要一心多用，如我們所知，也就是**切換工作**。你並不是**一邊**拍照、**一邊**體驗你正在拍攝的活動，而是在拍照，**或是**在體驗你正在拍攝的活動。你永遠必須選擇。當你忙著拍照，就無法專注於你正在記錄的活動，無論你是在一個絕美景點拍攝（你會記得當時的落日嗎？），或是在教室或會議室裡，都不例外。研究也發現，學業退步跟在教室使用3C（比如只用筆電做筆記）脫離不了關係。[6]部分原因是，學生通常會連上網（忙著傳訊息，把購物車塞滿，跟課程相關的內容卻多半沒進入大腦），可是還有另一個原因：即使我們「專注投入」正在記錄的事，我們使用這些裝置的方法，也會影響我們處理以及記住這些經驗的方式。

以上課使用筆電為例。即使學生很認真做筆記，還是會變成某種打字機器人，像Siri一樣逐字照抄。問題在於，他們沒有**整合**資料。手寫筆記時，我們自然而然會做的一件事就是整合：一邊專心聽講，一邊分析內容以便抓出或概括重點。非得如此不可，因為寫字速度無法快到把聽到的每個字記下來，一定要講究策略。進行整合時，我們就能用更豐富、全面、整體，也更持久的方式編寫資訊。換句話說，筆電用來逐字記錄演講內容很適合，卻不適合把演講內容存進你的長期記憶。

利用手機和筆電這類數位產品記錄我們最想記住的事物，反而會產生**反效果**。研究社交媒體的人員最後總結：使用社交媒體不利我們回憶自己想要保存的記憶，因為它一開始就會妨礙我們真正體驗當下。最後我們得到的是一張印象模糊的照片，或是一份我們沒有真正「融入」的演講紀錄。

沒人喜歡聽到「放下手機」這句話。但研究結果擺在眼前：記錄經驗的人反而記得的比較少。道理很簡單，而且沒有神奇的方法能夠避免：任何經驗只要沒進入你的腦中白板，在那裡進行組織和整合，讓各種元素融為一體，也就進不去長期記憶。一點希望都沒有。

通往長期記憶的門戶

讀研究所時，我得知神經科學史上有一位著名的病患，教科書上以H.M.這個縮寫來稱呼他。一九五三年，H.M.為了治療癲癇，接受一項實驗性的腦部手術。[7]他十歲就癲癇發作，二十七歲因為癲癇太過頻繁、劇烈而無法工作。醫生一再增加他的抗癲癇藥的劑量，卻還是沒效，於是他們選擇一個極端的方法：在名為**雙側內顳葉切除術**的實驗性手術中，切除H.M.的大半顳葉（他的癲癇「風暴」發作的位置）。手術很成功，H.M.的癲癇改善很多，但切除的顳葉包含許多負責長期記憶的腦部結構。這場手術對H.M.的記憶造成多大的影響？

後來發現，H.M.仍保有手術前幾年的長期記憶，他的工作記憶似乎也毫無損傷。在實驗室做測驗時，他跟一般人一樣，只要專心就能記住數列。然而，當研究員把他的專注力暫時從工作記憶裡的內容拉走時，那些內容就消失得無影無蹤。

我的助教曾經待過當年研究H.M.的記憶功能的實驗室。有天晚上，她跟H.M.在實驗室裡工作，之後還得負責送他回照護機構。兩人在車上聊天時，她突然想起她不知道他住哪裡，於是H.M.很有自信地幫她帶路。她照著他的指示把他成功帶回家……他**小時候**的家，遠在市區的另一邊。

H.M.在二〇〇八年逝世。數十年來，他都是科學家研究記憶以及記憶如何形成的對象，直到他過世為止。研究員發現，他在手術之前的早期記憶都非常清楚，可能是因為沒有新記憶與之競爭。但一次又一次的研究證實，他只剩下工作記憶可以使用，無法形成新的長期記憶（新事件或新知識）。H.M.接受的雙側內顳葉切除術治好了癲癇，卻讓他失去工作記憶和長期記憶之間的**連結**。他可以跟一般人一樣，在腦中白板上**暫時**留住資訊，卻無法持久地記住內容。

工作記憶不只是你的認知「塗銷空間」，亦即創新思考、構思、專注和追求目標的地方，也是通往（及離開！）長期記憶的門戶。你想記住的事物，透過工作記憶進入長期記憶，而當你從長期記憶提取資料，取出的資料也會出現在工作記憶中。事實上，「記住」包含**編寫**和**提取**這兩個功能，你編寫了某些資訊，之後再把它撈出來。兩個過程都需要有效使用專注力和工作記憶。如今我們知道，這兩個系統時常失靈，被醒目的東西拉走、忘記目標、一片空白，或被互相競爭的資訊分散注意力，這種狀況比比皆是。

編寫失敗，記憶進不去

我婆婆最近打電話給我，說她有點害怕自己的記憶出了毛病。隨著年紀增長，她愈來愈常因為難以專注而感到沮喪。她認為這可能代表她哪裡出了問題，所以很緊張。我問她最近發生了什麼事。

她開始描述前一天去購物的經過。她開車去超市途中才發現自己忘了拿購物清單，於是在腦中回想要買的東西。到了超市她停好車，下車，記住車位，然後進超市購物，買完後再把購物車推到車子邊。但是她把東西搬進行李廂時，她發現車身有一道刮痕，不由得生起自己的氣。什麼時候刮到的？她竟然沒發現！

她想著那道刮痕，先去還手推車，然後坐上車，這才發現這輛車是手排車，而她的車是自排車。

她上錯車了。

後來，她在同一排車位過去兩格找到了自己的車（一模一樣的車款和顏色，只是沒有刮痕），困窘地把東西移上車。她說完之後，我們都笑了——她竟然從頭到尾弄錯了車子！我跟她說，我不認為她的記憶出了問題，或者這跟大腦老化有關。大腦確實跟其他器官一樣會老化，部分大腦會變薄，密度變低，包括海馬迴和形成清楚記憶所需的其他內側顳葉結構。老化確實會讓記憶出問題。但是在這個事件裡，她的白板只是超載罷了。停車時，她一面在複習忘了帶的購物清單，**以為**自己記住了車子的位置，其實她的白板塞了太多東西，已經沒有多餘的空間。

很多我們以為跟記憶和老化有關的問題，其實是別的原因造成的。問題不在於你「記憶變差」，而是「你不夠專注，導致記憶編寫失敗」。

這個故事告訴我們一件事：記住車子停哪裡不是你想長期記住的事。事實上，這正好是你希望自己能夠忘記的一個例子。想像你可以記住每次停車的位置，於是每次從雜貨店出來，都得過濾一遍所有的停車位。記憶力跟專注力一樣，**必須**具有過濾功能，挑選哪些相關、哪些不相關，哪些該凸顯、哪些該捨棄。我舉這個例子，只是要說明工作記憶塞得太滿，可能有礙資訊以有效的方式存入長期記憶。

再者，要是工作記憶超載，你需要用到長期記憶裡的內容時，就不一定能提取成功。美國近代史上最致命的一次「誤擊」，就是這個原因。

提取失敗，記憶出不來

二〇〇二年，阿富汗戰爭戰火正熾，一名美國軍人利用全球衛星定位系統（GPS），將重達兩千磅的炸彈導向預定目標：反叛軍的前哨基地。這個系統的運作方式是，先在營地將空襲目標的座標輸入GPS手持系統，之後炸彈就會落在確切的位置上。然而，發動空襲之前，他發現GPS快沒電了，於是他先換了電池才送出發射座標——結果飛彈落在他自己部隊的位置。

這是怎麼回事？GPS系統一旦更換電池，系統重新啟動的預設畫面會顯示自身位置的座標。負責操作該系統的士兵本來就知道這點，也受過多次訓練。換過電池後，你必須重新輸入發射座標。這項資訊儲存在他的長期記憶裡，他複習過很多次。但不知什麼原因，這個資訊沒有在他需要時「載入」他的白板。他看著錯誤的座標並將它送出，當天很多人因此喪命。問題就出在，這名士兵的長期記憶和工作記憶之間連結失敗。我只能大致猜測，但原因可能簡單到令人心痛：工作記憶若是因為壓力導致的大腦神遊而超載，那麼資訊可能無法在你最需要的時候浮現腦海。

這個例子很極端，但任何人在編寫和提取記憶的過程中，都可能有類似的失敗經驗。編寫和提取記憶的過程包含許多步驟，每一個都需要用到專注力**以及**工作記憶。

如何創造記憶

記住一件事有三個關鍵步驟。第一是**複誦**（rehearsal），描繪你要記住的內容，例如新同事自我介紹時報上的名字、職業訓練時得知的重要資訊、美好經驗的種種細節。在學校裡，用字卡背單字就是一種複誦。回味開心時刻的點點滴滴（兒女婚禮上的敬酒、蛋糕的味道），也是複誦。即使是不自覺回想起痛苦或尷尬的時刻，（很不幸地）也會變成一種複誦。

第二是**精緻化**（elaboration）。類似於複誦，這需要將新經驗或新知識跟既有的記憶或知識連起來。若你原本就擁有一定的知識基礎，能夠儲存的記憶會更深刻。舉例來說，想像一隻章魚。現在我告訴你：章魚有三個心臟。如果你不是本來就知道，你讀到這裡會把這項新知跟腦中既有的章魚形象**綁在一起**。下次你在水族館或電視節目上看到章魚，你或許會突然想起這件事，對旁人說：「你知道章魚有三個心臟嗎？」

最後是**固化**（consolidation）。執行了以上兩種功能，記憶就會固化，直到最後被儲存起來。大腦重播資訊時，就是在鋪設新的神經路徑並複習路徑，鞏固新的連結。基本上，資訊是這樣從工作記憶變成了長期記憶：大腦的**結構產生改變**，鞏固特定的神經表現（neural representation），而這需要非強制的自發性想法才能辦到。所以我們認為讓大腦休息和睡眠都很重要，因為那都是**記憶固化**的機會。這也是我們的大腦會神遊的部分原因。大腦之所以四處遊蕩，跟大腦重播經驗時引起的神經活動有關。重播愈多次，雜訊就會消失，留下清晰的訊號，形成大腦的記憶痕跡。假如你的專注力時常被占據，大腦完全沒有空間讓自發性想法浮現，你可能正在破壞工作記憶和長期記憶之間的連結。重要的固化過程也無法正常運作。

記憶的過程本來就受限於你的框架、偏見、經驗和既有的知識，所以既脆弱又容易被打斷。一旦專注力被綁架，記憶便會受阻。當你想記住的內容以外的事物占據你的工作記憶，製造記憶的過程就會中斷。諷刺的是，那些「事物」往往是長期記憶本身。

大腦神遊的「原料」

如果在編寫資訊的過程中，專注力做它經常做的事——**分心**，記憶過程就會失敗。比方被突出的東西吸引，比方飄回已經陷入**分歧狀態**的煩惱和執念。這些抓住專注力的想法都有長期記憶的痕跡，也把長期記憶當作原料。[8]它們是可以用新方法重新配置的概念和經驗，可能形成新的煩惱，也可能包含已經完全成形的既有記憶。這些都成為大腦神遊的內容。

前面提到大腦的時空旅行，我指的是：被自己大腦製造出的內容綁架，而製造這些內容的原料，來自你的長期記憶。這些內容可能干擾你專注於當下，同時也妨礙你把當下的經驗轉成新的記憶。

還記得**預設模式網路**嗎？在一次又一次的大腦神遊研究中發現的大腦網絡？這個網

路其實由更小的次網路構成。其中一個次網路的神經節點，組成了上面提到的內側顳葉的長期記憶系統。我把這個次網路視為一個**思緒幫浦**（thought pump）。它把進入大腦的記憶原料所產生的記憶痕跡和其他腦內雜音等內容抽出，我們甚至渾然不覺。[9]

有時候，思緒幫浦也會抽出突出的資訊，抓走我們的專注力手電筒。這跟外在環境出現危險、新奇、閃亮，或是跟自己有關的刺激時，會把我們的手電筒拉走沒有兩樣。事實上，預設模式網路的第二個次網路，就像照見腦內風景的手電筒，也稱「核心預設模式網路」（core default mode network）。這個詞很恰如其分，因為自我關聯性即為專注力天生容易被拉走的**核心**。

腦內風景的突出事物包括：

- 跟自己有關的事物
- 激起情緒的事物
- 有威脅性的事物
- 新奇的事物

這些事物不只會抓住你的專注力，也可能把你的專注力**固定**在上面，進而填滿工作記憶、進一步精緻化。跟引起你注意又很快消失的事物不同的是，來自「思緒幫浦」的這些突出事物很容易讓你陷進去，變成厄運循環的入口。此外，這些事物也讓其他種類的大腦神遊更加活躍——你用過去的經驗來決定自己要煩惱和計畫的事。

最諷刺的是，阻礙你形成新記憶的干擾，或許就來自長期記憶提供的原料。

艾瑞克．舒梅克（Eric Schoomaker）擔任美國陸軍軍醫長時，遭逢父喪。事情來得太過突然，他父親原本健康又有活力，誰也料想不到，而事發當時剛好又是他事業正忙的時候。

兩年後，某天吃晚餐時，他抬頭看著妻子說：「爸走了。」

妻子睜大眼睛看他，說：「對，兩年前。」他回答：「大概是我的大腦終於趕上了現實。」

現在，我們已經知道要讓自己的大腦「持續播放」。其中一個原因是，大多時候你只能一邊播放、一邊錄音／錄影。製造記憶的過程就從當下開始。沒錯，大腦之後確實還得做一些工作，才能將記憶變成記憶，但整個過程從你當下開始接收原始資訊（無論來自外在環境或內在心靈）就已經展開，無法延到日後再做。你能錄音／錄影的時間，唯有現在。

我們有太多事情要想，包括要處理的過去事件、要規畫或期待的未來事件。時間是如此寶貴，卻往往像細沙一般從指間流過。正在做一件我們必須或想要記住的事情時，我們或許會想：**我晚點再弄，晚點再想，之後再把它記住**……但專注力無法存下來日後再用，**一定要馬上使用**。一旦明白這點，你會改變看待和記住經驗的方式。

如果你覺得無法與人分享回憶（如陸軍研究所的李察），或者跟不上生活中發生的事件（比如覺得自己的大腦落後現實的艾瑞克．舒梅克），可能是專注力問題**反映**在身體上。我們的記憶跟感官密不可分。所以，想要更深刻記住自己在意的事情，一個方法就是利用正念訓練把自己安頓在身體裡。

身體幫你記得更清楚

我們對經驗的記憶（或稱情節記憶），包含清楚的脈絡細節，即聲音、味道、感受、當下的想法等感知體驗。情節記憶跟名為「自覺意識」（autonoetic consciousness）的特有意識狀態相關。[10]這個詞描述了，當我們帶著自我意識回想生命中發生的事件時所具有的完整「體」驗：豐富、立體、詳細。現在來試試看。回想一段你最喜歡的童年回憶。或許是大熱天跟奶奶一起吃冰淇淋，或是跟兄弟姊妹一起在家裡洗車。自覺意識就是從內在去體驗過去事件所產生的感受。你或許記得味道、聲音、氣味、其他人臉上的表情。你或許記得自己感到喜悅或幸福。回想時，你說不定還會覺得心情一振。

我們如何記住情節記憶，也藏有我們**如何編寫**情節記憶的線索。為了讓記憶更詳細、更豐富，我們用一個個元素填滿白板。

工作記憶是記憶的絕佳工具，但也有一個最大的弱點：假如它被你想編寫的經驗或想學習的新知以外的內容占據，就無法有效製造記憶。身在某個地方，並不表示你會專注其中。你還要能刻意把專注力（手電筒）指向你想編寫的內容。此外，你也必須確認自己的身體**和**大腦都在場吸收你想記住的東西。

下一個核心練習，我們要把自己安頓在身體的感受中。你或許開始覺得不舒服，甚至痛苦。也許是皮膚涼涼的，額頭癢癢的，也可能是肚子餓，甚至是**毫無**感覺。無論如何，都把手電筒指向它。把手電筒當作探照燈一樣使用，慢慢地照遍全身。這麼做的同時，你就是在練習讓**身體融入當下**，就是在練習「體」驗當下。

【核心練習】身體掃描

1. 跟之前的練習一樣，首先舒服地坐下來，閉上眼睛，找到你的手電筒：把專注力移往呼吸的感受。
2. 但這次不要停在呼吸上，我們要在全身上下移動。專注力（手電筒光束）要集中在一處，但焦點會移動，慢慢掃過去，就如探照燈一般照遍全身。
3. 先把專注力轉往一根腳趾。記下你在那裡注意到的感受。冰冷？溫暖？刺痛？鞋子緊緊的？什麼感覺都沒有？注意自己有何感受，然後把專注力移往其他腳趾，還有另一隻腳。
4. 慢慢來。如果你像上個練習一樣持續三分鐘，把身體想成三等分，每一等分停留一分鐘。漸漸把專注力從下半身（小腿再大腿）移到核心（骨盆、下軀幹、上軀幹），再到上半身（肩膀、上臂、下臂、手）。接著，移到你的頸部、臉部、後腦勺，最後是頭頂。
5. 注意每一種感受（或毫無感受）時時刻刻的起落，但不要停留在上面。持續移動你的手電筒。

6. 當你慢慢把專注力由下往上移動，一分心，馬上把專注力拉回分心前鎖定的身體部位，然後繼續移動。

做這種「探照燈掃描」時，你也會漸漸發現壓力、煩惱和情緒如何透過身體呈現。你可以開始觀察自己的情緒，以及情緒如何出現。假如漸漸覺得吃力，比方覺得難以從頭到尾保持專注，你永遠可以重拾「找回你的手電筒」的練習，把它當作一個錨。這就是你的根基。假如你覺得引導專注力掃遍全身，目標變來變去很容易分心，這是一個很好的降落點。不過一旦把手電筒拉回到呼吸，可以的話，請重新開始身體掃描。這個練習或許更有益於形成記憶，因為它不只把你安頓在當下，也安頓在**身體**裡。

當你訓練大腦用這種方式專注，同時也將自己調整到一個更有效獲得並留住資訊的狀態。如此一來，不但能把經驗編寫得更豐富，也能更完整地學習新知。你或許無法記住全部，但肯定能記得更清楚。

專注於當下，記憶更長久

我的女兒是一名舞者。第一次去看她表演，發現他們嚴格「禁止錄影或拍照」時，我很傷腦筋。我把手機放回包包裡，因為無法錄下蘇菲的表演、永久留存而感到沮喪。接著，坐在觀眾席看她站上舞台、被燈光打亮時，我感覺自己的專注力開始集中並增強。我的腦袋把她拉近、放大（zoom in）。我記得我盡己所能**感受**她的舞蹈，留意她移動的方式、從音樂底下傳來的輕柔腳步聲，還有開始時她臉上緊繃的表情跟結束時知道自己表現很好而露出的滿足表情。那次的飽滿經驗，對我來說美好無比，當下我除了全神貫注，別無選擇。那場表演直到今天我都記憶猶新。

本章剛開始時，我們探討了使用手機和筆電這類電子裝置保存想要記住的資訊，可能造成嚴重的反效果，**降低**我們記住難忘事物的可能性。那麼，你非得放下手機嗎？

不必然。有個研究要受試者為美術館的畫作拍照，最初的發現跟我們先前說的一樣：替畫作拍照反而讓人記得更少。[11] 如前所述，把內容「卸載」到相機裡的同時，他們也忘了內容。但這裡有個轉折點。之後，研究員要他們拍照時，利用相機功能將畫作的某個部分放大。這麼一來，他們回想細節的能力反而大幅進步。光是放大這個簡單的動作（決定目標，然後放大），就能增加記憶的深度和細膩度。

我不是說你不該拍攝你認為重要的事物。但下次拿出手機捕捉自己想記住的事物時，暫停片刻，看一看相框之外的景物。把你真正想記住的東西放進腦海。注意其中的細節，包括畫面、氣味和顏色，留意自己的情緒。這麼做是在放大並整合組成經驗的元素，將它們放進工作記憶中，好編寫成豐富的經驗。想像你看到的是彩色而非黑白的景象，或是立體而非平面的圖像。正念訓練幫助你的專注力更完整地融入當下，進一步使你的情節記憶更加豐富。

不需要把每次照相都當作正式的正念練習，有時候，照相就只是照相那麼簡單！但我們很容易躲在電子裝置後面生活，創造一連串的電子回憶，卻沒有製造真正的回憶。克服這種傾向不需要花太多時間。只需要暫停片刻，正念覺察並徹底感受當下或周圍的環境，就能大幅增加我們記住這些內容的能力。當你真正想記住某些事物時，就把它**拉近、放大**。

最後：想要記住體驗和學會新知，你必須讓自發性想法自由地流動。若是你一刻都不得閒，等於跳過了前面提到的一個重要步驟：**固化記憶**的機會。

在雜貨店裡，你把購物車塞滿之後走去結帳，卻發現每個收銀台都大排長龍。你走向最短的一條，拿出手機，看見一封工作信件和一封私人信件。兩封你都讀了，然後用一指神功回工作信件。手機響起通知鈴聲，你點進去，剛剛的信件自動儲存，你滑進推特，看到某個同業回應你之前的推文。你想表達支持，所以點了愛心並轉推，然後繼續往下滑。有篇關於氣候變遷的報導抓住你的目光，你點進去看，瀏覽到一半，收銀員對你說出總金額，並將塑膠袋塞進你的購物車，你帶來的環保帆布袋還夾在腋下。

聽起來很耳熟嗎？對我而言，確實如此。現代人生活忙碌，總是想把時間口袋塞進愈多東西愈好。假如不趁著排隊回覆那封工作信件，回到實驗室我就還得回信，而不能用來……做其他事。

我們似乎非得這樣利用時間不可，因為我們把時間看成是一種商品，它是有價的，而且通常價值不菲。我們不想浪費時間，也不認為讓大腦休息（故意不讓專注力手電筒去尋找、抓住和聚焦在緊急又傷神的事情上）是值得經營的一件事。但這單純是因為大多數人都不知道這件事有多麼不可或缺。你曾經在淋浴時靈光乍現嗎？不是因為洗髮精的香味使人靈感泉湧，而是淋浴就是強迫大腦休息。你不能帶手機、筆電或書去淋浴。因為你只能困在濕答答的小隔間裡，專注力才得以暫時放鬆。這段時間反而能激發創造力，任由大腦連結、構思或沉入白日夢中，這些其實都具有幫助記憶成形和鞏固所學的重要功能。

我們需要留白，才能反思自己聽聞和經驗到的事物。領導階層人士或許覺得這是一大挑戰，但它同時也是創新的機會。沒錯，正念訓練對於製造記憶和學習新知都有幫助，但以下兩者缺一不可：首先是**專注於當下**，之後也要**留白讓腦袋自在漫遊，不受工作或要求的束縛**。[12]

所以，答案是多多淋浴嗎？如果你有時間，也不怕浪費水的話！不過，既然你已經瞭解專注力的運作方式，你也可以打造讓非強迫性的自發性想法自由馳騁的微時刻，甚至奈米時刻。試試以下方法：把手機留在口袋或皮包裡。如果你想要，也可以把它留在車上。工作時，從一場會議走到下一場會議，感覺雙腳踏在地上的感覺，任由腦中的思緒來來去去。提醒自己，空出時間讓想法自然浮現非常寶貴，比用工作塞滿每一分每一秒都來得寶貴。

關於記憶，你要記住的是……

不去留意專注力的去向，我們就記不住東西。那是因為我們沒有把專注力放在當下，忘了把手電筒指向目標。選取的目標在工作記憶中留存得不夠久，我們就會被外在或內在風景的干擾綁架，結果變成每件事都很重要，一刻都不得閒。

把正念練習當作一種專注力訓練，當我們偏離自己想記住的當下，就能有所覺察。如今我們有了選擇，我們可以選擇介入。留意高度突出、高度「黏著」的內容是否在工作記憶中徘徊不去，並藉由把身體拉回當下介入其中。當我們因為令人難受、破壞力強的記憶（如創傷），陷入特別強大的「厄運循環」，這一點尤其重要。

創傷記憶可能給人永難磨滅之感，彷彿蝕刻在金屬板上。[13]這是這類記憶特有的現象嗎？這一點跟很多議題一樣，至今仍有爭議。我們確定的是，創傷會導致：腦中一再重播帶來壓力的事件、逃避令人想起創傷的事物，以及過度啟動警戒系統。這些症狀會隨著時間減弱，最後消失。但如果沒有，當事人繼續受苦，就會演變成一種疾病，亦即創傷後壓力症候群（PTSD）。愈來愈多證據指出，包含正念訓練的臨床治療對PTSD患者有幫助。[14]但在這裡我要鄭重提醒：自我引導的**正念訓練不可取代臨床治療**。創傷的形成可能極其複雜，PTSD患者應該尋求合格治療師的治療。

我是神經科學家和研究人員，不是醫生，治療PTSD並非我的專業。但很多人都經歷過創傷，或者有過痛苦的記憶或想法，這些都可能打斷或分散專注力，即使不是

PTSD患者也一樣。我認為人生多少會累積這類記憶，我們也都需要處理這類記憶的工具。一大關鍵是，知道何時以及「如何」處理不斷浮現在白板上的內容。我們已經練習過為浮現腦海的事物**分類**（想法、情緒、感受），然後讓它們消失，不深陷其中。同樣的技巧當然也能幫助你對抗干擾專注力的痛苦記憶。接下來的篇章，我們會在工具箱加入更多練習。

某些事可能因為**概括化**（譯註：generalization，又譯「類化」）而在白板上變得「黏著」。我們可能概括他人的行為和意圖（「她從不支持我」），或是對自己的看法（「我會永遠一事無成」）。你只是犯了一個錯，卻變成「我老是搞錯，真是笨蛋！」。這時成為白板焦點的不是事件本身，而是你從事件中概括出的結論。這種過度簡化的包裝，使它得以輕鬆不費力地留在工作記憶裡，因為它簡短、清楚，而且可能並不精確。

概括化也可能對我們有利，因為它有效濃縮了我們需要記住的資訊。但概括化的內容若是錯的，就可能有害；偏偏處理複雜的情緒狀態時，概括化往往是錯誤的，至少不夠全面。當我們把長期記憶當作**模擬**的素材（我們每天醒著的每分每秒都在做的事），這一點更顯得重要。

人類的大腦是一種不可思議（也最強大）的虛擬實境機器。它可以用記憶和知識創造出一整個世界，這個世界裡有畫面，有聲音，甚至還有親身經歷和憑空想像的情緒。你隨時隨地都在模擬，也需要這麼做，因為想像未來就是你計畫、擬定策略和創新的方式。藉由想像，你編織出各種可能性。而我們的知識和經驗讓我們預測未來，事先做好準備並拿出最佳表現。

問題是，這種模擬跟所有虛擬實境一樣，模擬出的必須是栩栩如生的故事，而且還是我們的大腦編出來的故事。這些故事抓住我們的注意力，把我們**留在故事裡**。那麼，假如故事根本就……**錯了**，又會有什麼後果？

7 放下故事

從模擬模式切換成正念模式，才能張開眼睛，看見周圍實際發生的事，而不是自己打造的虛擬實境。當世界變得更難以預測，這種能力也變得愈來愈重要。

阿富汗，二〇〇四年。當時華特．皮亞特是中校，他的部隊收到情報：一大群塔利班民兵聚集在附近的一座山上。那是他們追蹤多月的民兵團。他們收到民兵團藏匿地點的示意圖，除了揣摩地點，也查證了其他資料，確認那是叛亂分子的營地。皮亞特已經得到轟炸許可，轟炸機也就位了。各方從最高階層得到的情報顯示那就是他們要找的人，只等他指令一下，就能把營地炸毀。

皮亞特已經帶兵上山，距離近到要直搗敵營也沒問題。但是山路險峻難行，營地位在三千三百多公尺的高山上，而且開始飄雪。皮亞特總覺得附近一定有地方能把營地看得更清楚。於是，在那個雪花紛飛的寒冷清晨，一隊偵察兵往山上前進，最後一次確認該營地就是塔利班的巢穴。

偵察兵上山確認的同時，皮亞特一再收到上級的訊息，賦予他直接進攻的權力——派兵偵察是多此一舉。儘管如此，他仍舊按兵不動。最後，無線電終於傳來偵察隊長的回報：他的隊伍已經近到足以親眼確認一切，包括營地、帳棚，以及一名在營地巡邏、留鬍子的青年。他顯然是守衛；還有另一個人走在旁邊，所以總共有兩個人在巡邏。

「那就是了——遊戲開始！」皮亞特回憶道：「有營地、兩名守衛，全部證實我們已經知道的事。」

皮亞特準備發動地面攻擊時，偵察兵的聲音又從無線電傳來。

「等一下，等一下，」他說：「我在那傢伙身上沒有看到武器。重複：**沒有武器！**」

空氣瞬間凝結，雙方沉默不語。

「我們已經很近了，」偵察兵說：「可以直接制伏他們！」

於是，偵察兵從大雪中衝出去將那兩人擒伏，其他人也拔槍跟上去，準備對抗從帳棚蜂擁而出的塔利班軍團。結果只看到一個高大威嚴、怒不可遏的女人，從帳棚裡衝出來大喊大叫。他們聽不懂她說的話，但大意是說：「**放開我的人！**」

情報完全錯了。「叛亂分子的營地」其實是貝都因部落的冬季營地。帳棚裡是某個家庭。他們到此地紮營、放牧已經好幾世紀，跟塔利班毫無關係。

在這個例子裡，所謂的「確認偏誤」（confirmation bias）差點害死一整個部落。確認偏誤很普遍，基本上當人「看到他們預期看到的事物」、忽略不符合預期的資訊，就會發生。[1]奉命上山的偵察隊預期看到塔利班營地，所以一開始那是他們「看到」的東西。只要有一個人能夠看清事實，就能避免悲劇發生。

多年以後，皮亞特想起那天在山上發生的事。他談到能快速而靈活地放下期待、看到眼前**真正發生**的事，是一種寶貴的能力。這不在標準軍事訓練涵蓋的項目之內，他認為是一大問題。他同時很好奇：當周圍所有人都帶著偏見看待事情，**那名**偵察兵為何還能看清狀況？有沒有方法訓練其他軍人獲得同樣的能力？

故事的力量

我之所以想跟軍隊合作，其中一大動機是想知道，我們除了能夠幫助他們更**專注**，是否也能讓他們更敏銳，更能**察覺到周圍的各種狀況**。狀態意識（situational awareness）就是隨時能掌握周圍狀況的心智狀態，對許多行業都很重要，包括警察和急救人員。我想知道士兵（或任何人）遇到狀況時，正念訓練能否幫助他們比較不受偏見的影響，看得更清楚，不衝動行事，並且做出正確且適當的回應。

我們預測應該可以，因為正念練習就是引導專注力指向當下，不做判斷、闡述或反應。換句話說：**不要把你正在經歷的事編成故事**。

有時候，我們聽到一種說法便很快接受，就像那些偵察兵和他們預期會看到的叛軍營地；有時候，我們會在腦中透過模擬來編故事。我們不斷針對一小時之後或明天可能發生的事，或是其他人的想法、感覺或動機編造故事。[2]我們揣想各種選項和行動方案。我們想像事情可能的發展，好預先準備。我們分析各種可能：**假如她說了X，我該回答Y還是Z？假如那條路封了，我該怎麼繞路？假如新冠肺炎確診人數居高不下又出現新的變種病毒，而學校又在這時重新開放，我們要把小孩送去學校嗎？**為了揣想這些問題的可能答案，你在腦中創造了角色、情節、詳細感受，甚至連對話都有的完整世界，並為這個自創的世界感到悲傷、焦慮或滿足，而這些感受幫助你決定什麼才是自己想做的事。

透過模擬，我們形成引導思考、決策和行動的心智模型（mental model）。[3]這就是我所謂的「故事」的真正意義。你隨時都在快速提供這些心智模型或「故事」——模擬，形成故事，使用之後再繼續前進。或者，你接受的新資訊導致你必須更新或捨棄原來的故事，模擬另一個故事。那麼，用來模擬的主要原料是什麼？包括你的人生經歷形成的記憶、這些記憶的片段，還有你學會和記得的一切。除此之外，還有思考、推論、預測的能力，你瞧——剛模擬出來的新故事就此誕生！

模擬過程鮮明、細膩，令人著迷，由此產生的心智模型則需要專注力和工作記憶才能鮮活起來，但它同時也為兩個容量有限的系統帶來負荷。這就是故事如此強大的一個原因：它可能變成一種「速記法」，有效地框架某個情況、問題或計畫並將之留在腦海中，這樣的效率可以將認知資源空出來投入其他事。可是（永遠都有**可是**），故事也會侷限資訊處理的方式。故事**抓住**我們的注意力，使它鎖定一小類資料。我們的感知、思考，甚至決定都因此受限。因此，當你提供的故事是**錯誤的**，那麼你的行動和決定也可能跟著出錯，**原因在於故事跟專注力互動的方式**。

還記得前面我提過的那個跳舞黑猩猩的著名實驗嗎？先來複習一下：籃球場上有兩支隊伍，一隊穿黑球衣，一隊穿白球衣，受試者的工作是計算白隊球員傳球的次數。「比賽」期間，有個人穿著黑猩猩裝走進球場，跳一下舞就走開，結果計算傳球次數的人完全沒發現。為什麼？因為研究員要他們注意白隊球員，於是他們（恰如其分且相當巧妙地）**自動篩除**黑色的東西，包括那隻黑猩猩。

這個研究就是證明專注力有多強大的絕佳例子。確實如此，同時也凸顯了專注力可能引發災難的一項弱點。這裡的受試者有個簡單且明確的目標：**濾掉黑色，注意白色**。但在真實生活中，我們通常不會事先知道要注意什麼和濾掉什麼。此外，在真實狀況下，「錯過黑猩猩」的代價可能高很多。

為什麼放下故事那麼難？

切換成「模擬模式」的大腦，目的就是讓你**身歷其境**。想想那種讓你身歷其境、完全陷入另一個世界、失去時間感的東西，比方電影、電玩、書籍。這些媒介的特性是什麼？它們用動人的敘事、鮮明的細節、豐富的情感意涵把你吸引進去，讓你聚精會神，專注力毫不動搖。這就是好故事對我們的影響力——讓人徹底投入其中。腦中的模擬過程也是如此。人類大腦是一部**超強**的模擬器；打造強烈深刻、讓你身歷其境、**全心投入**的故事，正是它的強項。

人腦這部模擬器千變萬化。我們可以在白板上打造「電影」，重溫過去、預測未來。模擬賦予我們**重新經歷**和**事先經歷**的能力。我們認為這是人類大腦獨有的一種能力：能夠「試用」各種可能性和時間表，事先想像各種劇本。你不需要開車走過五種不同的路線才知道哪一條最好，可以先在腦中模擬，再根據你預測的交通狀況、甚至沿途風景來選擇其中一條。根據過去的經驗和知識來想像細節鮮明的未來，是一種非常有用且強大的能力。那是大腦一種可取的**特質**，而非缺陷。你絕不會想要缺少它。

因為能夠模擬，我們才能：

- 嘗試各種選項；
- 把自己投射到過去、未來，甚至他人的心靈；
- 打造不同版本的鮮明現實，幫助我們做決定。

看看最後一項。這個禮拜以來，你想像過多少次可能的結果，只為了知道自己可能會有何感受？有種過時（但仍普遍）的看法是，情緒很麻煩，有礙我們做出合理且有效的決定。事實上，做決定的過程中一定會有情緒反應，少了情緒，我們反而會無所適從。大腦藉由情緒決定一件事（例如事件或決定）的價值。[4]若你選A而非B，你的感覺是憤怒、開心、厭惡、悲傷，還是恐懼？模擬和隨之而來的情緒，讓你做出決定。

二〇二〇年美國總統選舉前的準備階段，全國選民可能都在模擬某個候選人贏得選戰會是何種局面。當結果逐漸明朗，我們投射的未來產生變化，社交媒體議論紛紛，訴訟一一提出時，我們仍在繼續模擬。模擬之所以強大，不只因為它能引導我們做決定，也因為它能幫助我們對特定的結果做好心理準備。

你的大腦可能是世界上最厲害、最強大的「虛擬實境器」。我們可以創造出一整個世界，可以穿越時空，甚至可以把自己投射到他人的心靈裡。人類的所有成就都少不了這種能力，舉凡想像、制定策略、規畫、決策、解決問題、創新、創造、連結，都必須經由模擬才能達成。

所以問題是什麼？這種虛擬實境的能力是一把雙面刃。有時候，我們的模擬能力可能**好過頭**。

模擬要有助於決策、規畫和行動，就必須有身歷其境之感：真正看到、聽到和感受到。為了達到這個目的，大腦動員了感知、概念化、細節、敘述等能力，盡可能創造出一個最鮮明、精細且真實的世界。而腦內風景的「鮮明」，等同於外在風景的「突出」：

想像它**很大聲**，馬上吸引到你並抓住你的專注力。你的手電筒毫不費力就轉向它。

記得**感知解離**嗎？之前介紹大腦神遊的章節提過這個概念。大腦神遊時，你多少跟周遭環境「脫鉤」。當你在腦中進行模擬，也會產生同樣的結果。模擬本身突出又大聲，其他一切都變得黯淡、模糊。感官輸入變得遲鈍不連貫，面臨壓力、威脅、心情低落或疲勞時，甚至更加嚴重。當你沉浸在模擬之中（亦即「想到出神」），就算有人喊你的名字，你可能也聽不見，甚至連**觸覺**都變遲鈍。

大腦的模擬功能太強大，使我們陷入、**融入其中**，並且被它們**說服**。針對廣告效果的研究證明，印象鮮明的廣告能夠抓住人的注意力，說服他們掏錢購買。[5]藉由模擬，我們為自己打造有說服力的內容，說服力甚至大到連身體都會產生反應。看到蛋糕的畫面，嘴巴便開始分泌口水；癮君子看到香菸的照片，會突然很想抽菸。令人焦慮的記憶或模擬，則會讓我們的身體分泌皮質醇（壓力荷爾蒙）。於是，身心開始相信自己正在經歷模擬的事件。

最後還有一點：**我們隨時隨地都在模擬**。

模擬從未中斷

目前為止，我所說的模擬似乎是我們為了決定和規畫而刻意為之的動作。其實你無時無刻不在模擬。

腦袋有一半的時間都在神遊，記得嗎？如前所述，當你開始神遊，**預設模式網路**就啟動了。這種預設模式跟模擬關係密切。你的專注力和工作記憶往內動員，你開始虛擬各種實境，把自己投射到過去或未來，甚或他人的心靈和生活。當你的大腦在神遊，多半都在模擬。

最近我讀到演員金凱瑞的一句話，內心一震。他說：「我們的眼睛不只用來看，也用來把第二個故事隨時投射到我們眼前。」[6]我不知道金凱瑞是不是上過基礎的神經科學課程，但他說的完全正確！問題就在這裡。即使我們沒有主動選擇模擬，模擬一樣會發生。模擬可能限制了我們處理資訊的方式，反而害得我們不知所措，甚至影響健康，破壞判斷，並阻礙我們做出決定。

持續不斷的模擬通常是大腦的預設模式，但若是碰到以下狀況就會出問題：

一、你模擬的是專注力「剋星」：假如你身歷其境的是悲傷、負面、具有威脅性或高壓力的情境（無論是回憶或想像），這些事會占用你的專注力和工作記憶的頻寬，使你更容易出錯並心情低落。重複模擬這類情境，就是**負面重複思維**（maladaptive repetitive thought），被認為是一種「跨診斷脆弱性」（transdiagnostic vulnerability），意思是它們是很多嚴重臨床疾病的特徵，包括憂鬱症、焦慮症和 PTSD。[7]

二、模擬使你做出不符合長期目標或社會倫理的決定。即使你發誓要改變飲食習慣，卻還是吃了蛋糕。你很想戒菸，卻還是抽了菸。你不明就裡發了訊息，指控和毀謗某個人。你在全球大流行病爆發期間，囤積衛生紙和插隊。這些都可能因模擬而起，腦中的虛擬實境強迫你如此行動。

三、模擬導致你形成完全錯誤的心智模型……進而採取錯誤的行動步驟。切記：模擬會**偏限**感知，抑制不一致的資訊。模擬確實會使那些跟你想像的劇本不一致的事物**更難被看到、聽到和感受到**。這表示，如果你的模擬大錯特錯，你的想法、決定和**行為**也會跟著大錯特錯。

故事出錯的時候

最近，我跟家人到我母親家為她做壽。壽宴當天，屋裡擠滿了我們家族的長年好友，其中多半是六、七十歲的印度人，男女都有。在宴席上，我跟姊姊忙著端酒端菜。到了切蛋糕時，我一時不知所措——到處不見我女兒的蹤影，我姊正忙著切蛋糕和分蛋糕，而我端著兩個盤子忙進忙出，把蛋糕分送給所有的客人。後來我感覺到有人按住我的手臂。是外子麥克，他跟我們的兒子和我外甥站在我面前。

「要我們幫忙嗎？」他問，有點不解我怎麼沒早點開口。

我吃了一驚，立刻覺得自己好傻。他們**當然**可以幫忙！他們從頭到尾就坐在我前面。我請他們一人拿幾個盤子，沒過多久，所有客人都拿到了蛋糕。

為什麼我沒想到要請他們幫忙？事後反省，我想不通自己當下怎麼會沒把屋裡的男性看作是幫手。為什麼我只把我女兒和姊姊視為「服侍的人」？

因為在印度家庭裡，男人不幫忙端菜！

我對自己心智模型中的性別歧視感到訝異。但我無法否認自己的專注力因為性別而嚴重偏頗。我的手電筒只掃射能幫我的女性，男性彷彿從我的視野中被抹去。我的行為也因此變得偏頗；放眼望去看不到女性，所以我覺得只能自己端蛋糕。因為麥克出手相助，我才跳脫了自己的故事。眼睛不再被蒙蔽之後，我的專注力立刻變寬闊，更容易看到其他能化解當下困境的選項。

身為科學界中的女性成員，我對於不知不覺、隨時隨地會在日常生活中出現的偏見特別敏感。常有人寫信給我，稱呼我「先生」，或打電話來問「查博士在嗎？他什麼時候會在？」至今我還會聽到老一輩的親戚提到去看醫生時，遇到了「女醫生」。

反省自己的偏見時，我想大喊：「可是我沒有性別歧視啊！」但事實擺在眼前：心智模型靠我們的記憶和知識提供內容。所以，只要世界上存在性別歧視，我在這世上的體驗就少不了性別歧視。這表示，它也存在於我人生經歷的記憶軌跡裡。接受這個事實，讓我空出大腦資源，投入有用的地方。我開始留意性別歧視對我的心智模型的影響。當我發現這些歧視，同時知道它們會害我的專注力**和**行為產生偏誤，我就可以介入，進而建立一個資訊更充足的新模型。

然而，若是對引導行為的心智模型**毫無所覺**，就不太可能擺脫既有的模型。我們的決定和行為在自己的模型下或許合情合理，在現實中卻可能有失恰當，甚至會對自己或他人造成不良的後果。偏見和專注力的科學，對警察、急救人員、醫生、老師、律師、法官……所有人所受的訓練，都具有重要意義。你我在世界上都有各自的影響力，也都有根深蒂固的偏見反映在心智模型上。這表示我們有責任更瞭解自己的心智模型。

有問題的心智模型可能以各種方式影響我們。大一點的叫**偏見**，但是每當我們模擬某種結果並且堅持不放，就可能因此而痛苦。假使你跟一個人對話並預期兩人吵起來，這個心智模型可能促使你偏重能強化這個「故事」的互動方式，同時抑制可能讓雙方溝通順暢的相反資訊。

心智模型是由我們的知識和經驗片段，以及當下的觀察打造而成，所以有一定的**侷限**，最後可能變成一種阻力，而非助力。根據過去的經驗做預測，讓你得以計畫和準備未來，但事情不會每次都按照過去的方式發展，甚至不會按照你根據收到的資訊所推測的方式發展，比如那些在阿富汗收到錯誤情報而上山的士兵。那天，塵埃落定（實際上和比喻上）之後，皮亞特受邀進入酋長帳棚跟長老晤談，一起喝熱茶。軍隊的翻譯員不會說該部落的方言，但雙方還是能用基本的方式溝通。啜著熱茶的同時，皮亞特環顧陰暗帳棚裡的所有人。要不是他的隊上有人能「放下故事」，接納與故事牴觸的資訊（**那傢伙手上沒有武器**），這些人早就沒命了。要是他們陰錯陽差消滅了這片營地，他們或許永遠不會知道自己犯下的錯誤，說不定會繼續前進，還以為自己轟了塔利班營地，達成了任務。

我們用來模擬的原料，來自於我們的長期記憶和周圍的世界，往往有所缺漏，帶有細微的差異，也不夠完整。而目前的大腦研究指出，我們對於這一點少有、甚至毫無自覺。[8]就是這些內容撐起了我們虛擬的故事。那麼，我們該拿它怎麼辦？要如何利用這種不可思議的模擬力量來想像、計畫和制定策略，同時又不受到侷限和抑制呢？

換句話說，我們要怎麼「放下故事」？

去除大腦偏見

之前，我們練習過**找回你的手電筒**。這項練習是要找到你的專注力定位系統把「光束」指向哪裡，並且把它移往你希望照亮的地方。再來是**觀察你的白板**，覺察是什麼占據了你的工作記憶，以及**為內容貼上分類標籤**，因為當你為白板上的內容進行「分類」，就不會再陷入其中。

這兩種技巧就是在為「放下故事」預做準備。讓專注力保持在正念模式（聚焦於當下而不做**認知擴充**〔conceptual elaboration〕），能提高你的**狀態意識**，也就是在任何時候觀察和看清周圍狀況的能力。不擴充你的所見、所想、所感。不分析或外推你的想法或感受。不把當下發生的事延伸到未來，想像接下來可能發生的事，或連回過去遭遇過的類似狀況，期待兩者一模一樣。在正念模式下，你不會拚命想要預測、分析或制定策略，只會專注觀察。

也就是說，你停止了模擬。

你或許已經發現，市面上有很多關於正念的書、應用程式、課程和工作坊。他們定義的「正念模式」具備一些特質，很多都以「不」為起點，例如不擴充、不判斷、不敘述。多年來，我一直很好奇這些特質如何互相結合。但研究過大腦如何進行鮮明豐富的模擬之後，我們終於知道答案。模擬模式仰賴預設模式的大腦活動。相反地，正念模式卻減少預設模式的大腦活動。

簡單地說，正念成了從未中斷的模擬活動的「解藥」。

看看下頁這張表。你或許會想：為什麼我會希望自己處在左欄的狀態？右欄似乎有趣多了！

我的答案是：並不是說你一輩子都想活在「永恆的當下」，這也不是我的主張。但是訓練大腦切換到正念模式（相對於無所不在的模擬模式），是一種必要的安全措施，

「正念模式」vs.「模擬模式」

正念模式	模擬模式
以現在（此時此刻）為中心	以過去和未來為中心（大腦時空旅行）
直接（而非想像）的經驗	想像的、記得的、假設的經驗，或對他人經驗的揣想
具體的感受	抽象的概念
好奇而不預期	計畫，期待，預測
不擴充（不多加聯想或使用「超連結」）	擴充，聯想，概念豐富
不敘述（不編故事）	敘述（強烈的故事）
不評價、不判斷（不評估好壞或貼上其他標籤）	情緒評估(正面或負面，值得或不值得)
情緒反應無（或少）	情緒反應高（沉浸其中）

因為大腦很容易做出右欄列出的各種事。

這時若是不介入，我們幾乎隨時都活在模擬模式中。模擬是人類大腦的預設模式。這種模式隨時隨地都能毫不費力地自動開啟，而我們往往不自覺。人要不模擬、不擴充、不編故事其實很難，因此才需要鍛鍊切換模式的能力。從模擬模式切換成正念模式，才能張開眼睛，看見周圍實際發生的事，而不是自己打造的虛擬實境。當世界變得更難以預測，這種能力也變得愈來愈重要。近年來，我們一再面臨前所未有的挑戰，從全球大流行的疫情到政治動盪，未來的不確定性逐漸升高。面對這樣的世界，我們不能只活在模擬模式中。要保持韌性，有能力面對挑戰，保有專注力和認知力，我們要能夠切換成正念模式。

前表的兩個欄位都會形成一種心智模型，兩種模式都很重要。差別在於，使用正念模式形成的心智模型，遠比模擬模式更可能擺脫偏見。

不過，最終目的不是永遠只依賴一種模式。兩種模式都有它的用處，都能幫助我們收集重要資訊。我們的目標是在需要時，有能力切換成正念模式。這種切換能力就是放下故事，至少放下短短幾分鐘，以利形成最精確呈現真實狀況的心智模型。假如我們能夠訓練自己更快、更有效地切換成正念模式，就能利用暫時脫離模擬模式的空檔，看清哪個可能性才是最好的選擇，重新進入模擬模式時也能減少偏誤。以下是如何使用你練習過的技巧，達到顛峰心智的「小抄」……外加一項新技巧。

一、知道自己會編故事。無論面對何種狀況，你都會對它形成某種期待。那可能是一個故事、一個計畫、一個框架，或是一種心智模型。第一步就是明白這一點，盡可能保持覺察。問自己「我從這件事編出什麼故事？」，是一個好習慣。

二、持續播放。這個之前就學過，現在你應該已經駕輕就熟！開玩笑的，這需要**多多練習**。重點是，你開始練習的技巧在這裡也派得上用場。愈能夠持續播放，拉回專注力，避免大腦掉入預測模式或重溫模式，在你需要放下故事、轉移焦點時，就會愈加靈敏。即使你遇過跟現況八成相似的狀況，也不是忽略兩成新資訊的好理由。

三、提醒自己：想法並非事實！當我們描寫腦中的故事，故事會深深「刻印」在腦中。大腦在反芻或「循環」時（具體化一個故事），通常就是在做這樣的事。在大多數情況下，要把自己的想法、預測或其他模擬想成是許多可能中的一個，而非不可改變的事實。要如何做到？跟當下的腦中想法拉開距離。

拉開距離

心理學和正念訓練都稱這種跳脫模擬和心智模型的作法為「去中心」（decentering）。[9] 去中心，強調的是不以經驗的「我」為中心的觀點。從去中心觀點出發，更容易判斷我們的模擬呈現了多少事實。模擬只是猜測，是許多心智模型中的一種。若你能跳脫受限的思考模式，就有能力辨認出對你無益的故事，同時快速而靈活地放下它，而不是繼續困在裡面。

二〇二〇年春天，新冠疫情爆發的前幾月，我們做了一項研究：為長者（疫情高危險群）提供正念訓練，幫助他們克服恐懼、壓力和寂寞。[10]我們希望藉由這項研究確認，長者是否覺得自己對疫情的想法和煩惱是一種干擾，如果是，程度為何。

我們利用「新冠干擾等級」來找出答案。總共有五十二名年齡介於六十到八十五歲的長者參與研究。我們問他們有多常想起新冠疫情，每當想起時，那些想法有多令人難受。想法是突然冒出來嗎？是否不請自來？我們還問了他們的心情、壓力指數，還有**去中心的能力**——這裡指的是試探他們**把想法和感受跟自己區隔開**的能力。他們自然而然就跟無用或干擾的想法自動拉開距離嗎？還是高度認同（融入）這些想法？他們能否「照顧」不舒服的感受直到感受消失，還是陷入反芻迴圈？

我們發現，去中心分數**比較高**的人，整體來說，較少產生干擾性的想法，心情比較好，睡得比較好，比較不寂寞，身心狀態也更佳。跟腦中的想法拉開距離的能力（把自己對事件的反應和腦內的故事，看作是來來去去的心智內容），在這些重要的層面對他們很有益處。

不過收集這些資料時，這些參與者並未受到我們的引導。我們沒有讓他們上任何正念課程，只評估了他們原本的心智傾向。但是很多教導參與者如何去中心的研究，發現了同樣的正面效果，甚至更多。[11]

其中一項研究要受試者回憶負面的過往，而且是他們記憶猶新的個人經驗。[12]每段回憶附上一個關鍵字（假如負面記憶跟學校霸凌有關，關鍵字可能就是「霸凌」）。接著，做功能性核磁共振造影時，他們讓每位受試者看兩組字，研究員在一旁監測他們的腦部活動。一組字是記憶關鍵字（**霸凌**），另一組字是他們要對該記憶採取的**認知立場**（cognitive stance）：

一、重溫：沉浸在記憶中，模擬該事件。就像親眼看到一般重溫過程，重新體會一次當時的想法和感受。

二、分析：回想事件，想想之所以會有某些感受的各種可能原因。

三、去中心：選擇一種有距離、從旁觀察的視角。從「觀眾」的角度看著記憶展開。接受所有跟這段記憶有關的感受，任由感受浮現又消失。

看完兩組字之後，受試者要為自己的負面情緒程度從一到五（從無到非常強烈）打分數。不意外的是，得到**重溫**指示的人，負面情緒最強烈，再來是**分析**，最低的是**去中心**。也就是說，去中心對心情的保護力最高。有趣的是，他們的回答也跟 fMRI 的結果一致，這裡指的是**大腦預設模式的活動量**。

該研究指出，去中心**減少了**預設模式網路的活動，亦即跟大腦神遊和模擬關係最密切的網路。從中也能看出，我們如何處理記憶，對心情的影響有多大。研究員對大腦造影結果的解釋是：去中心時，受試者的預設模式活動和負面情緒最少，原因在於他們不會穿越時空，把自己帶回負面回憶裡。他們停止了模擬。

減弱模擬的「吸引力」

有人問我，探討正念這個主題時，為什麼我不強調「減壓」。我的答案是？我研究的是專注力，為了找到有效提升專注力的認知訓練工具，我發現了正念訓練的力量並展開實驗。我們接觸的團體，大部分最在意的並不是減壓，也不把減壓當作目標。他們的目標跟我們一樣，是強化專注力和提升跟專注力有關的表現。不過最棒的是，正念訓練既可以減壓，也可以提升專注力。而同時得到這兩個好處的關鍵，就是藉由**去中心**來減弱模擬的吸引力。

有些正念訓練強調**刻意聚焦，覺察大腦神遊，在需要時重新把專注力拉回**（例如**找回你的手電筒**），有些則鎖定**去中心的能力**（接下來就會學到）。一旦能夠掌控自己的手電筒，察覺它指向哪裡，我們就更能發現自己分了心，並把專注力拉回原來的地方。去中心的能力變強之後，大腦神遊的情節對我們的影響力也會變弱，尤其是那些情緒充沛、充滿煩惱、深刻強烈的負面模擬。這些模擬不只會抓住我們，還會讓我們**入迷**。一旦被吸過去，專注力便陷進去無止境地循環，一如反芻。

去中心是一種強大的技巧，因為它減弱了大腦神遊的情節對專注力的箝制，讓我們放下無用或帶來痛苦的故事。去中心藉由這種方式解放專注力，並進一步減輕壓力，甚至減少了焦慮症和憂鬱症等精神疾病的症狀。[13]

在需要時去中心

這幾年我常常有機會演講，但收到五角大廈的演講邀約時，我有點……嚇到。我做了充分的準備，提前製作投影片，不忘納入我們的最新研究，還一張一張投影片微調了演講節奏。一切準備就緒，我收起筆電，裡頭是我準備好的演講內容，資料都做了備份以防萬一。接著，我在演講前一晚飛往華府。抵達之後，我享用一頓豐盛的晚餐，準備早早上床，隔天才能精神飽滿地迎接挑戰。就在我打開筆電瀏覽電子郵件，確定實驗室沒有急事之後，有封信抓住我的目光。是一個同事寄來的，他是陸軍上校，也是美國陸軍戰爭學院的教授。前一天，我把簡報寄給他，問他對這份簡報的看法和建議，希望能在軍事將領面前做最好的呈現。我想像他如果有時間看（畢竟他教學很忙碌），說不定會幫我做些小修改。但是一打開電子郵件，我的心一沉。他跟專注力小組的學生討論過簡報，幾乎每張投影片都是滿滿的眉批。

他們給的建議什麼都有：**這裡刪掉，那裡不夠詳細，他們不喜歡這個，或那個……**我的腦袋手忙腳亂，努力思考我要如何在最後一刻全部修改完畢。我很感激他投入的時間和細心的回應，但時間太趕，我開始焦慮起來，不知如何是好。我感到負面又無用的想法源源不絕地湧進腦海。**我永遠無法完成。我一定會失敗！**

這時候，我闔上筆電，決定花五分鐘做個迷你練習。我知道自己該做的是拉開距離，鳥瞰全局，看清事情的全貌。一如往常，我從找回自己的呼吸開始。接下來：

需要時的練習：鳥瞰全局

一、收集資料：隔著距離觀察自己和當下的狀況。收集你正在經歷的事件的原始資料，而不是對這些資料的分析。

二、置換：觀察你的內在對話，跟它拉開距離。用「你」或你的名字代替「我」開頭的句子，會有幫助。更好的作法是，覺察浮現腦海的想法就好：**阿米希認為她無法完成這件事。她很怕演講不順利**。

三、記住：想法來來去去。想法冒出來時，記得想法只是腦袋建構出來的內容，出現之後又會消失。我把每個想法都想成泡泡，飛上天空飄走。

我只花了短短五分鐘，但這個迷你練習讓我得以跟自己開始編寫、充滿煩惱和懷疑的故事「**解離**」。我隔著距離看著白板上的內容。我覺察到想法、情緒和身體的感受浮現又消失，卻沒有被它們牽著走。我很快放下故事，停止編寫最壞狀況的情境。此外，用「第三人稱」看自己，讓我想要鼓勵阿米希，而不是繼續打擊她。我想要給自己力量，就像給好朋友力量一樣。迷你練習結束後，我覺得大腦變清楚了，反應不再那麼強烈。用這種方式去中心，短短幾分鐘就能幫助我找回初衷：提供聽眾一個成功的學習體驗。

要達到這個目的，我必須打動他們，而我同事的意見就是幫助我做到這件事。我重新回到簡報上，好奇他提出的建議，不再覺得害怕或不堪負荷。打開簡報檔時，我心想：**在這個檔案裡，有些寶貴的意見能幫助我把理念傳達給台下聽眾。我來看看這段有限的時間裡，我能學到什麼和用上什麼。**

報告之後隔天，我收到那位提供我修改建議的同事傳來的訊息。他看了我的演講直播影片。訊息上寫：**幹得好！**

「別相信你所有的想法」

許多跟我共事的人，一開始對「放下故事」這個概念很抗拒。在他們身處的世界裡，計畫、制定策略、展望和想像下一步是成功的關鍵。我在五角大廈的演講，討論了我們團隊為美國陸軍的常規部隊和特種部隊提供正念專注力訓練（Mindfulness-Based Attention Training, MBAT）得到的發現。[14] 演講結束後有個簡短的問答時間，第一個舉手發問的是退休中將艾瑞克．舒梅克，美國陸軍第四十二任軍醫長。

「為什麼妳要我們脫離故事？」他問：「建構故事，我們才能為未來做準備。」

「放下故事」

放下故事不是……	放下故事是……
質疑自己	靈活地重新回到當下
猶豫不決	觀察實際發生的事
優柔寡斷	有彈性地做出回應

「沒錯，」我回答：「正念練習並不是教你不要建構故事。只是你應該隨時隨地意識到自己正在建構故事，同時瞭解你在任何時候建構的故事，都只是許多可能的結果或解釋的其中一種。不是唯一的一種，而且可能不正確。」

很多人問過我類似的問題，我都是這麼傳達我的論點：「別相信你所有的想法。」

你可以培養一種自覺，既能覺察哪些模擬或擴充想法填滿你的工作記憶，但又不會犧牲掉決斷力和行動力。事實上，自覺反而能提升這兩種能力，因為它幫助你更靈活自如地重新瞭解狀況，甚至根據原始資料去除你原本的思考框架。

回到我們之前討論過的一個重要問題：正念練習能夠對抗我們成長背景中潛移默化的強烈偏見嗎？

目前我能提供的最好的答案是：**或許可以**。科學家正在研究正念練習是否有助於減少隱性偏見，這對所有人和機關組織（如司法體系）都可能具有重大意義。未來令人期待，但目前的資料還不夠完整。無論如何，我們看到了正念練習和歧視行為的交叉點。研究發現，正念訓練確實能幫助我們在**行動**時減少偏見，原因可能是我們更能夠覺察到自己的心智模型，也更能夠放下故事。[15]

觀察大腦活動

一群心理學家來到實驗室，討論如何將正念練習納入他們的訓練。他們不是一般的心理學家，而是美國軍隊的軍事心理學家，意思是他們為部署作戰的軍隊提供精神後盾，偶爾也會安插在部隊裡。他們有份工作，是為每次輪班都必須連看十二小時無人機影片的士兵提供支持。心理學家想知道他們能做些什麼來幫助這些士兵。

要提供最好的答案，我需要先解開一個疑問：這些士兵觀看無人機影片的目的是什麼？他們為什麼要看影片？

答案：「那是『殺傷鏈』的一個關鍵部分。」

我聽了大吃一驚，但馬上明白他的意思：他們負責發現目標並轉達指揮系統。即使我跟軍隊合作過，聽到這裡我還是楞了一下。我們很容易以為發號施令的人掌握最大的權力，對軍隊的所有決策和行動最具影響力。事實上，軍中每一分子對軍隊做出的每個決定，都有各自的影響力。這件事提醒我從事這份工作的初衷——幫助他們做出正確的決定。在這種情況下，意識到自己把何種偏見帶進工作中，對這些工作者更是至關重要。在這裡，你腦中的故事會影響你看到的內容；如果你認為某個人是恐怖分子（而非平民），你就會用那種觀點去詮釋你看到的每個動作。這群軍事心理學家發現，無人機操作員要長時間維持大腦的恢復力和靈活度很難。工時長加上疲勞，這樣的能力會大打折扣。然而，他們負責的工作掌握了他人的生死。

有趣的是，這群人其實隨時隨地都能鳥瞰全局。他們隔著距離望著底下的風景，但這樣就能保證他們看得清楚嗎？除非他們不只意識到底下的風景，也能意識到自己心智模型的風景。

大多數人當然不是軍隊裡的無人機操作員，但我們仍然需要覺察自己的腦內活動。我們針對他人的意圖和動機編造的故事，可能造成莫大的傷害，例如破壞友誼、引起政治分裂，甚至引發戰爭。

這一點凸顯了拉開距離、鳥瞰全局的最大重點：最需要納入視野的，其實是**你自己的大腦**。

正式訓練時練習去中心是一回事，但是在日常生活和嚴酷狀況下落實，則需要用截然不同的方式使用專注力。要能在認知過程偏離目標時介入，必須先知道自己需要介入。換句話說，**放下故事**的第一個重要步驟，就是**曉得**自己會編故事。這是我們要學會的專注技巧中，最具挑戰性的一個。

8 後設覺察

傳統的「開放覺察」，要你觀察時時刻刻浮現的意識經驗、但**不參與其中**，目標是鍛鍊專注力。後設覺察又不太一樣，目標是鍛鍊包容、寬大又穩定的專注力。

各個領域的領導者多半都認為，要能成功，他們就必須用特定的方式使用專注力，包括同時處理很多件事（一心多用），不停運籌帷幄，展望未來，模擬結果以便事先準備和制定策略。

他們通常也認為自己應該喜怒不形於色，跟人保持距離，嚴以律己，尤其是軍人、急救人員和商業人士。最近我為一群大型科技公司的主管介紹提升專注力的正念訓練，還有這種訓練為什麼對他們這類高度競爭產業的領導者和創新者如此重要。此外，我也告訴他們，一般人對於強大的領導力和清楚的策略思考的認知其實是錯的。

要完成更多工作，反而應該一次只做一件事，避免同時做很多件事。切換工作只會拖慢速度。

規畫未來時，不要只模擬可能的情境，反而要細心觀察，同時把自己拉回當下，才能收集更充分的資訊。

好的領導，要擅長覺察自己和他人的情緒。

要做到以上幾點，你必須身心都能融入當下。你必須要觀察，必須要意識到**此時此刻**發生了什麼事，包括周圍的環境，還有**內在環境**的腦內活動，後者跟周遭世界一樣變動不定、使人分心，而且資訊飽滿。

我們習慣活在主動模式裡：**思考和行動**。

正念訓練開啟了一個新的模式：**留意，觀察，融入當下**。

這種觀察立場是一帖能讓你任何事都做得更好的萬靈丹。包括完成任務、制定策略、規畫、領導、創新、連結。這些全部來自於徹底融入當下並隨時隨地覺察**腦內風景**的能力。

吞沒

澳洲叢林一旦爆發大火，可能快速蔓延，摧毀野生動植物並波及人口中心，必須在失控之前趕緊撲滅。但澳洲叢林多半難以抵達，沒有道路或其他路線相通，專業消防員只能搭直升機前往，再抓著繩索直接垂降火場。這些垂降員降落在一個險象環生、瞬息萬變的動態情境中間。這類工作的職位說明（例如美國的「空降消防員」），往往載明應徵者不只要有強健的體魄，也要**具備極高的情緒穩定度和大腦警覺性**。

史蒂芬是一名垂降消防員，最近的一起事件使他迫切想向外求助，因此大老遠從澳洲跑來實驗室找我。他跟組員被派往澳洲叢林一片特別棘手的區域，撲滅眼看就要失控的叢林大火。沉重的裝備壓著身體，每個人都揹著自己的裝備，包括耙子和鏟子這類手動工具，還有滅火器具。一行人散開，各自負責一區，一架支援直升機很快就會抵達，從空中灑下泡沫或水。史蒂芬開始撲滅眼前的火焰。他很專心，而且動作一絲不苟。之後，他聽到背後傳來一個特別的聲音，很像超大聲吸塵器的轟轟聲，空氣瞬間被吸走——那是火勢蔓延過來的聲音。一道從後方逼近的火牆將他淹沒。

除了垂降消防員，急救人員、飛行員、醫療人員、軍事人員、法官、律師，及各行各業的領導者，多半受過狀態意識的嚴格訓練。這些職業的狀態意識訓練多半以決策模型的形式出現，亦即確保你在快速變化的情況下做出的決定，都以實際、當下的觀察，以及知識和經驗為基礎，當然也要符合目標。史蒂芬的目標是**控制火勢**，他也正積極朝著目標前進。即使壓力沉重，周圍有很多令人分心的事物，他還是心無旁鶩。他的專注力牢牢指向他正在努力控制的火焰。而他所受的訓練也包括模擬和演練同樣的劇本。但就在那一刻，有個重要的東西不見了。

前一章提到我們如何利用模擬形成一種心智模型。我們**感知**、**處理**、**預測**，因而得以**決定**、**行動**和**溝通**。這些步驟通常並非一直線，而是動態的，也會相互影響。模擬形成了心智模型，心智模型導致決定，決定再影響下一次模擬，以此類推。[1]這是一個變化、流動、不斷開展的過程，而非固定不變。這麼看來，**放下故事**亦非單一的動作，而是**持續的過程**，需要你一再覺察自己周圍發生的事，還有**腦袋裡發生的事**。

史蒂芬太專心撲滅眼前的小火，因而停止監測周圍更大的火。認知心理學稱這種現象為**目標忽略**（goal neglect）：未能執行特定任務的要求，即使記得自己得到的指示。[2]他知道自己的大目標是監控以各種方式展開的意外狀況，卻還是專心過了頭，忘掉主要的目標。

史蒂芬顯然逃過一劫，才能活著回來告訴我這個故事。然而，差點送命還是讓他耿耿於懷。他開始用這個故事來訓練新成員，強調即使有萬全的準備，他們的狀態意識可能還是不夠完整。現在，他告訴成員光有狀態意識還不夠。即使時時保持正念覺察，把注意力放在當下，留意外在環境也不夠。

在狀態意識之外

史蒂芬的例子很極端，他要達到的要求比一般人高，也需要近距離聚焦。然而，就算不用垂降到叢林大火中，你也可能有過類似的經驗（目標忽略）並因此受害。回想每次你偏離重要目標的情景——別忘了**目標**在我們的生活中會以不同的形式出現。可能是工作上的事：你太專注於專案的某個面向，因而偏離了目標，看不清特定面向如何跟更大的組織目標結合。甚至可能是教養小孩。

有天晚上，我女兒蘇菲輕聲喚我到她的房間，表情沮喪。她卡在某道特別困難的數學題目，要我教她。

我走進去坐在她旁邊，看了一眼那題數學。首先，我把問題解釋給她聽，問她

「好，告訴我題目說了什麼」，以及其他引導性的問題。其實我也一頭霧水，想不起該如何解這道方程式。**我應該要知道的！**我突然間充滿決心。接下來四十五分鐘，我拚命解題，鬥志高昂：**我要征服這道題目，我要搞定六年級數學！**

苦心沒有白費，最後我解出了答案！得意地抬起頭時，我卻看到蘇菲放鬆地坐在椅子上看書。

糟糕！

我的目標一向是把兒女教養成獨立、積極主動、能自己解決問題的小孩。當我在女兒旁邊坐下來，開始跟她解釋題目時，那肯定是我心中的目標。可是我很快偏離了目標，即使我**覺得**自己很專注投入。

我們之所以在這種時候偏離目標，一個原因是感覺很好。你看到一個自己能完成的小目標（**撲滅火焰、解出題目**），於是忽略了更大的目標（**控制不斷蔓延的大火、養出能獨立思考的小孩**）。解開那道數學題對我來說很有成就感，但我一抬起頭就發現：用這種方式花精力陪小孩並不值得。這當然是很好的體悟，但要是我能在花了將近一小時解數學題**之前**，以及消防員在火焰蔓延到身後**之前**就發現，該有多好？

我們當然都希望自己能夠專注。這本書一開始就在鍛鍊這項重要的能力。但我們也必須在需要時暫停專注：控制自己如何、何時，以及對什麼專注。那一刻我**非常**專注，甚至到了渾然忘我的程度。假如當時你走進房間，你會認為我的專注力毫無問題。問題是：這不是我該高度專注的時候。我忽略了這點，也忽略了自己的大腦正在做的事。我偏離了目標卻渾然不覺。

所以，這是我們犯的另一個大錯。我們**是很**專注投入，但專注的範圍不是太窄就是太寬，不是太固定就是太不定。某方面來說，你很專注沒錯，卻**挑錯了時間**。

要改正這一點，你需要**後設覺察**（meta-awareness）。

監控內在風景

「後設覺察」就是能清楚覺察並監控意識正在經驗目前的內容或過程的能力。[3]基本上，就是覺察的覺察。當我說「注意你的專注力」，指的就是運用後設覺察。那天在澳洲叢林大火中，史蒂芬專注於眼前的火焰。若他注意自己的專注力，或許會有更多的發現：意識到自己太執著於一點，應該要擴大專注範圍才行。

假如高要求職業中的狀態意識指的是「監控外在環境」，那麼你可以把後設覺察想成：對內在風景保有狀態意識。

我的同事及好友史考特．羅傑斯是形容後設覺察的高手。十年來，我們一起把正念訓練介紹給各種不同的族群。這個概念可能有點難懂，但史考特有種本領，總能替難以理解的正念概念想出平易近人的說法。我們跟邁阿密大學的美式足球隊合作時，他跟球員說：「你們在瀏覽球場。」

他要球員想像美式足球場，還有球場上的所有動態元素：邊線、得分線、移動的球員、場上的球、觀眾的歡呼、對手的叫囂聲、每個角落的超大螢幕……所有一切。他邀球員想想他們如何掌控如此複雜的環境，裡面充滿會害他們分心的突出元素。接著，他要他們如此想像自己的大腦：跟球場一樣，同樣有動來動去的突出事物可能抓走你的注意力，把你吸進去。就像美式足球員知道如何掌控球場，還有如何以及何時跟其他球員合作，他建議球員用同樣的方式想像大腦這片「球場」。

你可以從上空俯瞰自己，像上一章練習過的「鳥瞰全局」的去中心練習。一旦建立起這種更能綜觀全局的「覺察的覺察」，你會注意到其他重要線索。

有些線索就反映在身體上。我走進蘇菲的房間時，原本是要教她數學，結果卻跟中學數學奮戰了一小時，並贏得了勝利。我變得過度專注。我想不通怎麼會這樣，走進房間時我明明有很清楚的目標。事後回想，我記得自己被一股想贏（「戰勝」數學）的渴望占據。我發現自己被「贏」的快感沖昏頭，才會欲罷不能，變得過度專注。對我來說，那種欲罷不能的感覺是一種警訊。現在我對那種感覺變得更加警覺。一旦察覺，我會自我檢查：我的注意力在它應該在的地方嗎？

那不一定是一種「快感」，有時我們會被焦慮、恐懼或擔憂絆住，變得過度專注（或者陷入其他不適合當下的專注狀態）。因此，有時「看清」腦內風景就是感受反映在身體上的心智狀態。表現出來的可能是腳動來動去、腸胃翻騰、下巴緊繃。還記得多年前我牙齒麻掉的例子嗎？當時我毫無警覺，才會變那麼嚴重。我缺少後設覺察，不知道自己的心智和身體發生了什麼事，也沒有能力修正方向，最後才會演變成專注力危機。

現在，更能覺察內在風景之後，碰到專注力危機時，我已經能夠及早且有效地介入。當我過度專注或壓力太大，我知道我的心智和身體會如何互相影響。我會留意自己何時又開始緊咬下巴，這時我會做三分鐘的正念練習、去散步、放鬆嘴巴，想辦法阻止自己不自覺地咬緊下顎。上次我趕在要命的期限之前完成補助申請，我知道我一定很難保持後設覺察，所以我……戴上了牙套（有時我們只能接受自己的侷限！）。

我跟史蒂芬在實驗室裡討論他的「目標忽略」案例，他描述自己被撲滅小火這件事

「誘惑」，才會過度專注。現在，他會留意上臂和肚子「那種誘人的滿足感」（他的形容），那暗示他可能又變得過度專注。必要時，他會擴大自己的專注範圍，以免重蹈覆轍。

從消防員的觀點來看，他認為後設覺察像是在「瞭望」：選一個你可以更清楚看見發生什麼事的位置。這就是擁有顛峰心智的關鍵：能夠找到「顛峰」觀點，將內在風景盡收眼底。有了後設覺察，我們一方面能掌握當下意識經驗的內容，另一方面也能監控內容是否跟目標一致。我們會問自己：

我正在感知什麼？

我如何處理它？

我的專注形式跟目標一致嗎？

後設覺察很容易跟名為**後設認知**（metacognition）的思考過程互相混淆。差別在於，後設認知是對自身思考方式的反思，是看清自己思考的某些傾向。後設認知某方面就是自覺（self-awareness）。「我有把事情想得最壞的傾向」即為一種後設認知。「我做決定要花很久時間」也是。後設認知當然有它的用處——對自己的認知傾向有敏銳的自覺，顯然是一種依靠。但它跟後設覺察不同，也無法取而代之。你或許知道自己習慣的思考方式，但這不表示你能在問題發生時察覺到問題。當你的大腦在神遊或模擬，就算你是世界上「後設認知」最強大的人也無濟於事。當下你還是會困在裡頭，難以自拔。

你不知道自己不知道

我們把一百四十三名大學生帶來實驗室，測驗他們對大腦神遊的**覺知程度**。[4]我們知道，人大約有一半時間都在神遊，但他們自己知道嗎？我們讓受試者做標準的「工作記憶測驗」：記住兩張臉，再跟例圖比較，重複做二十分鐘。我們跟平常一樣追蹤他們的準確度和速度，但這次測驗中間，我們多次打斷他們，問兩個問題。第一：你有多專注做測驗？非常、普通、完全不。第二：你對自己的專注程度有覺知嗎？

結果如何？答案可分為四大類：一、**很專心也有自覺**；二、**很專心但無自覺**（類似渾然忘我的「心流」狀態）；三、**不專心且有自覺**（覺得測驗很無聊，所以決定不要專心，研究員稱之為「關機」）；四、**不專心且無自覺**（「恍神」）。

除了這四種回答，我們也發現受試者在這二十分鐘內的表現愈來愈差，愈來愈常神遊，後設覺察的程度也下滑了。

表現變差並不令人意外。之前我們提過**警覺遞減**的概念：一件事若需要持續專注，表現會隨著時間變差。研究結果指出，表現愈差，大腦神遊也會增加。最初探討大腦神遊時，我們提到大腦「天生會分心」的演化原因，例如機會成本、留意周遭環境、尋找更值得做的事等。人類的大腦或許**天生**就會週期性地放開手邊的工作，來來回回被其他事物吸引。[5]這是我們專注力的運作模式。如果你能注意到自己的專注力被拉走，那也許無妨。但我們在實驗中發現：**人不會發現自己已經分心**。

後設覺察測驗傳達的重點是：當大腦神遊增加，後設覺察就會降低。時間愈久，我們的大腦愈常神遊，也愈來愈難察覺自己已經分心。[6]沒有自覺，就無法自我修正，把專注力拉回到手邊的工作。

本書一開頭我就說，你有一半的時間都在神遊，很多研究提出的數據也證明不假。根據這個數據，我們很容易斷定，專注力問題的根源就是大腦神遊。然而，我們的研究和其他研究發現出乎意料的結果。罪魁禍首可能並非大腦神遊。畢竟，有些時候大腦神遊其實無妨。試想，你第三次陪小孩或孫子看他們最愛的影片時，你肯定會邊看邊任由思緒亂飄。或是在做一些簡單、反射性的工作如吸地時，你會故意暫時「關機」，但那不是「恍神」。

差別在哪？**後設覺察**。

大腦關機時，因為對周圍狀況仍保有後設覺察，你會先確定當下的行為跟目標一致才把專注力轉開——不需要調整專注力。但工作的要求若突然增加，表現開始退步，專注力就會回到手邊的工作。大腦會提醒你，不需要外在的提示，況且後者往往來得太慢。[7]少了後設覺察，你就不會監控自己的心智狀態——不會注意到工作要求增加，或是覺察目前的專注狀態，也就不會把專注力拉回來。

過動症患者常有大腦神遊的現象，多到可能在真實生活中造成不良的後果。最近有研究發現，即使過動症患者比一般人更容易大腦神遊，對大腦神遊有後設覺察的患者會比沒有的患者付出的「代價」低。[8]後設覺察能「保護」他們，避免他們因為大腦神遊而犯下錯誤。

問題不在於大腦神遊，而是沒有後設覺察的大腦神遊。

冥想神經學這個新領域把我們往專注力的新科學推進：**後設覺察或許是提升專注力表現的關鍵**。

後設的力量

佛羅里達州的聯邦法官克麗絲·麥卡利利（Chris McAliley）「跟很多人一樣，在人生遭遇接二連三的打擊之後」，也想要展開正念訓練。她正在辦離婚，小孩正值青春期，「問題一籮筐」，她邊說邊嘆氣。

「我跟我的『現狀』一直在腦中激烈交戰，」她說：「我討厭現狀。我對自己苛刻也對別人苛刻。我痛恨這個世界。我任由一再重複的念頭擺布。我很努力要振作起來，畢竟我得上法庭做很多決定，而且是會影響他人的決定。可是，我腦中的思緒又追來追去轉個不停，好累。」

我跟克麗絲是在為女法官舉辦的一場座談會認識的。我們都是與談人，受邀針對正念與審判這個主題發表意見。會議開始前，我們在後台握手寒暄。克麗絲開玩笑說，來的人應該很少，聽眾大概只有其他與談人，畢竟誰會想來參加一場正念和審判的座談會？對司法界的人來說，這個題目可能太晦澀難懂。但是我們上台就座時，偌大的講堂竟然擠滿了人，五百個位子座無虛席，還有一群人擠在大講堂後方。看來真的有人需要瞭解如何把正念應用在審判上。

其實，法庭正是同時需要用到**狀態覺察**和**後設覺察**的最佳例子。坐在法官席上，克麗絲需要運用並維持多種專注力。她要聽律師詰問證人，同時要記住她剛剛聽到的證詞、適用此案的法條，以及律師發言的規則和標準。一邊聽講的同時，反方律師若提出抗議，她也要能隨時回應（認可或駁回）。另一方面，她還要注意其他人是否專心：後排的那個陪審員是不是睡著了？書記官有跟上嗎？她得確定每個字都記錄下來，所以如果書記官看上去手忙腳亂，她必須把全場的速度放慢。此外，她可能要留意通譯的狀況，或是旁聽席可能有嬰兒在哭。

「要留意的東西太多了。」她說：「最重要的是，你還得留意**自己的大腦**。假如律師正在結辯，我卻想著離婚的事或午餐要吃什麼，我就做不好工作。人在心不在！後果不堪設想。」

她需要對法庭上**以及**自己腦中發生的事有所覺察。正念訓練幫助她更能看清害她分心的事物。沮喪、焦慮、擔憂，都會反映在身體上。她常在法庭裡做迷你練習：**靜下心，感受身體，感受呼吸**。

「我必須把自己拉回頸部以下。」她說：「情緒上來時留意身體的變化，真的很神奇。我們經常忽略身體的感覺，其實身體有很重要的資訊。」

對她來說，那些感受會以焦慮或沮喪的樣貌出現——律師看來沒準備；她發現自己提高了音量，也意識到自己在反芻。**我應該戳破他們嗎？這對他們或這個案子或被告會有什麼影響？**正念練習幫助她把自己的情緒當作資訊來源。

「這應該是個理性的系統，」她說：「所以我不希望情緒——在未經我的理解或決定的情況下，指引我做出決定。但我是法官，不是機器人，需要能夠感受情緒、理解情緒……不是被情緒主宰。」

後設覺察不但讓她覺察和理解自己的想法和情緒，還有潛在的偏見。碰到每個案子她都得思考這一點。若是有個警察出面做不利於某個前重刑犯的證明，克麗絲會問自己，她的個人臆測是什麼？碰到性別、職業、階級、種族，她的偏見的下拉式選單是什麼？她能有所覺察，同時不被偏見所囿嗎？

「這些練習有很大一部分就是留意我們在生活中做的各種臆測。」她說：「當你真正留意，你會發現它們**接二連三**地出現。」

對她來說，最大的收穫是專注而**不帶評斷**（without judgement）。不評斷自己、他人或當下的狀況。說來諷刺，因為審判或評斷（judging）基本上就是克麗絲的工作。但能夠專注於當下，不妄自評斷或擅自擴充，讓她更有效地做出對他人生活具有重大影響的決定。

「擔任法官是我的榮幸。」她認為：「我們的社會選出像我這樣的人來調解紛爭。我坐在那裡，聽不同的人為相反的立場作證，而我的工作是決定誰的話可信。答案有時清楚，有時模糊，而我必須努力找出正確的答案。」

為什麼有效

在實驗室裡，要直接從人的行為中「看到」後設覺察很難。因此（如前面提過的工作記憶研究），我們得先讓受試者做專注力和工作記憶測驗，然後請他們就自己的狀況回答問題。一次又一次的研究顯示，對自己的專注力愈有自覺，表現愈好。[9]我們也發現，愈有自覺就愈能（自動）發現自己開始神遊。我們知道有些情況會導致後設覺察大幅降低，例如菸癮和喝酒。[10]

在長期進行正念訓練、甚至只上過八週正念減壓課的人身上，我們還有另一個發現：**他們的預設模式活動變少了**。[11]還記得那是什麼嗎？大腦中與內在專注力、自我關注、模擬和大腦神遊最有關的網路，有時也稱為「自我」網路。相較於毫無訓練或其他訓練，為什麼正念訓練能減少預設模式活動？前面提過，愈來愈多證據指出，正念訓練能提升專注力和去中心，減少大腦神遊。可能綁架專注力的大腦模擬變得較少出現，也比較難讓你深陷其中。但這些結果可能都仰賴正念訓練的一大力量：提高後設覺察。

後設覺察就是觀察自己。你成了客體！你不可能沉浸在自我中心的想法裡（大腦神遊、模擬），**同時**又在自我反省。因為如此，後設覺察提高時，大腦神遊就會減少。可以瞭解這兩件事剛好互相對立：自我不可能同時在外面又在裡面。回想上一章學過的去中心技巧：暫時跳脫或「拆除」自我。此時，你就是在練習後設覺察。現在，我們要能夠更常練習，把它變成一種心智習慣。

我們想要擁有更多的後設覺察……而正念訓練就是一種途徑。

覺察：專注力升級

回想你第一次做正念練習的情景，例如**找回你的手電筒**。你或許對自己的專注力跳來跳去感到驚訝。專注力像是一顆不停滾動的球，想要運球順暢，必須讓球一再回到手上。假如你「恍神」（不自覺地神遊），球便會滾遠，而且球經常滾遠。當球完全不見，你才會產生後設覺察，譬如開完會才發現自己完全不知道會議上大家說了什麼。或是跟人進行重要對話時，你聽到有人問「你有在聽嗎？」，才發現自己猛點頭卻什麼都沒聽進去。又或者，你聽到自己怒吼「我沒有生氣！」，這才意識到「哇，我好生氣」。

以上的例子中，意識到**自己的專注力跑去哪裡、大腦當下在做什麼**的那一刻，就是後設覺察。沒錯，就是這樣的感覺。這些「後設時刻」就是我們想要的。但我們希望它更早發生，充分發揮它的效力和保護力。

正念訓練的目標，就是**增加**這些後設時刻，幫助我們轉動對成功和健康至為關鍵的專注力樞紐。就算你有全世界最強大的專注力系統，也可能把它導向錯誤的地方。要能用上你學習的這些技巧，必須先瞭解自己有必要這麼做。

前面我曾經引用《孫子兵法》來介紹這本書。面對強弱懸殊的戰爭，孫子還有另一項策略：

> 故善戰人之勢，如轉圓石於千仞之山者，勢也。[12]

不要跟一堵磚牆對抗。找到用最少力氣達到最大效果的方法。我們不只想要培養提升專注力、更專心、更集中精神的能力。這相當於為上戰場打仗做準備，有用是有用，但還不夠。除此之外，我們還需要**力量倍增器**，就像電玩的力量升級。你需要的專注力，就是後設覺察的能力——也就是保持自覺。

對何時不專心或**太過**專心，保持自覺。

對何時分心、遠離了當下此刻，保持自覺。

對周圍和內在發生的事，保持自覺。

保持自覺，就可以在無所不在的專注力問題發生時，及時介入。**方法很簡單：想要知道專注力是否被拉走又是否應該介入，你必須時時觀察留意。**

值得慶幸的是，我們其實一直在練習這件事。目前為止我們所做的每個練習，都包含了後設覺察。

後設狀態

在**找回你的手電筒**的練習中，當你發現自己的手電筒偏離呼吸相關的感受，那就是後設覺察發生的時刻。在**觀察白板**的練習中，當你注意到浮現腦海的想法、情緒或感受並加以分類，那是後設覺察。在**去中心**練習中，當你採取鳥瞰全局的視角，搜尋腦中的偏見、模擬和心智模型，同樣也是後設覺察。甚至在進行身體掃描時，當你將專注力導向特定的身體感受，就是在留意該部位有何感受，並且對大腦神遊保持覺察。

到目前為止，我們的目標都是確保專注力放在目標物上，例如你的呼吸。現在，你專注的目標**則是……**你的專注力。

這本書中的所有練習，最終都是為了建立後設覺察。經常練習這些方法，能夠強化**觀察和監控心智**的能力。下一個練習，專門用來幫助你時時刻刻留意意識經驗的內容，同時不會陷入浮現腦海的各種想法、情緒和感受之中。

傳統的「開放覺察」(open monitoring)，要你觀察時時刻刻浮現的意識經驗、但**不參與其中**，目標是鍛鍊專注力。後設覺察又不太一樣，目標是鍛鍊包容、寬大又穩定的專注力。

【核心練習】意念之河

1. **準備就緒**：這次請站起來。如果想坐下，隨時可以像之前的練習那樣坐下來。但我通常建議用一般稱為「山式」的瑜伽姿勢進行這個練習。舒服地站著，兩腳與肩膀同寬，手臂垂放在兩側，掌心朝外。閉上眼睛或視線低垂。

2. **站定（或坐定）**：找回你的手電筒，把它指向呼吸相關的明顯感受幾秒鐘。這是所有練習的起點。練習時，只要覺得專注力被拉開（例如陷入反芻迴圈），隨時都能回到呼吸，重新定錨。「把手電筒指向呼吸」就是你的本壘，需要時隨時可以回到本壘，重整步伐。

3. **開始**：擴大你的覺察範圍，不要鎖定任何目標。把心智想成一條河流，你站在河岸上看著河水流過。想像浮現腦海的思緒、記憶、感受和情緒，彷彿是從你眼前流過的河水。注意河流的內容，但不要涉入或參與；不要打撈、追逐或費心推敲。只要任其流過。

4. **繼續**：跟前面的**觀察白板**練習不同的是，這次不用主動為浮現在白板上的事物「分類」，也不用分類完後立刻返回呼吸。現在你的工作不是要區別哪些內容有用或重要、哪些屬於大腦神遊。你甚至不用阻止自己神遊。意念之河會不斷流動，你無力阻止，也不需阻止。這就是開放覺察的關鍵：**任憑心智自由流動**，不要參與或涉入，只要隔著距離從旁觀察就好了。

5. **除錯：**假如你很難任由意念流過，重新回到呼吸上。想像與呼吸相關的感受是流水中間的大石頭。把專注力安放在穩固的物品上。準備好之後，重新擴大你的專注力並從旁觀察。

坦白說，開放覺察通常是受試者覺得最有挑戰性的核心練習。根據我自己最近的經驗，可以從底下的例子來思考這個練習。

那天是晴朗的秋日，微風徐徐，天氣和煦，我把所有窗戶都打開，在客廳裡準備開始練習。我家的小狗坐在窗邊，望著外面的街道。塔西是一隻拉薩犬。這種狗體型小，一身白色長毛，如果不修剪就會長到拖地。我覺得我家的拉薩犬很可愛，但不得不承認牠們長得有點像拖把。拉薩犬來自西藏，過去都養在僧院裡，負責看守僧院的公共區域，吠叫驅趕外人並提醒僧侶。拉薩犬真的很會叫。

我才練習幾分鐘，塔西便開始狂吠。牠常會跑到窗邊看著窗外，有人經過就吠個不停，這是牠的樂趣。對象不一定是人，也可能是車子、松鼠、從樹上掉落的樹枝——任何驚動牠的人事物。我盡量不理牠，繼續練習，心想：狗吠聲跟其他所有事物一樣，不過是一種情緒反應。但牠還是吠個不停，我愈聽愈火，但突然間靈光一閃：**我跟牠做的事根本一模一樣**。我坐在這裡，觀察腦中白板有何變化。牠坐在窗邊，觀察長方形窗外有何變化——這就是所謂的「開放覺察」！或許，我沒有對我看到的東西狂吠，但基本上是同一件事。塔西對牠發現的事物狂吠；我則是被自己發現的事物困住，情緒隨之波動。我站起來拉上窗簾，塔西立刻停止狂吠，躺了下來。

我們無法直接「拉上窗簾」，阻擋思緒。也不能坐在窗邊，看到什麼經過就狂吠一陣。但我們可以學習觀察，任由它經過。

我家小狗沒有這種本領，但是你有！這麼想吧：你會跑出去跟經過你家門前的每個人說話嗎？不會。那麼一天到晚浮現腦海的思緒，你也不該一一理會。你無法阻止思緒浮現腦海，就像無法阻止行人走過你家門前的街道。但你**可以**改變你與思緒互動的方式。你可以決定何時介入、何時不介入，任由思緒經過。

利用「選擇點」來加強練習

我和同事史考特．羅傑斯為高壓工作者共同設計了正念專注力訓練。為邁阿密大學校長和他的領導團隊提供訓練時，我們在會議室開設工作坊。稍微討論過後，大家便開始練習。我們與這個團體定期合作，現在正要進入開放覺察的課程。

大家都採山式坐姿，我們也解釋了，要「觀察心智內容流過，就像看著天上的雲飄過」。開始正式練習之前，有位學員大聲嘆了一口氣。

「那個聲音快把我逼瘋了！」她說。冷氣機確實不斷發出不規律的吱軋聲。「一直有那個聲音要怎麼練習。有夠煩！」

她說得沒錯，那個聲音確實很難忽略。這剛好是指出開放覺察練習對這類干擾、煩人又惱人的時刻特別有用的絕佳機會。因為我們可以從中找出**選擇點**。

我對大家說，我不知道這位學員當下的感受，但我在其他地方練習時，也有被噪音惹惱的類似經驗。假如可以觀察她或我在這種時刻的腦中白板，可能會看到以下內容：有個聲音引起注意，感官經驗浮現在白板上；接著，一個想法浮現腦海：**好煩**。再來是某種情緒：**感到**心浮氣躁。最後：大聲表達出內心的感受：「有夠煩！」

把過程按照時間順序拆解（感受、想法、情緒、行動）或許有點不自然，尤其實際感受其實是一體的，全部混在一起。但是當我們利用開放覺察之類的練習，學會觀察心智呈現的內容，就能更精準、更細微地看出心智活動發生的順序，或許還能從中發現事件之間的空隙——我們做出選擇的地方。要不要把噪音引起的感受跟**好煩**的想法連在一起，是一種選擇。覺得**很煩**，是一種選擇。把那種感受表達出來，也是一種選擇。

經過練習，我們會更擅長觀察心智活動，找出介入的機會，進而做出**不同的**選擇。想想日常生活中你被惱人事物弄到反應失控的情況，比如被人超車，或者對某人比中指。要拆解這類事件、從中找到選擇點似乎很難，但我們可以藉由開放覺察的練習慢慢進步，調高後設覺察。多加練習之後，我們甚至會對事件產生不同以往的寬闊感受，體悟到任何時刻都有無限的可能性供我們選擇。有句話很能表達這種體悟，那就是「地下絲絨」樂團的路．瑞德(Lou Reed)唱的這句歌詞：「從想法到表達，中間隔了一輩子。」

我們對冷氣的噪音無可奈何，既不能調整溫度把聲音消除，也沒時間找人來修，那個聲音勢必在我們練習時繼續存在。然而，若是用選擇點的角度來看這個經驗，覺察想法和表達之間的空隙，機會便在眼前展開：當**好煩**的想法浮現腦海，你可以做出不同的選擇。與其感到煩躁並表達出來，你可以選擇不要緊抓住這種想法不放，讓它漸漸淡化，允許你的心智白板持續「包容」浮現腦海的想法。

無論是跟冷氣機吱軋聲相關的念頭，或是腦中揮之不去的恐懼或煩惱，都可以使用這項策略。想法、記憶和焦慮可能不請自來，但別忘了：之後的反應是我們可以選擇的。想想塔西的例子，然後做出不一樣的選擇——根本不需要狂吠，任由行人從街上走過即可。

這是佛教所謂「第二支箭」的概念。此概念源自一個有名的寓言。[13] 佛陀問一名弟子：「一支箭射中你，你會痛嗎？」

「會！」弟子回答。

「若第二支箭又射中你，會更痛嗎？」

「會。」弟子回答。

佛陀接著解釋：人生在世，會不會被箭射中，我們無法掌控，但第二支箭是我們對第一支箭的**反應**。第一支箭引起痛苦，第二支箭是我們對痛苦的反應。

這個寓言深得我心，因為它簡明扼要地道出正念與專注力的關係：第一支箭很難避免，而且每天都有無數支箭射向我們，但占據專注力頻寬的是第二支箭，也就是你對第一支箭的反應。這是你可以控制的範圍，也是你能利用的另一個選擇點，前提是你對自己的思緒有所覺察。

選擇點在另一個領域尤其重要：**人與人的關係**。

無論與你互動的是心愛的人、初識或敵人，你的工作記憶中對此人或對雙方互動模式的「印象包」，會決定事件將如何發展，而且不限於你跟對方，也包括你跟其他人的關係。人與人的關係引發的漣漪效應，無論是有效的、封閉的、同理的、有利溝通或充滿誤解的，影響力都很深遠。

腦神經系統中負責後設覺察的重要節點，位於前額葉皮質的前端，剛好是腦神經負責社會連結的部位。[14] 每當我們產生後設覺察，或是模擬他人的現實與人產生連結，以及設身處地用他人的角度看待事情，這個部分會變得很活躍。後設覺察有如一扇觀察自身心智的窗戶，讓我們從他者的角度察看自己的心智內容，也讓我們洞察他人的想法。善用專注力不但能展開時空旅行，也能展開**心智之旅**。

9 與人連結

無論是包容一切或集中目標的專注力，都不僅僅是珍貴的腦部資源，也是一種貨幣，而且是我們最珍貴的貨幣之一。我們身旁的人會留意我們把它「花」在哪些人事物上。

當俄亥俄州眾議員提姆．瑞安（Tim Ryan）邀請我飛去華府跟現役軍人分享我們的正念訓練研究，我立刻想到傑森．史畢塔列塔和傑夫．戴維斯少校兩個人。剛認識的時候，他們還是海軍陸戰隊的上尉，當時是我們第一次在軍隊裡進行正念研究。起初傑森警告我「這絕對不會成功」，之後卻全心全意投入正念練習。傑夫曾經在佛羅里達的橋上發生注意力被綁架的慘事，他說是正念練習「救了他一命」。我請他們跟我一起去見瑞安眾議員。

我們三人約在國家廣場附近的地鐵站會合。雖然已經好多年沒見，他們仍然跟我印象中一樣活力充沛，立刻開始跟我報告近況。傑森被派去伊拉克時，正好在攻讀心理學博士。參與我們的正念研究之後，深受影響，返美後便更換了研究主題，目前在研究**痛苦容忍力**（distress tolerance），也就是承受負面心理狀態的能力。傑夫已經退役，現在在喬治華盛頓大學讀企管碩士。兩人的生命故事皆精彩曲折，在佛州受訓、到華盛頓讀研究所、前往巴格達出戰，我愈聽愈入迷。三個人不知不覺走到美國國會大廈這座白色地標前。後來我察覺不太對勁，路人都往我們的方向看。兩位身穿套裝、精神抖擻朝著我們走來的女性，甚至突然停下腳步，站在對街盯著我們看。這是怎麼回事？

我好奇地轉頭去看是誰走在我們後面。沒有人。傑森哈哈笑著說：「她們以為我們是妳的貼身保鏢。」傑夫插嘴道：「阿米希，他們很好奇**妳**是哪個大人物。」一個不到一百六十公分的印度女人，夾在兩個西裝筆挺的肌肉男中間，想必很引人側目，即使在華府也是。走在獨立大道上時，兩人逮住機會，拿我「糟糕的狀態意識」取笑我。我只能悶著頭接受。

走進眾議院辦公大樓之後，我們直接被帶進議員辦公室。

「叫我提姆就好。」眾議員瑞安跟我握手時說。他站在我旁邊顯得人高馬大。

大家一坐下來，提姆心無旁騖的專注力讓我留下深刻的印象。他說話直接，充滿好奇，不斷詢問傑森和傑夫的從軍經驗、接受正念訓練的過程，以及他們對於讓現役和退役軍人更容易接受正念訓練，有何看法。我們還談到他們的部隊參與正念訓練的結果，以及我的實驗室持續進行的研究。二十分鐘後，有位職員來敲他的門。

「議院要唱名表決了。」她說。

走出辦公室之後不久，提姆出現在牆上的電視螢幕，針對貿易問題發表一段簡短而激昂的演說。不一會兒，他又回到辦公室，興奮地繼續剛才的討論。

那天我印象最深刻的是，提姆提起正念練習對他自己的生活有多重要。他謙虛地說，他在華府面對的戰爭，遠遠比不上傑森和傑夫置身的槍林彈雨。他告訴我們，他非常依賴每天的正念練習，那對他來說就像一種**心智盔甲**，而且效果明顯可見——周遭的人都能感受到他服務大眾的熱忱。

在回邁阿密的飛機上，有好多想法浮現我的腦海。眾議員同時身負多項重任，卻能夠讓我們覺得受到激勵、被聆聽和理解，實在了不起。之前我從沒想過，領導者跟軍人和急救人員一樣，在職場上承受的壓力和背負的期待正好消耗他們最需要的能力。經由學習，提姆體認到思考清晰、與人連結和同情共感是可以訓練的，而且他每天訓練，從不間斷。於是我心想，要怎麼讓其他領導者也得到這些工具？我們又該如何研究這些工具的效用？飛機降落時，我充飽了能量——該上工了！

共享「心智模型」

新冠肺炎在全球爆發期間，疾病管制與預防中心不斷提醒美國人民要保持社交距離，與他人至少距離六呎遠，減少傳染力強且可能致命的新冠病毒蔓延擴散的機會。這時，許多社會心理學家很快便指出，「社交距離」（social distancing）一詞用得不妥，更有益國人身心健康的說法應該是**身體**保持距離，但**社交**不中斷。

人類從出生到老都需要與人連結。若說少了社會連結（social connection），我們會死得**更快**，其實毫不誇張。寂寞和孤立都是造成健康下降和死亡率提高的危險因子。[1]多年來，不同領域從不同的觀點針對社會連結做過科學研究，舉凡母子連結、戀愛關係、團隊互動到社交網路都有。而**專注力**是所有社會關係得以建立的一大基石，我們與他人的互動，無時無刻得仰賴專注力。其實英文「專注力」（attention）一字的拉丁文字根 attendere，意思就是「延伸」。在這種意義下，專注力就是與他人連結。

想像你在跟某人講手機。假如手機訊號斷斷續續，很多細節你會漏掉。若是你分了心，專注力就會轉向別的地方。那麼雙方對這場對話形成的心智模型和狀態意識，都不會太好。

對話要依賴**共有的心智模型**才能進行。[2]心智模型是雙方共同打造的，會隨著對話進行而不斷更新。那麼，想像你正在講電話，獲得和處理的資訊品質都不佳，這可能導致共同建立的心智模型很糟糕，雙方的經驗自然也不好。我們都有過類似的經驗！相反地，假如手機收訊佳，對方又很專注投入，咬字清晰，心無旁騖，通話過程會成為一次豐富而溫暖的交流。在這種情況下，雙方共享的心智模型穩定而鮮明，彼此的連結也因此加深。人進入彼此共同創造的（心智）空間時，會得到共鳴之感。

高品質的互動，需要高度完整的心智模型。要打造這樣的心智模型，必須用上我們的專注技巧：把手電筒**指向**我們想要的方向，**抵抗或修正**突出的分心事物對你的吸引力。**模擬**之餘，若發現心智模型根本錯了——跟其他人的故事不一致，也要能**放下故事**（假如你知道何謂「無法達成共識」，便瞭解那是什麼感覺）。最後，你還需要後設覺察，讓這一切成真。

我們練習過的所有技巧在這裡都派上用場：包括把手電筒指向目標、模擬他人的現實，以及從旁觀察整體互動是否偏離方向。

分心＝連結中斷

人與人的互動微妙又複雜。互動過程可能有趣、放鬆、愉快、充實、有益，也可能緊張、辛苦、對立。我們每天都會跟自己期望的人交流，也會跟自己害怕的人互動，無論是哪一種都不得不面對。當彼此的互動出了問題，當下可能會覺得無法克服或難以避免，或是覺得「人跟人之間就是如此」。

人與人互動時遇到的許多問題，跟生命的其他挑戰一樣，比我們想像的更加基本、更有可能修正，也如本書一直強調的，是**可以訓練的**。想一想你最近遇到有關連結、溝通或有效合作的挑戰。我敢打賭，這樣的經驗一定跟一方或雙方分心、失控或連結中斷有關。這跟專注力和工作記憶又有何關係？

分心

- 你無法把專注力手電筒指向一個或多個交談對象。

- 你的心智白板雜亂不堪，無法讓害你分心的內容從工作記憶中消失。
- 你的大腦不斷神遊，無法固定在對話進行的當下。

失控

- 你無法控制自己的情緒。
- 你反應過度，或是在互動時反覆無常。

連結中斷

- 你誤以為想法就是事實。
- 你沒有針對當下情境跟對方建立**共同的**心智模型。
- 你把錯誤的心智模型套用到當下情境。

以上不是要你責怪自己，畢竟一個巴掌拍不響。事實上，任何時候難以專注都有可能發生（而且非常可能），不只是你單方面的問題。

這些問題之所以發生，是因為我們試圖把自覺專注力導向某處時碰到了困難，或是工作記憶耗竭而陷入窘境。工作記憶耗竭會造成許多不堪設想的後果。這種時候，能投入情緒控制策略的心智資源（例如調整想法或重新評估）變少。心智白板彷彿變小了，因為我們被分心的事物吸引過去，能用來對付情緒挑戰的認知資源隨之減少。不幸的是，近來有項研究調查了父母的行為和工作記憶容量的關係，發現工作記憶容量較低（相對於較高）的父母，對小孩產生言語或情緒暴力的機率較高。[3]

此外，跟人互動時缺少後設覺察，也可能害我們惹禍上身。我們可能因此妄自猜測，在腦中編寫跟他人背道而馳或完全錯誤的故事（心智模型）。這可能引發一連串的錯誤，包括做出固執己見的錯誤決策和行動。無論人際互動的問題是由何而起，最終結果都是：雙方的互動不如人意也未能達成目的，最糟糕的甚至會引發衝突對立，有害彼此的關係。

控制情緒的好處，以及理性回應vs.衝動反應

有些人聽到「控制」就聯想到「像機器人」，其實不然。所謂的「有相稱的回應」，也就是對實際發生的事件產生合乎該事件的情緒反應。假如一個人因為被炒魷魚而爆

哭，我會稱之為適當、甚至相稱的反應，但如果一個人因為灑了咖啡而爆哭呢？那就不太對了。

我們都有過類似的經驗。不知不覺被情緒淹沒，甚至是我們毫無預期也毫無防備的時候。無論是工作，面對朋友、兒女、父母或伴侶，我們都可能用自己日後後悔的方式與他們互動，覺得自己情緒失控、反應過度、跟事件脫節。如果你也有過這種感覺，那是因為人非聖賢，而其中有些問題很可能（至少有一部分）跟專注力和工作記憶有關。

說來弔詭。強烈的情緒能抓住我們的專注力，盤據我們的工作記憶，導致我開始翻些無關主題、甚至帶來痛苦的舊帳和思緒，為之後的「厄運循環」搧風點火。偏偏這個時候，我們正需要工作記憶主動出擊，處理惱人的情緒。最後的結果就是造成「互斥」效應，引發惡性循環：壞心情耗損工作記憶，工作記憶耗損之後，讓心情更壞。那麼，我們要如何從這種認知一落千丈的窘境抽身？

首先，可以藉由正念練習強化專注力，避免自己分心、失控和連結中斷。目前為止，我們做過的核心練習都有幫助。此外，培養前一章探討的後設覺察，也能隨時隨地更清楚掌握腦中的思緒內容和過程轉折。**對自己的情緒狀態有自覺，才能在需要時介入，加以控制**。

剛開始做正念練習時，我發現對自己的情緒狀態有自覺，也有助於避免反應過度。就算反應過度，例如因為心情不好而大吼，我也會比之前更快道歉。我仍然無法阻止自己大吼，因為情緒來得太快，但是我能看到怒火在體內沸騰，並追著它的腳步，感覺自己臉頰發燙，喉嚨哽住，手臂在發抖，然後聽到自己大吼大叫的聲音。看著這個過程發生，或許感覺不像什麼進步，但確實是。當然了，一開始不要大吼更好，之後我們會達到那樣的境界。然而，更快道歉對我及被我吼的人來說，都能減少痛苦。這也表示，失控大吼之後，我不用再花十五分鐘懊悔自責或（在心裡）痛罵自己。對我來說，能夠更快道歉是一大進步。那表示我拿回了主控權。我有能力打破衝動反應的惡性循環。

就算情緒失控，你還是可以**改變處理事情的方式**。再舉一個例子來說明。幾天前，我在實驗室忙到很晚才回家——連續開了一個又一個會，還得處理隔天要交的工作。我忙得焦頭爛額，精疲力盡。當我回到家，穿過車庫走進廚房時，看到一樣東西，我立刻血壓飆高：果汁機。已經晚上儿點，早上打的冰沙竟然還沒洗，引來一群果蠅。

我臉頰發燙，感覺怒火中燒，立刻把錯怪在外子麥克身上。他已經在家陪小孩。用完果汁機馬上洗乾淨，頂多只要一分鐘。之前我就提醒過他。我真的很生氣，他甚至答應我他會記得。我的大腦很快下了結論：**他根本沒認真聽我說！他根本不在乎！**短短幾秒鐘，事情不再只是果汁機沒洗那麼簡單。

那一刻，我有幾個不同的選擇。一、衝進他的書房臭罵他一頓；二、壓抑怒火，假裝沒事；三、重新評估狀況；四、去中心。

以上四種選擇都需要動用我的專注力和工作記憶，但有些比較費力。二和三尤其是。二的壓抑法撐不了太久，我的怒火可能會在其他時候爆發。**壓抑**要靠專注力的執行系統和工作記憶來達成，也需要這些資源才能繼續壓抑。當你忙著壓抑情緒，能用來做其他事的認知頻寬就會變少。[4]

再來是第三個：重新評估狀況。重新評估是指，為了改變事情對我們造成的情緒衝擊，藉由重新評估或重新詮釋，進而改變我們對一件事的看法。謝天謝地，那就是我做的事。我站在原地，看著果蠅在廚房裡飛來飛去，開始重新詮釋這件事：**我忙著工作時，麥克一直在家裡坐鎮。他要做的事可多了！只要孩子吃飽穿暖，平安健康，這跟其他好事比起來不過是個小瑕疵**。重新評估過後，我們得以降低負面情緒的強度，也能把情況看得更清楚，評估這件事有沒有我們一開始想的那麼負面。**其實也沒什麼大不了，沒有東西毀了或壞掉。我可以直接叫他去洗果汁機，或乾脆自己洗一洗**。

現在我最常用的方法是四：**去中心**。你可以像我們前面說過的鳥瞰全局。或者也可以試試一種更快的方法：**停，放，走**。

- **停**止在內心對抗實際狀況，直接接受現實，反正事情都發生了。要說明的是：這不表示你對現實沒有意見。這跟你對實際狀況的判斷無關，只是表示你接受了已經發生的事實。
- **放**下故事。你對情況的評估只是你編寫的故事，不是唯一的故事。
- **走**下去。繼續前進，順流而下，對下一刻發生的事保持好奇。

這個方法讓我保持靈活、開放、包容，也讓我的工作記憶保持暢通，因為不同於「重新評估」，我用不著編寫新故事讓自己好過一些。選擇「停－放－走」，我相信自己能獲得更多與實際狀況相關的資料，一方面對自己編寫的故事保持自覺，另一方面也對故事本身可能不完整、不正確，保持開放的心態。此外，我有把握我的情緒狀態會因為我允許想法和情緒來來去去而改變，不會執而不化，也不會陷入無盡的迴圈。

見到麥克時，我已經完全不生氣了。他坐在電腦前處理一件臨時工作，想必已經耗盡了他的工作記憶容量，我很慶幸自己擁有這些轉移專注力的工具。

日常生活充滿這類「果蠅繞著果汁機飛」的惱人狀況。有時候是小事，有時候不算小，甚至可能重大無比，例如危急時刻，或是做出的決定足以牽動全局的緊要關頭。即使是小事也可能影響深遠，因為情緒反應失控、破壞珍貴關係的例子，比比皆是。

做出相稱反應的能力，在在影響你跟他人的互動。能不能與他人連結、合作和溝通，也跟你的專注力穩定度息息相關。

處境愈艱困，強者愈定靜

華特．皮亞特中將抵達伊拉克的基爾庫克之後，安排三名互相對立的地方部落首領一起開會。儘管初來乍到，但身為美國將領，他必須接待三方人馬，設法找到突破僵局的方法。過去，三個部落團結起來對抗共同的敵人——伊斯蘭國（ISIS）。如今，伊斯蘭國已經消失，三方勢力便開始互鬥，而且都對美國感到不滿。會議室裡氣氛緊繃，場面隨時會失控。

這場會議剛開始就像熊熊燃燒的火堆，劍拔弩張的程度快速升高。三名首領都表達了對彼此、對美國插手干預的不滿。這時若快速切換成解決問題、甚或防禦模式，或許是最簡單的方法。但華特決定讓三方代表暢所欲言，他只負責聆聽。他聚精會神，徹底投入，說話時專注於三名領袖的反應，對他們表達的意見也採取完全開放的態度。

三名領袖說完之後，他說：「我整理一下你們的想法。」於是，他精準地重複一次三方表達的意見。

那天，重大問題並未解決。華特並沒有為會議上提出的棘手問題想出高明的對策。然而，事情出現了轉機。整個互動方式改變了。地方首領感覺到自己的意見被聆聽了，也受到了尊重。

「從他們的表情就看得出來。」華特說：「你可以看出他們心裡在想：『我們可以跟這個人合作。』」

這次會議後來成果斐然。三個派系開始互相對話。會議結尾，一名首領走向華特。他手上戴著一串念珠，上面刻了漂亮的銀色字體。他把手上的念珠拿下來遞給華特，說：「沒有你，就不可能有這次會議。」這是表達感謝的美好舉動。

我們很容易把「傾聽」想成是一件被動的事。事實上，好的傾聽不但是主動的，而且並不簡單。需要控制專注力和情緒，也要能設身處地為他人著想。專心、後設覺察、去中心，缺一不可，所以一點都不被動，反而**相當吃力**。傾聽是很珍貴的一種能力。真正的傾聽，往往是我們最需要採取的「行動」。這個專注力扭轉衝突的故事給了我希望，證明了專注投入（如此簡單又如此困難）的神奇力量。

傾聽練習

一般認為，溝通要進步，應該多多練習溝通。但另一個重要的洞察是：溝通要進步，應該學會傾聽，而且是**真正的**傾聽。學會傾聽，你更能掌握接下來該說什麼，包括說什麼最適當、最體貼人心，也最能達成目的。

那就開始吧！

事前準備：想一個問題問家人或好朋友。選「你這週末要做什麼」之類的問題，好讓他們連續講兩分鐘左右（建議開始之前，先向他們說明這個練習）。

步驟一：對他們提出問題。

步驟二：接下來兩分鐘，專心聽對方的回答。把專注力固定在對方身上。如果發現自己開始分心，就把專注力拉回來，跟之前做過的核心練習一樣。**這也是一種練習。**

步驟三：用一分鐘寫下你聽到的細節，然後說給對方聽。

步驟四：兩邊交換，請對方聽**你**說兩分鐘的話。

檢討：完成之後，回答底下的問題，自我檢討：

全神貫注聽對方說話的感覺如何？

對方專心聽你說話的感覺如何？

傾聽是一種強大的練習，讓我們有機會對包容各種意見感到自在。甚至只要從旁觀察，我們就能練習傾聽。誠如洋基傳奇捕手尤吉．貝拉（Yogi Berra）說的那句妙語：「光用看的，你就能觀察很多事。」

專注力是最高境界的愛

小女蘇菲就讀的學校，最近規定一週有一天是「無作業日」。我問她那天晚上想做什麼，她說想烤餅乾，而且很明確地說：她想**跟我一起**烤餅乾。她甚至不讓外子幫忙，還把他趕出廚房，很堅持這是專屬我們母女的時間，就她跟我兩個人。

我們從網路上找到餅乾食譜，就開始動手做。備好所有材料放在桌面上，烤盤塗油，烤箱預熱。因為這份食譜是我們第一次做，我一再查看手機上的步驟。每次我伸手去拿手機，她就不高興，甚至只是瞥一眼手機，她就抗議：「妳為什麼要看手機？」一開始我很困惑，想不通她為何反應那麼大？後來才想到，我好一陣子忙得不可開交，花很多時間跟她哥哥討論申請大學和暑期實習的事，還有好幾次在研究室待到很晚。她顯然覺得前陣子我都沒陪她。

想到這幾個禮拜以來她的感受，我不由感到難過內疚，趕緊把自己拉回當下。我問自己幾個重要的問題：現在該做什麼？重要的是什麼？陪她一起烤餅乾、母女共同完成一件事，就是最重要的事。為了完成這件最重要的事，我可以做些什麼？心無旁騖地陪伴她。這就是蘇菲的心願。那天晚上我們吃了很多餅乾，蘇菲上床睡覺後，我不禁想：要是這個晚上我正處於專注力危機當中，不懂得體察他人所需，對周圍發生的事也渾然不覺，我可能完全不瞭解蘇菲需要從我身上得到什麼。就算瞭解，我也不一定能夠回應她的需求。我連集中注意力都有困難，又怎麼能專心地陪伴她。

現在有何不同？我覺得自己更能活在當下，體貼他人，順應變化。想到這裡，我忍不住微笑：**「顛峰心智」就是這樣的感覺**。對我來說，顛峰心智無關乎登峰造極或站上想像的頂點，例如那種我們會在勵志海報上看到的照片：一個女人站在山頂，揮舞著雙手，沉浸在登頂的喜悅中。顛峰心智也無關乎奮力抵達目的地。它更簡單、更優雅、更可行。我把它想成一個三角形：底部是當下此刻，旁邊是兩種專注力：一邊是包容一切的專注力，使我們得以留意，觀察，融入當下；另一邊是集中目標的專注力，使我們得以聚焦、靈活應變。

無論是包容一切或集中目標的專注力，都不僅僅是珍貴的腦部資源，也是一種貨幣，而且是我們最珍貴的貨幣之一。我們身旁的人會留意我們把它「花」在哪些人事物上。從很多方面來看，專注力都是最高境界的愛。

為了與他人建立充分的連結，除了專注力，我們還需要一套獨特而複雜的技巧。很多與人連結的時刻正面又溫暖，我們很樂意參與，但有時我們也不能迴避棘手或對立的互動。人與人的關係形形色色，其中有些特別難以掌控。

連結不一定永遠溫暖可親

二○一二年，策略及溝通顧問莎拉．弗利特納（Sara Flitner）做了一個決定，讓她的人生從此改觀：競選鎮長。她喜歡經營自己的公司，喜歡應用她擅長的批判性思考和同理心等技巧，來解決複雜的問題。莎拉家住俄懷明州的傑克遜鎮，俗稱傑克遜霍爾（Jackson Hole），旁邊就是大提頓國家公園和黃石國家公園這兩個觀光勝地。莎拉在家鄉看到許多問題。傑克遜鎮是全國貧富差距最大的地區之一，憂鬱症、酗酒、吸毒、遊民、高壓力等問題層出不窮。莎拉心想或許可以藉由她的領導力來影響公共政策，進而改變現狀。她一心想從體制內改革。她說她的目標是「用同情心、文明、起碼的正直，還有對人類同胞的關懷，滲透權力高層」。

結果呢？

她笑了笑。「我直接走進暴風中心。」

她順利當選，而且一上任就見識到政治有多混亂分歧的現實，即使在地方上也不例外。兩年後她再度出征，這次的選戰尤其難打。第一次競選，她跟對手都打了一場光明磊落的選戰，這一次她的對手卻採取抹黑手段。每天她都必須決定要如何回應對方的言語攻擊。她早上起床第一件事就是做正念練習，這時候沒有電話、新聞、社交媒體的干擾。她說練習「讓我的腦袋休息」，給她時間把自己安放在「對我真正重要的事情上」。競選初期她就決定不要「骯髒的手段」，她也一本初衷堅持到底，就算選輸也一樣。

如今兩年的鎮長任期將至，她開玩笑說，剛上任時她說「我愛民眾！」，卸任時卻改口成「我恨民眾！」。然而，她真心認為這兩年對她是很寶貴的經驗，她也**確實**進行了改革，儘管過程痛苦又艱辛，甚至讓人理想幻滅。她說，正念練習很大程度拋給她一條「救生索」。藉由正念練習，她才能與人連結並完成工作，尤其當人與人的互動充滿對立和衝突的時候。

人際互動變得棘手或艱難時，我們可能會被情緒反應牽制，或是想辦法逃避，找最快的方法擺脫互動。長期來看，這兩種方法對專注力或心理健康都不是好事，因為沒解決的麻煩、問題和疑慮會形成分歧狀態，把你的思緒拉進反芻迴圈之中。人際衝突也可能耗盡專注力，導致我們無法從容或有效率地處理棘手的狀況。

「看到大家互相傷害，一副同情心和同理心是有限的預算、得省著用的樣子，實在令人心碎。」莎拉說：「大家的心態都是：**我要把同情心留給合我意的人，不是你這種人**。這種想法很粗糙，尤其我們腦子裡明明有更厲害的技術，可以供我們使用。」

「就跟我一樣」練習

進行艱難的互動時，暫時停下來。可以是一次呼吸的長度。或者，在進行艱難的互動之前，花點時間想像與你互動的人。提醒自己：「這個人經歷過痛苦，就跟我一樣。這個人經歷過失去，就跟我一樣；經歷過喜樂，就跟我一樣。是人生父母養，就跟我一樣。終將面對死亡，就跟我一樣。」假如這些話引不起你的共鳴，用其他話代替也無妨，只要強調我們與他人之間的人性共通點即可。

連結就是一種核心技巧

卸下傑克遜鎮長一職後，莎拉．弗利特納想要改造地方的志業仍未達成。後來她成立了一個組織，故意取名為 Becoming Jackson Whole（成為傑克遜霍爾），成立宗旨是訓練各領域（社區服務、健康、教育、商業、執法等）的領袖，培養有科學根據的正念技巧，增加他們的韌性，幫助他們成長，在專業上更成功。

我跟莎拉在二〇一九年認識，當時她的組織召集了一百名成員去參加一場研究高峰會，我也受邀前往發表我們實驗室關於正念訓練的發現。我在報告中說明我跟史考特．

羅傑斯所做的研究和訓練，以及我們在多個計畫中針對不同團體進行的正念專注力訓練，包括老師、商業從業人員、軍眷、醫護人員和新兵。得知這種訓練對不同團體都適用，可以先上實體課，再繼續遠距上課，她便邀請我們到傑克遜開課。莎拉和團隊找來社區領袖一起參與，特別把個別組織中的各層級人員都找來，例如醫療組織的執行長和護理師、警長和基層警察。「光是能夠把專注力集中在『他人』身上，進步就很驚人。」莎拉回想道：「他們只在現場為我們上兩天課，正念練習促成的連結卻是其他方式不可能達成的。」

莎拉認為她能夠成立組織，把所有人（包括很多忙碌的高階專業人士）找來，要歸功於她所做的正念練習。她說，打從一開始，連結和正念練習就是她建立事業的基礎。當初想為社區領袖做正念專注力訓練，她得一一打電話給傑克遜各家企業的最高執行長，跟他們說：**我需要兩天的時間**。「他們之所以說好，是因為我跟他們的關係很好。」她說：「當我說『把這件事排第一位，你就會成功』，他們相信我，知道自己的時間不會白費。」

她的結論是：**連結**不是「軟綿綿」就好，也不是不痛不癢的軟技能，而是一種相當基本的能力。它不是對人和善或跟誰都「合得來」，而是善用情緒素養和建立關係的技巧。對莎拉來說，處理棘手的人際互動是一件很嚴肅的事，關乎你想付出多少？你要仗著自己是房間裡講話最大聲或「棍子最大根」的人？還是要鍛鍊不可或缺的連結和合作技巧，讓它發揮最大的效用？

「少了這種技巧，就算你有其他厲害的才能也很難成功。」莎拉說：「哪怕你手中握有治癌祕方，要是沒人想聽你說話，也是一文不值。」

本書的最後一個核心練習是連結練習。在傳統的冥想訓練中，多半稱之為「慈心禪」(loving-kindenss meditation)。但這個練習針對的不只是你愛的人，儘管通常可以從你愛的人開始。其目的是要培養你與他人（自己）連結、施予他人（自己）善意的能力。先從你親近的人開始，再往外延伸。這項練習使用專注力的方法，就是把專注力手電筒指向外在世界的他人，給予他們祝福。

【核心練習】連結練習

1. 跟之前的練習一樣，坐下來，坐姿舒服而警醒。把呼吸和專注力固定在呼吸相關的感受上。

2. 現在，把你在人生此刻對自己的感受放進腦海中。

3. 默念以下句子三分鐘，給予自己祝福。切記：重點在於**給予**自己祝福，而非索求。以下句子能助你達成：

願我快樂

願我健康

願我平安

願我自在

句子本身和前後順序並不重要。有些人或許會說：**願我遠離痛苦**，而不是**願我平安**。或是**願我找到平靜**，而非**願我自在**。重要的是找到你有共鳴的句子，並向你祝福的對象表達善意。

4. 接下來，任由你對自己的感受淡去。想一個一直以來善待你、關愛你、支持你，甚至有恩於你的人。默念底下的句子，給予此人祝福：

願你快樂

願你健康

願你平安

願你自在

5. 現在，任由你對此人的感受淡去。想一個跟你不算有連結、你對他的感受偏中性的人。例如，你有時會見到、但沒有強烈喜惡的人，或是遛狗時跟你擦身而過的鄰居、你每天會碰到的停車場管理員或雜貨店店員。在心中對他們默念以上的句子。
6. 此人漸漸從你的腦中淡去之後，接下來，想一個目前你相處起來有點吃力的人。也就是所謂「難相處」的人。用不著選你覺得**最**有挑戰性的人。切記，你不是要認同他們的看法，甚至不必原諒他們過去的行為。你只是給予他們善意，把這當作一種練習，目的是增強設身處地為人著想的能力，理解他人跟你一樣渴望快樂、健康、平安和自在。抱著這樣的意念，在心裡默默為他們祝福。
7. 現在，把你祝福的對象移往全家、全社區、全州、全地區和全國的人，繼續延伸，直到把全人類都包含進去。花幾分鐘想像每個地方（你的家、你住的社區），默默祝福那裡的每個人。
8. 練習時，覺察自己何時開始分心，然後把專注力輕輕拉回來。
9. 完成之後，花一些時間安定呼吸，結束整個練習。

以上的步驟很直接明瞭，潛在的意涵卻極其深遠。

愈來愈多研究調查這項練習對身心的影響，比如心情變好、幸福感提高、更能為他人設想；這對正面的社會情緒不可或缺。[5]近來有不少研究發現，這種連結練習是對抗隱性偏見的有效方法。雖然這部分還需要更多研究證明，但早期的發現相當令人振奮。

或許你已經發現，這個練習跟我們目前為止所做的一連串正念練習有點不同。我在這裡提出這個練習有個原因，不僅因為它對振奮心情和減少壓力有實際的好處。連結練習正如其名，能增加我們與人連結的感受，減少孤單的感覺。為什麼呢？這不是一個獨自完成的練習嗎？

對方沒反應，你還能跟他們連結嗎？

別忘了，大腦是一部超強的模擬器。大腦的預設模式網路中用來記住過去生活片段的腦區，也會把自己投射到過去和未來。同樣的區域，還會把自己投射到他人的內心。這麼做能讓我們從他人的觀點來體驗世界，理解他人的動機，進而延伸自己的同理心。照著以上的練習把祝福送給親疏程度不同的人，我們也給予自己機會，把關愛往外延伸。所有過程都在我們腦中進行，不為他人所知，但誠如前文所說，大腦是一部強大的虛擬實境機器。把關愛向外延伸，就能強化我們與他人的連結，這跟獲得關愛的效果是一樣的。

這方面我有親身經驗。有次我去參加一個慈心禪靜修營。到了要選一個「中性對象」當作練習目標時，我選了我們系上負責行政事務的理察．威廉斯博士（Richard Williams）。我對理察沒有強烈的喜惡，所以他算是一個中性對象。事實上，我跟他沒有真正的連結。有計畫預算要送審或大筆採購案時，我偶爾會見到他。我不知道自己為什麼選他，但總之我選了他。

要說明的是，每天做這個練習跟在靜修營練習有些許不同。前面的連結練習是在心中對每個對象默念祝福約三分鐘，所以十五分鐘就能完成。但靜修營一連七天，每天有一百到一百五十名學員從早到晚聚集在一個大會堂裡禪修。所有練習都安安靜靜地進行，除了老師每天一早的指示之外，沒有其他導引。一次練習四十五分鐘，中間短暫休息，三餐休息時間則較長。一般先靜坐冥想四十五分鐘，再來換行走冥想，之後又回到靜坐冥想，兩種形式不斷交換。晚上老師會發表正式談話。靜修營期間，我不像平常在家只花三分鐘對中性對象默念祝福，而是花上一整天。

到了第三天，我開始對理察默念祝福，把善意延伸到他身上。**願你平安，願你快樂，願你健康，願你自在**。感覺上好像沒什麼，畢竟我跟理察並不熟，我對於他的生活、興趣和嗜好一無所知。老實說，那天的感覺很平淡。我只記得一整天下來，我祝福他的專注和投入程度愈來愈清晰、強烈。回到家之後，我重拾每天做的正念練習，偶爾把連結練習納入時，我繼續把理察當作我的中性對象，但其他就沒多想。

經過大約一個月，我回到邁阿密大學校園的心理學系館。理察在系上也有自己的辦公室。我回去是為了參加一名學生的論文口試。口試結束後，我決定走去理察的辦公室跟他打聲招呼。他看到我似乎很驚訝，還以為自己忘了記下我們開會的時間。我要他別擔心，我只是過來說聲嗨。我相信他一定覺得有點怪。更奇怪的是，我看到他時的內心感受。我心裡充滿某種安靜低調的喜悅和好奇。我注意到他和善的眼神、一頭濃密的白髮，還有他看起來有點虛弱。我們的互動內容很普通，我不覺得自己對這場互動有任何期待或要求，之後也沒有對這件事念念不忘。

之後幾年，我因為研究補助的事跟理察見過幾次面。每次我都會感受到跟他的喜悅連結。就算他對待我的方式沒有任何改變，我也無所謂。他在我心中一直是那個和善又能幹的行政人員。假如這聽起來很怪，我承認確實不太尋常。但這讓我窺見某些與眾不同的人的內心世界，像是達賴喇嘛。

我記得在台上見到達賴喇嘛的情景。當時我去參加對冥想科學發展功不可沒的心智與生命研究所（Mind & Life Institute）主辦的會議，發表我們的研究發現。達賴喇嘛一一問候每位講者，輪到我的時候，我不敢相信他竟然把我看得那麼重要，不是因為我做了什麼，而是我「對他來說是重要的」。當下他對我的關注感覺親近而真誠，卻不會太具針對性或壓迫感，讓人喘不過氣。介紹到我們的時候，我看到他的視線掃過整個會議室，跟每個觀眾眼神交會，露出溫暖的笑容。那一瞬間的慈悲關注對每個人的影響，從他們的臉部表情就看得出來。這次體驗讓我想起最近有許多研究指出，短暫練習過慈心禪的人（相較於沒有的對照組），隱性的種族偏見也會降低。[6]

我毫不懷疑達賴喇嘛在各方面都與眾不同。然而，他能對他見到的每一個人展現無差別的仁慈關愛，或許並非他獨特的人格特質所致，而是日復一日修持慈心禪的結果。就像眾議員提姆．瑞安一樣，達賴喇嘛也訓練自己的心智保持清澈、仁慈、與他人連結。或許，每個人都能做到。

改變，從自身開始

從一開始到現在，我一直強調千萬別把大腦想成故障待修的機器。人類大腦和大腦的運作程序是可以訓練的，也能發揮它的最高效能。現在，你已經知道該怎麼做，或許可以進一步問自己另一個重要問題：

——你要如何善用你的顛峰心智？

思考片刻。但是別用標準的分析思維，改用後設覺察「看穿問題所在」，設法藉由去中心來「放下故事」，同時讓專注力保持平穩和包容。

不幸的是，理察．威廉斯最近離開了人世。我感到難過，懷著悲傷的心情思考與他建立連結的價值何在。不建立關係不是比較輕鬆嗎？何必自找麻煩與人親近？這樣不是只會帶來日後的悲傷嗎？我知道很多人都有這樣的感覺。

思考過一陣子之後，我的答案是：不，我不會「比較輕鬆」。即使他本人並不知道，理察卻給了我一份大禮。他提醒了我，生命不是一場零和遊戲。把自己的關愛和仁慈延伸到他人身上，不必然是一種交易。那是賦予我們生命意義的一種方式。少了這樣的舉動，就會像本章一開頭提到的，我們會更快死亡，也更難實現生命的目標。

或許你學習專注力和正念的動機，是為了提升跟你關係緊密的家人、同事、社區成員或團隊成員的生命。你可以怎麼做？

答案：從自身開始。

「自身的練習是第一步，也是最重要的一步。」懷俄明州的前鎮長莎拉・弗利特納說：「身為鎮長，每次開會之前，我都會花些時間反思自省。當社區充滿紛爭時，盡量呈現最好的自己，這對我來說重要無比。」

從自身開始，就算置身於「混亂中心」，面對壓力或不確定，你也能專注投入。這不但對你會有很大的不同，甚至對你愛的人、與你共事的人，甚至跟你只有一次互動、之後不會再見面的人也是。這表示，你能夠完全投入難以面對的狀況，也知道自己擁有順利過關的認知資源。但前提是，你要願意投入時間**練習**。

可以確定的是，學習專注對人有益，但這樣還不夠。如果想要從正念訓練中獲益，就必須做一定分量的正念練習。正念練習確實能**改變大腦結構**，進而提升專注力……如果你夠常練習的話。那麼，多少才算**夠**呢？

10 感覺心智在燃燒

當腦中浮現「我真的需要做到十二分鐘？」或「還要多久才結束？」，或「可以換另一種練習嗎？」，就是你的「心智在燃燒」。那相當於做深蹲時肌肉在燃燒的感覺，只不過你感受到的是浮躁、無聊、不舒服的情緒。

現今，世界各地都有人早上一起床就穿上運動鞋出外晨跑。也有人跟著YouTube上的瑜伽課做瑜伽，在滑步機上揮灑汗水，或是練舉重，藉由一組又一組訓練強化肌肉。無論選擇何種體能訓練，我們會持之以恆，是因為知道它有效。我們知道運動會讓身體變強壯、柔軟，更能勝任挑戰。這件事對我們來說已經理所當然，不需多想，但人類其實並非一直知道運動的好處。有時走路經過SoulCycle健身房，瞥見在裡頭運動彷彿在奮力爬山的人們，我會想，如果把一個從過去來的人丟到現代邁阿密，看到這個景象會有何反應。應該會一頭霧水吧。一百年前，很難想像會有人會坐上一台固定在原地的腳踏車拚命踩踏，哪裡都不能去。光是這個想法就很荒謬。

一九六〇年代，美國醫師肯尼斯．庫伯（Kenneth Cooper）對心血管疾病的療法展開研究。他特別研究了**運動**對身體的影響。過去，並沒有將體能訓練視為提升心血管健康的方法，但庫伯發現有氧運動跟心臟健康之間關係緊密。[1]他發現某些能刺激心臟搏動的運動，可以強化呼吸和心臟肌肉，促進血液的氧合作用，更有其他好處。現在看來，或許不是石破天驚的大發現，但當時確實是。庫伯的研究發現（很快被美國軍方採用），鍛鍊心臟肌肉能讓它更強壯健康，而特定的運動方式比其他運動方式更有效。

他在有氧運動領域的發現很快從研究室散播到一般家庭。許多人挖出緊身衣、緊身褲和保暖腿套，在客廳地毯上跟著珍．芳達做健身操。這同時也改變了我們對運動的許多想法。用特定的方式進行體能訓練、才能促進心血管健康成為大家普遍的認知之後，跑步也愈來愈流行。現今已經有無數研究，探討體能訓練**為何**以及**如何**讓我們身體更強健。公共衛生官員也利用這些研究提出公衛政策，告訴民眾哪種活動能以特定的方式促進健康。

那麼，為什麼維持**心智**健康，缺乏同樣有科學根據的準則作為依循？

目前，這方面的研究正迅速出爐。我們發現特定的心智鍛鍊對訓練大腦成效卓著，類似於體能訓練對身體的幫助。至於提升專注力（進而表現得更好、更能控制情緒、與人溝通和連結），成效顯著的一種訓練方法，一直以來便是**正念練習**。[2]這已經不是祕密。正念練習能訓練大腦預設模式以不同的方式運作。

庫伯博士藉由追蹤受試者在跑步機上的心肺狀況、肌肉量和整體健康狀況，研究有氧運動如何改變身體並促進健康。如今，冥想神經科學實驗室把人帶進實驗室做正念練習（心智健身），但從頭到尾都讓他們舒服地躺在腦部掃描機裡；我的實驗室就是如此。結果發現了什麼？如前所述，做正念練習時，負責專注和管理專注力、覺察和監控內外事件，以及大腦神遊的大腦網路會全部啟動。[3]我們在受過多週訓練的受試者身上發現：他們的專注力和工作記憶逐漸提升，大腦神遊變少，去中心和後設覺察變多，幸福感提高，與人的關係也改善了。

真正驚人的是，我們也在負責上述工作的大腦結構和大腦活動中看到了變化。[4]與專注力相關的大腦網路中的關鍵節點，皮質變厚（把這想成藉由健身將特定大腦肌肉練強），專注力網路和預設模式網路之間的協調變好，預設模式網路的活動減少。這些結果，幫助我們理解**為什麼**要選擇正念訓練，又該**如何**訓練，以及之後要指定**什麼樣**的訓練。換句話說，你應該具體做些什麼，才能獲得這些好處。

這就是華特．皮亞特獨排眾議，決定讓我們在軍隊裡進行正念研究的原因。「我們每天至少做兩個鐘頭的體能訓練，」他說：「花在心智鍛鍊的時間卻是**零**。」

華特擔心把從未受過心智訓練的人派去執行作戰或外交任務，太過冒險。透過心智訓練，他們能夠鍛鍊認知能力，必要時保持冷靜，看清實際狀況，眼觀四面，耳聽八方，並在危急時刻做出正確的決定。此外，士兵返鄉後往往難以融入平民生活。身為軍事將領，他有責任確保手下士兵和士兵家屬的身心健康。他每天都目睹有人精神崩潰。「我們會勸他們，**不要把錢花光光，不要把氣出在家人身上**，」華特說：「但是我們沒有可以幫助他們的工具。」

我們的研究已經證明正念訓練會對專注力產生影響，尤其做的訓練**夠多**的話。還記得我們曾到科羅拉多山上為期一個月的靜修營，追蹤學員的「營前」和「營後」變化？前文提到，靜修營結束後，他們的持續專注力和警戒系統都有進步，用來編寫資訊的工作記憶增強，大腦神遊減少，後設覺察變多。[5]看來一天花十二個小時，隨時覺察自己腦中的念頭，用很多時間做正式的正念練習，確實有許多顯著的好處。但有個重要的問題尚未解決：實際上應該做多少正念練習才有用？我們當然無法到處叫人一天冥想十二個小時。

我們對西棕櫚灘的海軍陸戰隊所做的研究發現，正念訓練對專注力、工作記憶和心情都呈現了**量效反應**（dose-response effect），即練習愈多，受益愈大。[6]那麼，要做多少練習才能看到成效？要求受試者一天練習三十分鐘時，不同人的效果差異很大。平均來說，**一天練習十二分鐘並持續八週**，就能看到效果。

科羅拉多和西棕櫚灘的研究結果都很振奮人心，提供了正念練習能強化專注力的可靠證據。接下來，我們要釐清，哪一種方法可以實際應用在現實世界和日常生活中？

STRONG計畫

我們團隊飛去美軍在夏威夷的斯科菲爾營區（Schofield Barracks）展開研究時，遇到了幾個難題。基地位在歐胡島（Oahu）正中央，沒有我們在校園裡使用的先進腦波實驗室。在理想狀況下，腦波研究應該在法拉第籠內進行，亦即圍繞著導電金屬網的房間，能將電磁波阻擋在外。但在夏威夷的軍事基地要找到將近兩千磅重的大量金屬，再把整個房間包起來，幾乎是不可能的任務。所以我們勉為其難把一間放置清潔工具的房間改成腦波記錄室，再把儀器放進去，避免電磁干擾。

我們將房間裡的掃把、畚箕、箱子、清潔用品、超大分量的衛生紙和金屬架全部移走，然後開車繞遍整座小島，尋找可用來阻隔光線和聲音的鋪牆材料，希望能為這次實驗打造一個控制良好的環境。最後，我們找到一家沃爾瑪，把店裡的黑色毛氈全部買走。回到基地後，我們在牆壁釘上一層又一層毛氈，接著把事先寄來的一箱箱電腦設備、電纜和擴音器拖進房間。我們在隔壁房間設立電腦站讓士兵做測驗，並用我們在當地的辦公用品店買的海報背板製作簡易隔間，把人一個個分開。雖然不盡完美，也能湊和使用。

我們稱這次實驗為 STRONG 計畫（Schofield Barracks Training and Research on Neurobehavioral Growth，斯科菲爾軍營之神經行為成長訓練及研究）。這是有史以來第一次針對部署歸來、又要再度（前往阿富汗）出兵的現役美國士兵所做的大規模正念訓練研究。之前的研究就可看出正念訓練對受試者的顯著影響，結果雖然令人振奮，畢竟規模不大。相反地，STRONG 計畫將持續四年，接受正念測驗的士兵也多很多。從那時候開始，我們持續對軍人、軍眷、急救人員、社區領袖和其他團體進行了更多大規模的研究。[7] 為壓力大、時間緊繃（某程度來說，大家都是）的團體規畫正念訓練之前，我們得先回答有關「內容」和「劑量」的問題：

- 正念訓練比**其他**類型的心智訓練更好嗎？
- 訓練中應該包含何種資訊？上課時花時間認識壓力和正念的好處，實際練習時一樣會有嗎？
- 最後，或許也最重要的是，**最少**要花多少時間做正念練習，才能在專注力上看到成效（這個問題對於時間緊繃的人尤其重要）？

正面思考：比什麼都不做還糟

我們想拿正念訓練跟美國軍方已經開始推動的另一種訓練相互比較。這種訓練鼓勵參與者回想正面經驗，或是用正面的眼光重新看待目前的挑戰，藉此激發正面的感受。

但我們發現，正面思考訓練的成效不但比正念訓練來得低，反而會**耗損即將部署的軍人寶貴的專注力和工作記憶**。[8]因為正面思考需要重新評估並改變想法，也必須用到專注力。基本上，你等於是用專注力和工作記憶打造了一座空中樓閣。這座樓閣很脆弱，要很努力維持才能避免瓦解，尤其是在嚴苛又高壓的情境下，譬如這些軍人面臨的狀況。正面思考訓練反而似乎為他們已經繃得很緊的專注力施加了更多壓力。

其他研究也證實了同樣的結果：正念訓練比其他投入同樣時間的訓練更能強化專注力。記得我們賽季前在重訓室裡訓練的大學美式足球球員嗎？這個地點是我們故意挑選的，希望他們把即將進行的訓練跟「運動」聯想在一起。我們讓一組接受正念訓練，另一組接受放鬆訓練。放鬆確實對參與者有好處，但那些好處並非只能從放鬆訓練中獲得。最勤於練習的球員，無論是正念訓練或放鬆訓練，情緒都比練習最少的人穩定，但**唯有**接受正念訓練的人強化了專注力。

證明正念訓練優於其他類型的訓練（比如正面思考或放鬆訓練），是一大進展。這清楚指出，正念訓練（而不是任何一種訓練）才能達到提升專注力和工作記憶的效用。

內容：做就對了！

再來是下一個問題：訓練中應該包含哪些內容？為參與者提供所謂的「教學內容」，或是讓他們學習正念相關知識和它對人有益的原因，對他們有幫助嗎？

正念研究對參與訓練的受試者有兩個要求：

一、每週都要來上課，由專業訓練員為他們介紹練習和相關內容。

二、按照指示做每日的課外正念練習（回家功課）。

STRONG計畫的第一次研究（把正念練習跟正面思考練習互相比較）規定參與者每天做三十分鐘練習，持續八週。但後來我們將訓練時間從二十四小時減少到十六小時，結果發現，即使時間減少，正念訓練對受試者仍有幫助。對時間有限的受試者來說，這是天大的好消息。所以，可以再進一步縮短時間嗎？能不能減半？

如果要減少那麼多時間，我們得先弄清楚哪些部分一定要保留、哪些可以刪除。針對不同的高壓力團體所做的其他研究指出，要看到成效，關鍵在於**練習本身**。所以，這就是我們要鎖定的目標。

第二次研究，我們同時進行兩種課程。兩種都持續八週，每天同樣做半小時的「回家作業」，也由同一位教練指導。[9]唯一的不同是，一種課程，教練用八小時上課時間中的七小時，傳授正念相關知識，帶大家探討正念、壓力、韌性和神經可塑性。那就像是去健身房上團體重訓課，聽教練說明重訓有何好處、如何使用器材並監測自己的體能狀況，卻沒有足夠的時間實際操練。另一種課程則剛好相反，教練直接帶大家做正念練習，邊做邊討論，省略了背景知識的介紹。

兩者的差異似乎很直覺：不實際做練習，大概只會浪費時間。結果確實如此。以練習為主的一組表現優於另外一組，後者就像沒受過訓練一樣。這項發現對我們來說是大好消息，因為那表示我們可以將上課時間**減半**，從十六小時減為八小時，只要把課程集中在實際練習即可。

但除此之外，還有另一個問題。我們在 STRONG 計畫裡的所有研究，都發現一個傷腦筋的現象：受試者做練習的時間沒有達到指定的量。他們實際練習的時間遠遠不及半小時。換句話說，受試者顯然沒有好好做回家功課。這是怎麼回事？

根據我們的推測，一天練習三十分鐘對他們來說負荷太重，感覺像一個難以達到的目標，不但太困難，時間也太長。我們希望受試者享受肌肉燃燒的快感，他們卻怕會拉傷肌肉。既然無法把練習擠進早已滿檔的行事曆，他們乾脆放棄固定的練習。每天三十分鐘的正念練習確實對人有益，但如果太不切實際，也幫不到任何人。

偏偏這時候我還得處理另一個問題。美國軍方對我們的研究很感興趣，問我多快可以擴大規模，讓更多士兵接受訓練。他們希望在多個軍事基地推動正念訓練——而且要**快**。我現在有多少可用的教練？我的答案：**一個**。我們唯一的教練就是開發這個計畫的同事，她經驗豐富，本身也是正念冥想的實踐者。

看來我得另闢蹊徑，讓這個計畫變得省時、可行。我們推出的練習必須是負擔最輕、最精簡、最有效力的版本。對時間有限、但又迫切需要從中獲得效益的人來說，**最低要求分量**是多少？

最低有效分量

就算正念訓練對人有益處，如果沒有人實際去做，結果能幫到誰？**一個也沒有**。

因此，我們開始鑽研實際有用的「配方」。目前能採取的方法有兩種：最直覺的一種就是招募一千名受試者，分組之後指定各組不同的練習時間（例如A組三十分鐘，B組二十五分鐘，C組二十分鐘），之後再對各組進行測試並比較結果。很合理吧？很多科學研究都是這麼進行，藥物療效研究即為一例，研究員藉此確定藥物的「最低有效劑量」。問題是，這個方法用在正念訓練上卻行不通；那跟把一定劑量的藥拿給受試者吃不同。參與正念訓練的人就是不會按照指示練習。你可以規定他們「一天做三十分鐘」，也無法保證他們會照做。事實上，我們很快發現他們很可能不會。

我的研究夥伴史考特．羅傑斯寫過給家長和律師看的正念訓練書。他的風格靈活、務實又平易近人，正符合我們的需求。回頭看我們為了比較兩組（一組接受正念訓練，一組沒接受訓練）差異而收集的數據，結果不是太好。兩組訓練完之後做專注力測驗，結果並無顯著的差異。為什麼？是因為正念訓練沒有用？還是大家做回家功課的狀況參差不齊？有些做了三十分鐘，有些是零。

幸好我們從數據中發現了寶藏，裡頭隱含的答案可能真的能幫助到人。當初，我們把訓練組拆成兩小組，而不是全部一組：一組是高度練習組，一組是低度練習組。寶藏就藏在這裡！我們發現高度練習組**確實**從中受益，於是我們進一步分析數據。這一組每天平均練習多久？**十二分鐘**。

既然掌握了數字，我們就用它來設計另一個新的實驗。我們要求受試者（這次是美式足球員）**只**做十二分鐘的練習。為了幫助他們確實做到，史考特錄製了十二分鐘的引導影片。受試者不需要自己定時或按下**停止鍵**，只要跟著做就行了，整個過程既簡單又好上手。

我們要求受試者在為期一個月的研究中，每天照著影片做十二分鐘的練習。這次同樣分成高度練習組和低度練習組。同樣地，高度練習組確實從中受益，**專注力表現變好**。這些人每天做十二分鐘練習，平均每週五天。

結果漸漸明朗。終於讓我們發現時間有限的人也願意嘗試的正念訓練「配方」。照著做之後，他們的專注力提升了。根據我們目前所知，這就是專注力訓練的最低有效分量，也是實際能發揮效用的分量：**一天十二分鐘，一週五天，持續四週**。

最後，我們設計出一套能輕易且快速傳授給其他教練的標準訓練，再讓他們傳授給更多需要的族群。因為希望以高壓力、高挑戰性的族群為目標（如運動員），所以我們以菁英部隊和特種作戰部隊為研究對象。我們很幸運能跟一名同事搭檔，他是與特種作戰部隊合作的軍事心理學家，有資格提供士兵正念減壓訓練。他特別飛來邁阿密接受我們的訓練。我們稱這次訓練為「正念專注力訓練／MBAT」，研究團隊跟之前一樣，收起筆電前往另一個軍事基地，檢驗這套訓練在校園以外和實際戰場上是否真的有用。我們嘗試了兩種訓練版本：一個是為期四週的標準版，一個是為期兩週的精簡版。結果很振奮人心，讓人充滿希望：這些軍事菁英的專注力和工作記憶都因為MBAT受益。然而，**只有**為期四週的訓練才看得到效益，兩週還是太短。

我們開始往前邁進，訓練更多教練，讓軍事教練去訓練士兵，軍眷去訓練其他軍眷，醫學院教員去訓練醫學院學生，人資專家去訓練其他員工。這些教練之前多半沒受過正念訓練，但短短十週，他們就學會如何傳授MBAT。成功的關鍵在於，即使他們之前對正念訓練所知不多，卻非常熟悉他們要訓練的團體面對的壓力和挑戰。

那麼，這對你又代表什麼？正念訓練確實有量效反應，也就是練習愈多、受益愈大。但現在我們知道「多多益善」也打不動大多數人。多項研究發現，要求太高反而讓人失去動力，尤其受訓對象時間少、負荷又大的話。關鍵在於，訂一個不但能鼓舞人也**可能達成**的目標。十二分鐘比三十分鐘好，每週五天比每週七天好。所以我鼓勵你這麼做：一天練習十二分鐘，一週五天。[10]若能達到這樣的分量，就有望能從訓練中獲益。更棒的是，訓練愈多，好處愈多。

務必要注意的是，如果你很忙，壓力又大，但身體出現狀況，這個訓練可能對你無效。正念訓練畢竟不是治療或正式療法。我們的目標不是減少症狀、甚至壓力，而是要**提升專注力**。坊間有些課程把正念訓練納入治療憂鬱、焦慮和創傷後壓力症候群等心理疾病的療法中，這些課程的效用確實令人期待。[11]它們需要的時間更多（有些一天要練習四十五分鐘），中間還會加入其他治療。我們在這裡提供的正念訓練有助於提升專注力，但若是你想藉由正念解決其他挑戰，就必須尋求醫生或醫療專業人員的協助。

既然已經知道該做什麼，你要如何確保自己能做到？建議你把它寫進行事曆，或用手機設定提醒鈴聲。**十二分鐘**。時間不長，但這是最低要求的分量。如果這本書能給你任何收穫，我希望你能因此清楚瞭解這件事有多重要。現代人生活忙碌，被時間追著跑，永遠擺脫不了壓力。但多工作十二分鐘，絕對比不上靜坐十二分鐘、專注於呼吸所帶來的效力。只要花一點點力氣，投入一點點時間，就會有豐碩的收穫。

有很多高成就也承受高風險的專業人士問我，這個練習能不能更加濃縮。難免也會有人問：「四週太長了，不能一個下午就完成嗎？」或是「我很難擠出十二分鐘，可以短一點嗎？」

我的答案？當然可以。或許短時間內你還是會受益，就像走路對人有益一樣。但如果你希望對心臟健康有益，就不能只是偶爾散散步而已。同樣地，若是你想保護並強化專注力，也必須做更多練習。相關的研究愈來愈多，科學清楚證明：若要有效，**你就必須實際練習**。

實際練習，融入生活

保羅．辛格曼（Paul Singerman）是破產法律師。他是佛羅里達州最知名的商務法律事務所合夥人，是我認識的人當中最忙碌的一個，工作環境更是超級高壓。他一天中絕大多數時間，都跟那些瀕臨破產的人士或公司打交道。每天天未亮就起床，整天不是在開會、講電話就是在出庭，晚上還有一堆文書、研究和寫作工作等著他。新冠疫情爆發，居家隔離的那幾月（我跟他才有機會敘舊），他還是照常打官司，只不過是透過 Zoom。那是他從業三十七年來最忙碌，也是最難熬的一段時間。

「有事可忙很幸運，」他說：「但我從來沒有忙得那麼難受過。企業價值受到嚴重打擊，很多人失去一切，卻不是自己的錯。那段時間很緊繃、很傷感，也很累人。」

我問他，在那樣的危機和格外沉重的壓力下，他還找得到時間做正念練習嗎？

「那當然。」他說：「那是我每天早上做的第一件事。花時間練習之後，一整天下來在各方面都會受益。妳知道有句話是這麼說的：如果你沒時間花五分鐘冥想，那就花十分鐘。」

保羅不是一直都很熱中正念練習。當初他是因為看到《紐約時報》星期天商業版的一篇文章，才開始接觸正念練習。

「它會引起我的注意，是因為放在商業版。」他說：「如果放在時尚版，我大概就會跳過。那時，正念冥想對我來說是胡說八道。」

那篇文章提到 Google 的元老級工程師和第一百零七號員工陳一鳴展開正念訓練之後，發現它不但有用，也有科學根據。保羅的好奇心被挑起。他決定試試看，很快便發現練習本身並不像他一開始以為的那樣「虛」，反而讓他在法庭上更有效率，對其他領域的法律業務也有助益。以前他跟許多律師一樣，認為他的專業優勢來自於好鬥善辯。**正念冥想**聽起來反而像會弱化他的優勢，但實際上，他發現正念練習提高了他的專業能力，讓他反應更敏銳、表現更好。那是因為正念訓練培養的核心能力是專心投入當下，不急躁莽撞，對自己的心靈、他人和當下環境保持自覺。

「我很努力在醒著的每分每秒更有效率、更強大，在三個桶子裡放進更多有用的資料。」他說：「三個桶子分別是：我自己、他人，還有我置身的環境……經常是法院。」

對保羅來說，一切的起點是他自己。他時時對腦中的想法保持自覺，不只是分心的想法，還有在高壓且互相對立的情況下（對他來說已經司空見慣）的情緒和感受。在漫長又劍拔弩張的開庭過程中，焦慮、挫折、憤怒、疲憊和飢餓可能壓垮任何一位律師。

但受過了正念訓練，如今保羅擁有快速把自己拉回當下的利器。從事他這一行，專注力不足確實會造成嚴重後果。他常在開會、開庭和其他工作結束後，對他的律師團隊說：「換成十年前，結果會很不一樣。」這樣的情況一週發生很多次——正念訓練培養出的認知能力，以強而有力又實際的方式表現出來，改變了事件的走向。

「基本上，那給予你掌控未來的能力，也可以說是用有意義的方式影響未來的能力。」保羅說：「避免你因為急躁莽撞，把事情搞得一團糟……以前我會說出或做出讓自己後悔的事，因為之後引發的後果占去了我的時間，還有精力。現在我會這樣想：我正在掌控自己的未來，因為我給了自己一種能力，可以把時間拿來做更值得做的事。」

保羅在自己身上、工作上和能力上看到這樣的改變，於是也想跟他人分享。他邀請我去參加他第一次為全公司舉辦的正念工作坊，我們就是這樣認識的。至今，我跟同事羅傑斯仍持續為他的公司提供正念訓練。他們看到了成效，並把它視為第一要務。

不論是保羅，或是我們在本書認識的其他被時間追趕的大忙人，包括行事曆從早到晚滿滿的華特．皮亞特中將，還有要管理小鎮又要經營顧問公司的莎拉．弗利特納，就算一天行程再滿，「總有東西要妥協」，他們放棄的也絕不是正念訓練。這些能力高、成就也高的人發現，正念訓練不會只是**占用**時間，還會**創造**時間。根據保羅的說法：

「我做的正念訓練和研究是我所有的投資中收益最高的一種。」

現在開始，馬上獲益

新冠疫情期間，很多人都想知道正念訓練能否幫助他們度過難關。這場全球大流行病是一場漫長的挑戰，完全符合我們所說的「高要求時期」的各種條件。我們用一個縮寫字來形容這種耗損專注力，高強度、高要求，而且專注力剋星環伺的情境，那就是VUCA。

VUCA是由Volatile（多變）、Uncertain（不定）、Complex（複雜）、Ambiguous（模糊）這幾個詞所組成。

二〇二〇年爆發的新冠疫情就是極端的VUCA情境。周圍的情況不斷變化，一開始資訊不足，之後甚至互相矛盾且不停更新，沒有簡單明瞭的答案或對策。這是最容易占據並榨乾專注力的情境。周圍的人告訴我，他們滿腦子都是疫情的事，腦袋轉個不停。很多人說他們腦袋一片模糊，好像變鈍了，連最簡單的事都無法專心。我知道那種感覺，也親身經歷過！重新打造虛擬實驗室，把課程移到線上，陪伴家人朋友適應全新的世界時，我就有這樣的感覺。那種「快要瀕臨崩潰，我只想倒頭大睡，希望醒來時一切已經結束」的不安感，也節節逼近。

大家迫切想知道，正念訓練此時此刻能幫助他們嗎？

我的答案：「絕對可以。**現在就開始**。」

我告訴大家，隨時都能展開正念練習，不用花一毛錢，而且很簡單。不需要特殊的器具，也不用到特定的地點，永遠唾手可得。你可以利用這些訓練來保護專注力和工作記憶，就從**今天**開始。假如你已經「被部署」，亦即身陷艱鉅挑戰之中，仍然可以在這段時間保護你的專注力免於枯竭。

重點在於：就從你目前所在的地方開始。無論你是否正處於高壓力、高要求的情境下，現在就開始練習。就算**不是**，一樣可以先開始。別等到壓力上升再起步，現在就開始增強這些能力。

我們可以說，永遠都在「前部署階段」，永遠不知道何時要迎接下一個艱鉅挑戰。所以現在就開始吧。

如何開始？

我們已經嘗試過兩種練習：一種是核心或「正式」練習，站著或坐著進行三分鐘左右的心智健身；另一種是「視需要進行」的選擇性練習。兩種都很重要。第一種是基礎練習，第二種能幫助你透過正念練習安定心念，提升專注力。

我在本書最後列出一張每週計畫表，為讀者規畫前四週的訓練課程。這當然可以視個人需求調整。照著我列出的方式鍛鍊專注力，成功指日可待。

證明正念練習具有強大力量的研究已經愈來愈多，這樣的消息令人振奮。我們也愈來愈清楚哪些方法有效，往後幾年或數十年還會出現更多令人信服的證據。這裡提出的訓練，是我們目前所知對提升專注力和工作記憶最有效的方法。

應該何時進行？

我並沒有指定在一定的時段來進行每日的正念練習。許多人選擇早上練習，用心智健身展開一天的生活，就像用體能訓練開始一天的行程。保羅·辛格曼一起床就做正念練習，往往天都還沒亮。莎拉・弗利特納也喜歡把正念練習當作早起的第一件事。兩人都非常重視查看手機、新聞、收信之前的時光。對他們來說，面對一天挑戰**之前**的時間，正是用來強化心智配備的最佳時間。

相反地，華特・皮亞特只能盡量找時間。在軍隊裡要找到空檔很難。即使正念訓練漸漸被視為一種有用的「心智健身」，他還是很難擠出五分鐘「什麼都不做」。「五角大廈的人會以為你瘋了。」華特說：「五分鐘什麼都不做？他們會想：我可以用那五分鐘來做十件事！我的想法卻是：沒錯，但如果你花五分鐘『什麼都不做』，之後就能多做一百件事。」

最後一次部署到伊拉克期間，華特把正念練習跟每日的體能訓練綁在一起。每天早上健身完，他會走到一片棕櫚樹下。沙漠的乾燥空氣把樹葉變得枯黃，他會坐下來盯著樹木看，把專注力聚焦在上面，開始在能力可及的範圍內進行每日的觀息練習。

到了伊拉克，他能練習的時間更少，但練習變得甚至更重要。只要情況允許，他就會把握片刻時間練習，例如坐在直升機上的時候（每次降落都會抵達新地點或面對新狀況，外交或其他性質都有可能）。這時他會暫時關掉耳機，切掉飛行員的聲音。當直升機開始晃動，以每小時一百五十哩的速度顛簸前進，他便垂下目光，做「放下故事」的練習，提醒自己：

這可能跟我預期的不同。

還有很多我不知道的事。

我知道的事可能並不完整。

「這些練習幫助我自我調整。」華特說：「當你沒有能力做出好的決策，或是沒有足夠的心智能量，其實自己都感覺得到。」

在伊拉克，這種感覺浮現時，他會在晚上十點、十一點走出去，幫一小片草地澆水。就算隔天一大早就要出發，要忙的事情還很多，他明白自己需要為專注力充電。

「腦力枯竭的感覺漸漸浮現。」他說：「我開始分心，發現自己無法專心，聽不進任何話。」

剛抵達基地時，他種下這片草地，當時沒人知道種不種得活，結果種成功了。所以深夜，當他感覺到自己仰賴的專注力逐漸流失，便走出來為草地澆水。抓起水管按住管口，溫柔細心地噴灑這片小草地。他隊上有個士兵想幫忙，主動說要弄個灑水器：「長官，不勞您費心，我們會負責澆水工作！」但他拒絕了。重點不在於澆水，而是他去澆水。他把澆水時間當作練習時刻。幾乎就像身體掃描一樣，他會把澆水時的感官體驗填滿心智白板，譬如冷水滑過拇指的觸感、青草的味道、沙漠的氣息。

最後他還會跟經過的人聊聊天。對方看到將領這麼晚還抓著水管替一小片奮力存活的草地澆水，大概很驚訝。下屬經過時會跟他聊上幾句，他因此聽到他們白天發生的事，這些事大概很難經由其他方式得知。有時，另一名伊拉克將領會出來散步，兩人就聊起來，聊農耕，聊伊拉克將領的老家，還有他在遙遠的自家農場種了多少椰棗樹。

這樣的練習對你同樣有用，只要你肯為它花點時間。一天之中無論什麼時候你都能找到時間練習，正式或非正式的練習皆可。試試這麼做：早上醒來時，別翻身去抓手機或馬上起床。躺在床上做十個深呼吸，五個也可以。專注於呼吸。也可以留意浮現腦海的念頭。那些關於你自己、你的心智和專注力的資訊，將是你今天可以利用的洞見。

也可以試試看正念刷牙法。刷牙時，把專注力手電筒指向刷牙的感覺。在公車或地鐵上時，不要拿出手機，像正式練習時一樣坐著，保持舒服而警覺的姿勢，閉上眼睛或垂下目光（看哪種最適合你），用五分鐘（或乘車時間）做正念練習。也可以對同車的人默念慈心禪的祝福。我的好友雪倫．薩爾茲堡（Sharon Salzberg）是很多人信賴的冥想老師，有一年她的新年新希望是「不要對他人視而不見」。排隊或走在紐約擁擠的人行道上時，她會特別注意周圍的人，默默在心裡給予每個人簡單的祝福：願你快樂！願你快樂！願你快樂！她在內心對四面八方的人發送祝福，就像之前歐普拉在電視上送給每位觀眾新車一樣。這樣留意周圍的人事物，把專注力投射出去，那股力量會再回到我們身上，有益我們跟他人的互動，還有我們對幸福快樂的感受。

「你也可以坐在椅子上或墊子上練習。」華特．皮亞特說：「我是在幫草地澆水的時候練習。」

你的起點：心智的混音台

艾咪是一名自由撰稿人，她先生是高中老師。她正在研究一篇談正念和專注力的文章，還特地跑來我們的研究室參觀，並提出一個有趣的問題。

艾咪發現她跟她先生的專注力優勢和弱點很不一樣。她先生的工作記憶很**糟糕**，心智白板上的內容雜亂無章。但另一方面，他通常很能夠融入當下，即使面對沉重壓力、很容易陷入大腦時空旅行和反芻時也不例外。有好幾次，她看到他瞥了一眼家長寄來、充滿敵意的信……便直接關掉信箱，開心地繼續做其他事。他似乎完全不受影響，有能力避免專注力掉入「厄運循環」。

「如果是我打開那樣的信，」艾咪說：「我就完了。我會無法自拔地一直想，直到我去處理或解決那件事為止，即使我明明知道時機未到，問題暫時無解，但我就是控制不了自己。」

不過，她發現自己的專注力在其他方面比他強，譬如工作記憶容量很大。她想知道：為什麼她丈夫某個面向的專注力天生就弱，其他面向的專注力卻很強？這種天生的優勢和弱點從何而來？

我的答案可能不太令人滿意：我們其實也不知道這種天生的差異從何而來。專注力量表（attentional profile）是由各種力量塑造而成，舉凡你大腦裡的化學物質、成長過程、生命經歷，到你現在使用專注力的方式都包括在內。我稱之為「心智的混音台」。就像錄音室的混音台一樣，我們腦中也有各種不同的音量和設定。每個人的專注力量表都是獨一無二，但無論你的「基本設定」為何，都可以從正念訓練中獲益。

吃苦當吃補

嘗試一套全新健身法的人都瞭解一開始的感覺：**更糟**。假如你選擇的是跑步，前幾週會很辛苦，你會強烈意識到身體奮力在做你叫它做的事。新的心智鍛鍊法對大腦來說，可能也會造成同樣的結果。

我們面對的一個挑戰是，開始正念訓練一、兩週之後，有人會說：「我覺得更糟，壓力更大。」

我的回答是：**這是好跡象**，這表示訓練正在發揮功效。目前你覺得更糟是因為你的後設覺察提高了。以前的你可能多半對自己的大腦在神遊渾然不覺，現在你發現自己隨時都在神遊。你覺察到自己的大腦跳不出厄運循環，或是無法阻止自己一再回想同一個難題。並不是這些事情發生的頻率變高，而是你**更能意識到它們的存在**。

一開始之所以很難，原因在於正念練習發揮的第一個效果，就是你會對大腦如何反抗你真正想做的事更有自覺。你看到它有多麼焦躁不安、瘋狂古怪。它不想做十二分鐘的觀息練習，只想做跟觀息無關的**其他事**！

「**可是好無聊啊！**」我常聽到剛開始做正念訓練的人這麼抱怨。我的回答？沒錯，是很無聊，但**這就是重點所在**。

是很難沒錯，你**很快**就開始覺得無聊。我們知道大腦有多快想去做別的事、多快重回以自我為中心的「預設模式」。你的大腦想要到處漫遊，而你的工作就是覺察到這件事，然後一再把它拉回來（部分練習的目的）。這就是所謂的**心智健身**。當你在做基礎的觀息練習時，每次發現自己開始分心，就輕輕把意識拉回呼吸的感受……這是**心智的伏地挺身**。

可以換個方式想：正念練習之所以有益，就是因為它容易變得無聊。我們每天忙東忙西，追根究柢也是因為無聊。因為無聊，我們做事做到一半，或者一有空就看手機、滑新聞，犧牲掉讓記憶固化和創新的自發性想法浮現的時間。此外，我們從實驗中發現，**任何事**只要持續做一段時間都可能變無聊，連最刺激或高風險的活動也不例外。警覺遞減效應（表現隨著時間變差）告訴我們，即使專注與否攸關生死的情況也是如此。無聊促使我們拿起手機滑個不停，甚至從腦中搜尋內容。無聊也刺激我們不停尋找其他的認知工作，進一步耗損認知資源。

當你覺得無聊，比方想換別的事情做，就是你該好奇探索的時候。以運動為例，我們會說「感受肌肉在燃燒」。當腦中浮現「我真的需要做到十二分鐘？」或「還要多久才結束？」，或「可以換另一種練習嗎？」，就是你的「心智在燃燒」。那相當於做深蹲時肌肉在燃燒的感覺，只不過你感受到的是浮躁、無聊、不舒服的情緒。華特・皮亞特說，他隊上的成員喜歡說：「吃苦當作吃補（譯註：Embrace the suck，美軍常用標語，用來鼓勵人不畏艱難、迎接挑戰）。」

你必須面對腦中的雜音、抗拒和無聊，因為**耐力就是這樣建立的**。下次在真實生活中、正式練習之外，碰到心智不願專注投入當下的狀況，你會更懂得如何面對。

這跟「讓心裡舒坦」無關

我曾受邀到某個廣播節目中分享我針對高壓族群所做的正念和專注力研究。節目一開始，另一名自稱是冥想老師的來賓在空中帶大家一起練習。他先要我們閉上眼睛，「想像遍布花朵的原野，還有藍天」，接著要我們集中精神，想像賞心悅目的畫面和放鬆的感覺。

我心中的警鈴大作。他稱這為「正念練習」，但從頭到尾都沒有強調以當下為中心、不評斷、不反應等專注力的重要面向。此外，前文提過正面思考和放鬆策略在高壓狀況下效用不佳。你等於是把自己的認知燃料拿來打造美好的想像世界，而不是建立自己的核心能力，也就是**覺察自己的專注力在何方，一發現它開始神遊就把它拉回來。這種能力幫助你用當下的經驗填滿心智白板，抵擋編寫故事的誘惑，純粹從旁觀察，並且意識到何時該重新引導專注力。**這些都是日後能派上用場的能力，尤其是遇到挑戰的時候。

這位來賓帶大家做完「正念」練習之後，主持人轉向我，親切地歡迎我來上節目並開始訪談。「剛剛太棒了。」她說：「那麼要請教查博士，為什麼正念練習會讓我們覺得心裡比較舒坦？」

「呃，」我回答：「並不會。」

現場一片愕然。我接著解釋：正念練習的目的不是要讓你「覺得舒坦」，不是要讓你達到特別的放鬆狀態或感到幸福喜樂。別忘了正念練習的基本定義是：**專注於當下的經驗，不自己亂編故事**。這就是正念練習的效用：只要花時間練習，你就更能在當下展現最好、最靈活、最有能力的你，即使面臨嚴酷的情況也一樣。

想讓自己心裡舒坦一點並沒有錯！但我們在前面探討過，用來讓自己好過一點的常見方法，譬如避免負面想法、壓抑、逃避現實等，對我們其實有害無益，往往只會耗損更多專注力，讓狀況更糟。即使當下不會覺得「舒坦一點」，但無論如何，當下都是我們唯一的真實體驗。我們真正希望的是建立心智的彈性，不是將困難推開或逃避困難，反而是在困難出現時**勇敢面對**。這麼一來，你也會變得更善於應付困境。

總而言之，只要願意花時間做正念訓練，你**當然會**覺得舒坦一點，但不單純是因為練習。正念練習能強化專注力，幫助你徹底體驗當下的喜悅，遇到困境也能靈活應變，靠著強大的韌性，成功化解危機。

我周圍有許多人的人生因為正念訓練而改觀：從在實驗室跟我一起做研究的學生，到我自己的家人，還有在本書中出現的傑出人士，包括一名被派往伊拉克、仍堅持在乾枯的棕櫚樹下冥想的陸軍將領。正念練習也改變了我的生命，讓我在覺得別無選擇時，還能繼續做我想做的事。當科學家和為人母、管理實驗室和每天陪伴另一半、擁有我夢寐以求的生活和事業……這些都需要正念訓練幫助我達成。不是為了讓心裡更舒坦，而是**更能體驗生命**……之後，心裡舒坦的感受便隨之而來，幾乎像額外的獎勵。

面對難關也不怕

最近我前往印度發表研究。那是達賴喇嘛主持的一場研討會，邀集大家到他的寺院探討正念和教育的議題。我……很緊張。坐上飛機，扣好安全帶，展開十八小時的飛行期間，我實在難以放鬆。直到最後一刻，我還在掙扎應該強調我準備的投影片的哪個部分。我的題目切合研討會的主題嗎？其他報告多半是針對兒童的研究，但兒童研究我只做過幾個，也不是我最新的研究。突然間我焦慮起來，但想到可以利用飛行時間整理思緒、在降落之前擬定方向，又感到安心。

起飛之後，遇到一點亂流。我隔壁坐著一個年約十一歲的小女孩。她看著我問：「妳害怕嗎？如果妳會怕，可以抓著我的手。」

我很想專心想報告的事，但還是對她笑了笑，發現她緊緊抓住她母親的手。我這才恍然大悟，原來害怕的人是她。她顯然很怕坐飛機。後來飛機顛簸兩次並突然下沉，她開始呼吸急促。

於是我問她：「那我抓著妳的手好嗎？」

我開始帶著她做一次身體掃描。之所以選擇身體掃描，大概是因為我常在體操或舞蹈比賽前帶著女兒一起練習。我要小女孩閉上眼睛，然後問她大拇指有什麼感覺，還有膝蓋、肚子等等。我要她形容那各什麼樣的感覺。她說是**害怕**。我問她害怕是什麼樣的感覺。她說，就像肚子裡有蝴蝶在飛，還有胸口緊緊的。當她對自己的恐懼更加敏銳，心情反而平靜一些。飛機穩了下來，最後她不知不覺睡著，頭靠在媽媽的肩膀上。

她母親靠向我，眼神溫柔，睡著的小女孩夾在我們中間。她舉起手讓我看，女兒抓她抓得太用力，指甲都陷進她的肉裡，留下了指印。

「太感謝妳了。」她小聲地說：「這是她第一次在飛機上睡著。」

前面提過的身體掃描將專注力放在身體的感受上。當大腦被恐懼或憂慮占據時，身體掃描能用其他東西（更有用、更有建設性的內容）填滿心智白板。但這不是要你轉移注意力或壓抑。我不是要轉移小女孩對恐懼的感受。身體掃描以及我們在書中介紹過的其他正念練習，目的是用身體去感受當下。因此，我帶著小女孩觀察恐懼的感受，把她的覺察轉向感受本身。找出恐懼在她身體的位置，想出描述它的文字，並且告訴她只要專心留意這些感受，過一陣子這些感受就會轉移和改變。這也讓她跟恐懼拉開一點距離，因為練習的同時，她得另外花心思跟我形容在她體內展開的種種感覺。等我帶她做完練習，我自己對研討會的擔憂也減輕了。

我們可以這樣理解正念練習和它在這種時刻發揮的效用。[12]正念練習幫助我們建立**痛苦容忍力**，也就是處理負面情緒，遇到天大的難關（無論是真實或想像的）也能保持穩定、靈活和韌性的能力。它不只強化我們的專注力和工作記憶，也能建立判斷力，以及解決難題的自信。相信自己就算碰到棘手的狀況，也應付得來。總之，正念訓練引導我們**專注投入**高壓、吃力、充滿挫折的當下處境，相信自己擁有處理問題的心智能力。

很多人以為韌性取決於每個人的成長歷程、天生個性或應對能力，一旦固定就難以改變。然而，根據我們對專注力科學的瞭解，認知韌性是可以自我訓練和打造的。

在飛機上帶小女孩做完身體掃描，我終於可以打開筆電。由於大腦變得更清楚也更平靜，我也可以更輕鬆找出該做哪些精準的修改，讓我的報告更有說服力。改完幾個關鍵地方之後，我收起筆電，放鬆地享受這段漫長旅程，對自己準備的報告滿懷自信。

我報告的研究主題是，如何訓練高成就團體為各種**高要求階段**做好準備。我們很清楚對這些團體來說，這樣的階段是何種情境。對軍人來說是軍隊部署，對學生是考試，對運動員是比賽或球季。然而，大多數人都不知道高要求階段何時會來臨，只知道**總有一天會發生**。高要求階段其實是人生的必經之路。正念訓練不只幫助你建立能順利度過那些階段的顛峰心智，也讓你的身體擁有自信，相信自己**能**順利度過，即便在困境中也能集中精神，投入當下，解決難題。我告訴飛機上的小女孩，亂流會過去的，她的恐懼也是，還有伴隨恐懼而來的所有感受。感受會過去，恐懼的時刻會改變。她只需要知道，無時無刻，**當下**的她都會沒事。

「妳知道飛機遇到亂流時，機長會做什麼嗎？」我問她。她搖搖頭。「什麼都不做！」我回答：「他們抵不過亂流，也不能繞過去，就只能讓它發生，讓飛機通過。他們能做的就是穩住，直到氣穴散開。」

藉由正念練習，我們鍛鍊專注力在我們需要的時候派上用場，並且以我們需要的樣貌出現。其中的基本認知就是：一切都會過去，一切都會改變。這一刻轉眼即逝，但你當下的表現（無論你在或不在、急躁或冷靜、是否創造了回憶）卻會引起蔓延甚廣的漣漪效應。所以關鍵在於：你能專注投入當下嗎？你能把專注力手電筒指向重要的事物嗎？讓不重要的事逐漸淡化？放下期待，看看眼前？避免急躁、妄下判斷、亂編故事，進而**看到事物的真貌**？你能夠為了此刻的經驗而專心投入嗎？為了自己的目標和抱負，也為了周圍的人，讓自己用對生命有意義的方式去感受、學習、記憶和行動？

你不需要天生就具備這些能力，也沒有人天生擁有這些能力。我們應該做的是花時間鍛鍊這些能力。至少，現在我們知道方法了。

結論　實際運用巔峰心智

就算不是要去對英國國會議員、軍事將領和急救部門主管發表你畢生的研究，西敏寺仍然讓人過眼難忘。它座落在倫敦市中心，俯瞰著底下的泰晤士河，看上去宏偉壯觀，角樓聳立，有些地方將近有千年歷史。我跟其他正念訓練專家要到下議院發表演說，裡頭的氣氛如法庭般肅穆莊嚴。房間狹長，屋頂挑高，深綠色牆壁，高而窄的窗戶對著河面。周圍的一切都年代久遠卻又完好如新，散發著濃厚的歷史感。一排排光滑的紅木長椅從房間的一端延伸到另一端，上面曾經坐滿這個國家最具分量、最有影響力的大人物。

我已經開始緊張。這是我目前為止比較高調的一場演講。為了這次發表，我準備了好幾個禮拜。原本計畫由我跟當時是少將的華特・皮亞特一起發表；他講十分鐘，我講十五分鐘。主辦單位要我準備好投影片，接著他之後上台。我花了好幾個鐘頭反覆演練，複習投影片，好不容易做好了準備。

沒想到上場前兩天，華特不得不退出（身為少將，「有工作必須處理」時，根本沒得商量）。我們只好改變計畫。主辦者要我改寫內容，自己講二十五分鐘。我深呼吸一口氣，埋頭重新改寫，但這件事還是讓我措手不及。經過漫長的飛行，我終於抵達倫敦，有點時差，腦袋昏昏沉沉，焦慮感不知不覺襲來。**我要傳達的訊息夠明確嗎？時間拿捏得當嗎？既然納入一些華特的想法，我把更廣泛的觀點呈現清楚嗎？**

這次發表對我來說，甚至還有一個額外、更私人的層面。我即將走進統治我家鄉將近九十年的國家的政府所在地。我出生的小鎮，就是甘地當年對英國殖民發起非暴力抵抗之地。而我卻要對著領導戰爭的人，大談擁護和平的心智鍛鍊法的各種好處。感覺有點辛酸，壓力也很大。當我跟其他發表人坐在房間前方時，種種感覺湧上心頭，包括最後一刻的變動、歷史的重量、擔心自己表現失常。接著，主辦人走向我們。又來了個意外的轉折。

前一天晚上，我們所在的這個房間舉辦了一場祕密會議，討論要不要讓梅伊留任英國首相。當時是二〇一八年十月，英國上下正決定要不要脫歐，氣氛緊繃，一切還是未知數。主辦單位發現，有人為了確保會議內容不會被偷錄而破壞了房間裡的視聽設備。設備從牆上被扯下來，他們沒辦法重新連上線，只好把一個外接擴音系統搬進來，並到處尋找投影機。直到上台前三分鐘，他們才通知我：**不能放投影片，即興發揮吧**。

穩住心情走上台時，我記得我在心裡對自己說：**是生命中的一切促成了這一刻**。這麼想，不是因為我搞砸的話會造成慘重的後果。從各方面來看，就算我表現失常也沒什麼大不了。這跟一些我合作過的人面對的情況不同。我不會因此被手榴彈炸成碎片或被火球吞沒，也不會有喪失重要客戶或好幾百萬元球隊合約的風險。在我面前等著我的是一個機會，能讓我對掌握大權的人宣揚我的理念，而這些人做出的決策對其他人（每天都要面對生死攸關的考驗）影響深遠。這是我能促成改變的難得機會。我可以把握機會，也可以讓機會從眼前白白溜走。

我的思緒似乎平穩下來並開始聚焦。我把投影片的列印本攤在面前，抬頭看著聽眾開始發表演說。首先，我說明專注力的力量，它如何（而且經常）可能出錯。接著，再談專注力如何正確運作：正念訓練能鍛鍊我們的專注力**並**擴展我們的覺察，讓我們克服混亂狀況下的各種雜音，觀察四周，即使面對各種可能的誘惑，也能瞬間採取**正確**的行動。我也談到，能夠專注投入當下，就是認真體驗而不妄自解釋、評判或急於反應，這使我們比一般時候更能清楚而有效地吸收、學習和覺察。我告訴他們，這種能力不但能改變你置身的當下，甚至能改變人生的軌道。

發表完後，我覺得心滿意足，知道自己已經盡力用緊湊又能打動人的方式，呈現我的研究。最後一刻的變動害我差點亂了陣腳，最終反而成為一份禮物。因為時間變多又拿掉了投影片，我更能與聽眾直接連結。我有了充裕的時間闡述自己的想法和研究成果，也得以融入向眼前的尊貴聽眾傳達理念的節奏。因為不能邊說邊盯著發亮的螢幕，或手抓遙控器切換投影片，所以我直接看著聽眾**跟**他們說話，與他們的眼神接觸。

這就是我多年前錯失的體驗。當時由於牙齒麻掉，我才發現自己對生活中的很多事情麻木不覺。我拚命往前衝，腦袋永遠停不下來，忙到不可開交，與人的連結斷裂，從來不會停下來休息或觀察。我在迷宮裡迷了路，找不到出口。如今，我有個可以依靠的工具，學會找回並保有專注力的方法。我可以拉近距離，把專注力指向重要的事物，也可以拉遠距離察看四周，清楚看見每個障礙，找出更好的新路線。那就像伸展肌肉的感覺，即使之前我甚至不知道它的存在。

離開英國國會時，我簡直要飛起來。我完成了此行的目標，用我最簡潔有力的方式表達想說的話，說不定也造成了改變。我想像自己分享的知識像一顆種子落在每個聽者心中，而台下的國會議員、軍事將領、警察局長、急救人員再把這些知識帶回他們各自的世界裡，生長發芽、開枝散葉。我希望我的分享能幫助人們度過壓力和危機，做出符合他們的倫理觀和目標的決定（即使在壓力之下）。或許，他們之中有人會像外子麥克一樣，更能覺察自己腦中的想法，找回專注力，得以往目標邁進。或像橫越千里找到我的那名消防員，學會擴展專注力，記住事情的全貌和更大的目標，避免固著在讓人分心的瑣碎小事上，被難以避免的生活雜事「吞沒」。或像華特．皮亞特一樣，被派到伊拉克之後，他寫信告訴我他做的正念練習，還有這些每日心智訓練如何幫助他在緊繃、高壓、危急和複雜的情況下，堅持達到最後的目標——**和平**。

常聽人說：「要**做**的事情那麼多，我要怎麼坐下來閉上眼睛什麼都不做？」這種話，我從企業老闆、社運人士、父母或警察口中都聽過。那種心情我懂，我也有同樣的感覺。人都想要改變世界，想把該做的事完成，想實現自我。要達到這些目標，我們似乎永遠不能停下來。

我曾經也是把「忙碌不休」看得比「時時安坐」更重要的人。但現在我認為，如果你想為採取行動促成永久的改變，必須先準備好**達到目標所需的能力**。重點在於拿回你擁有的資源，以及善用這些所有資源。

人類的專注力系統正面臨前所未有的挑戰。我們活在一個時時在分散和拉扯我們注意力的世界。讓我們得以互相連結、做自己喜歡的工作、在生活中學習和進步的創新科技和數位發明，也向我們的注意力不停索求，將我們跟想做或應該做的事情拉開。

展開正念練習，就是學習把注意力拉回到當下，真正參與生活。遠離腦中不斷模擬和計畫的預設模式，直接體驗生命。我在前言說過，當下是你唯一能使用專注力的地方，你無法把它存起來日後再用。專注力是一種超能力，但非得現在使用不可，也只能**現在**使用。

過去，我們以為專注力主要是用來**行動的工具**。我們利用專注力系統限制進入腦中的資訊，這樣才能集中精神做一件事。但是透過冥想神經學和專注力的**新科學**，我們得知，若要有成功富足的人生，專注力就不能只聚焦在行動目標上，也要開放、包容，我們才能時時留心覺察。我們可以利用專注力看見發生在眼前的事，或是克制自己，避免妄下評判或亂編故事，進而看見客觀的事實。我們不只可以框架或重新框架問題，也可以**去除**問題的框架，透過新觀點去看問題。如此一來，我們的想法、決定和行動就會更加符合當下所需，以及我們對寶貴生命的期望。

專注力的「新科學」已經具備實證基礎，這個基礎仍在迅速擴大中。你在這本書看到的是推動這個領域前進的開路先鋒。目前，我們對正念訓練和其他冥想法的驚人價值有了令人振奮的新發現，這是一個值得探索的重要方向，再加上我看過它對各行各業的人造成的影響，能參與其中更讓我興奮不已。

那天踏上歷史悠久的倫敦市區，到英國國會發表演說，我只有一個遺憾：無法與家父分享。我人生中的每個重要時刻，從拿到博士學位、結婚、成立自己的實驗室到兒女出世，都少了家父的身影。他的缺席，是我心中永遠的陰影。

前文提過創傷和創傷記憶被觸發的情境，我說很多人都有類似的經驗。對我來說，對我的人生打擊最大的是一場車禍。我的人生因為這場車禍而改變，因為它奪走了家父的生命。那時我們全家開車到優勝美地國家公園玩，回程途中，被一名喝醉酒的駕駛人撞上，我們的車翻下懸崖，掉進底下的原野。我跟姊姊（當時分別是五歲和十三歲）坐在後座沒有大礙，坐在副駕駛座的媽媽受了傷，駕駛座上的爸爸傷得最重。

我對那場車禍的記憶鮮明而破碎。一覺醒來，一場惡夢隨即在我眼前展開，我還記得車子墜落的方式。之後車子翻向一側，引擎嘶嘶作響，我漸漸發現這**不是**夢。我記得周圍鴉雀無聲。看到有個男人站在懸崖上往下看，我突然想到他怎麼沒跑去求救。後來，我們推測他可能是那名酒駕者。對方肇事逃逸——我看到他之後不久，他應該就逃了，因為沒人去求救。我看見遠方有間小屋，我知道我們得去那裡叫救護車。於是我把姊姊拉起來，扶著她穿過原野走向那間小屋。

當時我只是個小孩，對大腦的運作方式一無所知，也不知道正念能改變大腦的運作方式。那場致命的車禍奪走家父的性命，家母也受了重傷，對我的人生造成重大的影響，包括後來成為神經科學家。剛踏上專注力科學的探索之旅時，我並不知道自己會發現什麼，但有一部分的我知道自己在尋找什麼。我尋找的不只是能夠專注投入任務、計畫和工作的能力，不只是更有生產力、在工作上表現得更傑出，或成為一個更能活在當下的父母或伴侶的能力。雖然跟這些事都**有關**，但遠遠不僅如此。擁有顛峰心智，表示碰到人類必須面對的各種狀況時，你可以完全投入當下，度過壓力和傷痛，走過人生的悲喜苦樂。

我在本書的一開始說過，爭取專注力的戰爭，就是爭取生命資源的戰爭。投入專注力和正念的實驗數十年，我至今的發現在在證明事實確實如此。這**是**一場戰爭——但你可以一再拿下勝利。

顛峰心智練習指南——大腦的核心訓練

這本書一直強調，我們想做（好）的每件事，幾乎都需要專注力才能完成。確實如此。腦袋的專注力系統有如我們的心智核心，就如同身體的核心肌群。

- 大多數活動都需要它；
- 其核心力量決定我們在應對世界時有多穩定和靈活；
- 可以藉由有效的鍛鍊加以強化。

平板支撐、橋式運動和仰臥起坐鍛鍊的肌肉雖然不太一樣，但是都能促進肌群之間的協調度及強化核心肌力。正念訓練的目的，則是強化和提升大腦網路之間的協調度。

這些網路各自負責不同的專注力功能，包括集中和維持專注力、覺察並監控持續不斷的意識經驗，以及管控目標和行為。反覆鍛鍊即能提高不同大腦網路之間的協調度，強化核心力量。實際的感覺則是心智變得更穩定、更靈活，進而提高我們實現目標的效能，帶來更深的滿足感和成就感。

本書介紹了三種強化專注力的練習。第一種能強化集中型的專注力，目的是集中並穩定你的專注力手電筒發出的光束。這類練習能建立你的專注掌控力。你的目標是先把專注力指向一個特定目標，首先是呼吸（**找回你的手電筒**），再來是特定的身體感受（**身體掃描**），然後停在那裡一段時間。專注力一飄走就把它拉回來。每次練習都一再重複以下過程：聚焦，停留，覺察，導正，重複。重複愈多次，愈能強化專注力的這些面向。

第二種練習的重點在於**覺察**，觀察並留意每個片刻的體驗過程和內容。不同於集中型練習，你的專注力在這裡應該包容而寬闊。這類練習屬於**開放的覺察練習**。會遇到的挑戰也不一樣：你的專注力沒有特定目標，只需要穩定的觀察。關鍵在於留意、監控、開放、包容。採取旁觀的立場，任由想法、情緒和感受浮現又散去。

我們發現這種開放覺察法（屬於較有挑戰性的訓練）能夠強化專注力的開放及包容面向。定期練習，你就更能快速認清自己的想法並非事實，也能更不費力地去中心和放下故事。這套心智訓練能建立**後設覺察**，使你對意識內容的起伏來去更有自覺（如想法、感受和覺知），跟固定做體能訓練能讓身體更強壯，是同樣的道理。

若能持之以恆，一段時間之後，這些練習將改變大腦的運作方式和結構。事實上，即使是**剛開始的十二分鐘**也能立刻改變大腦的運作方式，但**只能維持短短十二分鐘**，之後大腦又會重回預設的標準處理模式。不過只要一週持續練習五天或更多天，一週一週下來，新的專注方式會漸漸變成你的預設模式。那麼，腦部運作方式因此提升之後，集中型和包容型的練習在真實生活中又能如何幫到我們？又如何打造出**顛峰心智**？

哲學家和心理學家威廉．詹姆士很久以前就指出，鍛鍊不斷分心的心智是一種最傑出的教育。根據他的觀察，「跟鳥類的生活一樣，〔意識之流〕似乎也由飛行和棲息交替組成。」[1]顛峰心智在飛行和棲息、動和靜、單一聚焦和包容一切之間取得平衡，兩者都不偏廢。

第三種練習強調的是**連結**，而且是建立在不斷強化的集中型和包容型的專注力之上。但前面的練習強調的是觀察此時此刻發生的所有事，連結練習卻有一定的目標和對象。我們要把專注力用集中型的方式，指向對自己和他人的祝福。在這段練習中，我們利用專注力來重新評估和改變觀點。這種練習的目的是為了幫助我們脫離狹隘卻習以為常的專注方式，嘗試改採另一種觀點，把自己看成是值得獲得快樂、平安、健康和自在等祝福的人。舉例來說，以前你或許認為自己沒空做這種練習，甚至覺得接受這樣的祝福不太自在。這種練習就是嘗試讓自己接受祝福，同時也練習給予他人祝福。這就是顛峰心智的另一個關鍵面向：與人連結，以及關心自己和他人的能力。

接下來，我根據實驗室和該領域的最新研究結果，列出我推薦給讀者的每週訓練表。裡頭融入現今流行的行為改變學，從小目標開始，先求達到目標，不要錯過成就感帶來的美好感受（這是關鍵！），然後一再重複同樣的練習。[2]慢慢擴大目標，持續達到目標，你也會持續產生獲得獎賞的感覺。這是支持你建立習慣的最佳方式——從小處著手，不好高騖遠，享受成功的感覺。

成功不表示你再也不會神遊，或完全不會分心，或是能體會到喜樂、平靜或放鬆是什麼感覺。成功指的是你投入時間做練習。成功就是完成練習。為了確保你能完成練習，把它跟你每天都會做的另一件事綁在一起，或許是刷牙、運動或泡咖啡。研究如何改變行為和建立習慣的專家建議，為你想做的事選一項「定錨活動」，把它加入例行工作中。在進行「定錨活動」時，完成你想建立的新習慣。比如說，你的定錨活動是**泡咖啡**，所以「當我開啟咖啡機煮咖啡時，我就坐下來做正念練習」。

本書每介紹一種練習，我都要大家各做三分鐘。剛開始建立每天練習的習慣時，我會鼓勵你把時間控制在你覺得舒服的一半程度即可，持續一陣子之後再慢慢延長時間。在正式的課程中，我建議每天練習十二分鐘。記得：這不是比賽，量力而為。把自己逼得太緊，不會進步得比較快。

這份訓練表為期四週。我希望第四週結束時，你會開始在日常生活中體驗到練習帶來的改變，而這樣的結果也能讓你有動力持續下去。但重點在於：想要正念訓練發揮效力，你也得付出努力。因此，花時間和心力練習，練習就會進步。

第一週

我們從最基本的練習開始：**找回你的手電筒**。這是其他所有練習的基石，是簡單卻很強大的觀息練習，也是正念練習的基本功。

核心練習			
第一天	找回你的手電筒	12 分鐘	見第 150 頁
第二天	找回你的手電筒	12 分鐘	
第三天	找回你的手電筒	12 分鐘	
第四天	找回你的手電筒	12 分鐘	
第五天	找回你的手電筒	12 分鐘	達成目標
第六天	找回你的手電筒	12 分鐘	擴大目標
第七天	找回你的手電筒	12 分鐘	大滿貫

本週的專注力焦點

切記：這個練習是要你把專注力**聚焦**在呼吸上，不是要你限制或控制呼吸。這也不是深呼吸，雖然可以有效放鬆身心，但這裡不要你深呼吸。你要做的不是控制呼吸，而是觀察呼吸時時刻刻的變化，並意識到自己正在做這件事。或許，你會發現練習時呼吸稍微變慢，或是偶爾變深。

那也無妨，畢竟這個練習是要你覺察呼吸，而非控制呼吸。覺察到自己的呼吸模式自然產生變化是好跡象，表示你很投入！

盡可能超越正式的練習，把練習融入生活中。為你本來就得做的一件事加上正念取向，如正念刷牙法。刷牙時，如果你已經在想今天該做哪些事，把手電筒拉回來，固定在身體的感覺上：清涼提神、有點刺刺的牙膏、刷毛的觸感、手和手臂牽動的肌肉。為原本的例行公事加上正念取向，完全不用多花時間。

第一週的感受

許多人都說他們的腦袋「好忙」。我常聽到「沒用，我的腦袋就是靜不下來」這種說法。事實上：你的大腦並**不忙**，人類大腦天生就是如此！前面解釋過，大腦就像一個「思緒幫浦」，不斷抽出各種思緒。而你的工作不是阻止它，而是與它同在，把專注力拉回你想要的地方。**這**就是心智健身。

常碰到的挑戰

很多剛開始練習的人帶有各種「正念迷思」。這些迷思可能具有破壞性又令人洩氣。你從流行論述聽來的觀念，可能讓你對正念訓練抱持錯誤的期待。底下幾個提醒，能破除這些有害無益的期待：

- **你不是在「清空思緒」**。這是不可能的，也不是正念訓練要你做的事。
- **平靜或放鬆不是你的目標**。正念冥想營造出的意象，常常讓人抱著這種期待，但實際狀況並非如此。這是一種需要積極參與的心智健身。
- **不用達到特殊的境界**。你的目標不是要達到「狂喜」的境界，也不需要有渾然忘我的感覺。事實上，重點在於**更加**投入當下，而不是神遊到其他地方。你會感覺到髖骨抵著椅子，察覺到這裡或那裡癢、想動來動去的渴望，以及專注力隨時會從當下溜走。你會覺察到每個細微的感受，以及腦中每個稀奇古怪或自尋煩惱的想法。**那表示你成功了**。

第一週成功達陣是什麼感覺

你辦到了！如果你連續練習五天、每天十二分鐘，恭喜你，你得到了一顆金色星星。無論你的腦袋多麼浮躁不安，是不是每分鐘看一次時鐘，都無所謂。你真正坐下來練習，而且堅持到底，那就是一大成功。

這一週，你或許常常發現自己在神遊。那很好。無論你的大腦神遊了多久，**覺察到**的那一刻就是你的致勝點。也就是說，如果你在一次練習中發現自己分心了一百次，那表示你已經大獲成功。這可能顛覆了你從前的想法，卻非常重要：我們以為的失敗其實是成功。

第一週練習的技巧如何表現在生活中

若是你真的能夠**找回你的手電筒**，亦即時時刻刻都知道自己的專注力在何方，那麼每當你跟人對話時開始分心或開會時人在心不在，都能及時發現，或者隨時隨地意識到自己早就神遊到另一個時空。你會發現這種狀況愈來愈常發生，並且能把自己的專注力手電筒拉回來，就跟練習時一樣。此外，你也會對自己更有信心，相信自己能用堅定且正面鼓勵的方式將專注力重新轉向。

第二週

上一週練習的是**找回你的手電筒**。這一週我們要移動手電筒。

本週的專注力焦點

這一週的練習要把專注力聚焦在身體的感受上。你不只要保持手電筒的平穩，還要移動它。現在你的焦點是你平順掃過身體各部位時產生的感受。要留意的是，本週的練習表仍要你每隔一天持續進行基本的**找回手電筒**練習。跟各種族群合作之後，我們發現用這種方式穿插練習，是建立核心專注力最有效的方式。

核心練習			
第一天	找回你的手電筒	12 分鐘	第 150 頁
第二天	身體掃描	12 分鐘	第 189 頁
第三天	找回你的手電筒	12 分鐘	
第四天	身體掃描	12 分鐘	
第五天	找回你的手電筒	12 分鐘	達成目標
第六天	身體掃描	12 分鐘	擴大目標
第七天	找回你的手電筒	12 分鐘	大滿貫

找回你的手電筒是一輩子的練習，再怎麼「進步」都不能繞過它。你可以把這個練習擴大，比方在時時刻刻的體驗中覺察更細微的變化，包括情緒、感受或想法的浮現、想轉移焦點的衝動、把手電筒拉回來的感覺。練習愈多，細節愈分明。這也有助於你做其他練習並從中獲益，而其他練習也會影響這項基礎練習。也許，你會因此感受到更多靈光乍現的時刻——**啊哈！**突然間想通、領悟或覺知過去不解的事。可能是一種心智習慣、在關係中碰到的挑戰，也可能是對萬物的本質有更基礎的理解（例如世事無常和萬物相依）。

第二週的感受

要注意的是，開始做**身體掃描**時，你或許會察覺身體比平常更難受不適。起初，你可能覺得這是個缺點，事實上，我們跟軍人合作時也有同樣的疑問：既然他們勢必得走出去面對挑戰，我們為什麼還要他們更清楚意識到身體的難受不適？不過更瞭解身體的話，當你覺察狀況有異，才更有能力介入（例如留意到腳痛，能提醒士兵她穿的靴子可能需要多加個鞋墊，有時這就是能夠完成五十哩的行軍跟扭傷腳以致無法完成的差異）。你也會發現，你對「難受不適」編出的故事或許會讓不適感停留得更久或更強烈。你因此能把不適的整體經驗拆解成高低起伏的感受——緊緊的、刺刺的、熱熱的。不適感會變得更像一個集合體，你對身體感受編寫的故事或許也會漸漸淡化，因為你發現自己的大腦在神遊，並把自己拉回身體感受提供的原始資料。

常碰到的挑戰

有些人覺得自己做**身體掃描**很吃力。若是你覺得引導自己掃描全身很難或很容易分心，可以尋求外在指引，例如可以跟著做的錄音。

此外，特別留心「追求快感」的感覺。上一週練習時，你或許有幾次成功達陣的暢快經驗。切勿掉進求好心切的模式中。用來鍛鍊專注力的正念訓練，看上去（或感覺起來）不像一下就突飛猛進的訓練。「成功」往往也不太**像**成功。不過感覺似乎失敗的練習，說不定對你的大腦反而是很棒的健身。

第二週練習的技巧如何表現在生活中

工作、在家或在任何地方時，無論發生什麼事，身體都會出現許許多多的感受。壓力、焦慮、欣喜、恐懼、悲傷、興奮，每一種情緒都有相關的身體感受，你會愈來愈常察覺到。這表示當你深入挖掘這些感受，可以馬上採取行動，包括很快發現它們的存在，得知它們代表的意義。舉例來說，我知道我愈來愈擅長覺察自己開始憂慮時，逐漸增強的感受。胸口先有感覺，再來我會檢查下顎，通常會發現自己緊咬著下顎。有了這樣的自覺，我就能刻意放鬆下顎，把專注力轉向讓我憂慮的事，或者至少認清自己陷入了模擬模式，趕緊改用更好的方法投入下一刻。對自己的心智和身體愈來愈敏銳，就能透過細微的干預修正方向。

把**身體掃描**融入生活中。別忘了：把它加入你原來不加思索的行為，根本不用多花時間。比如，淋浴時從頭到腳把身體洗乾淨，可以做身體掃描；踏進淋浴間感覺熱水沖刷全身，也能做身體掃描。別錯過練習的機會。

第三週

這一週，你的焦點是專注力本身。

核心練習			
第一天	找回你的手電筒	12 分鐘	第 150 頁
第二天	意念之河	12 分鐘	第 279 頁
第三天	找回你的手電筒	12 分鐘	
第四天	意念之河	12 分鐘	
第五天	找回你的手電筒	12 分鐘	達成目標
第六天			擴大目標
第七天			大滿貫

本週的專注力焦點

這一週，**找回手電筒**仍然是你的基礎練習。但轉向**意念之河**後，專注力的焦點就是你的心智。切記：做**意念之流**的練習時，把自己的心智想像成一條流動的河。任何事物都可能漂過這條流動之河，而你的工作是觀察，然後任其流過。別伸手去抓流過的想法、煩惱或記憶，只要覺察，然後任它們漂走。利用**去中心**和**觀察你的**

白板這些小練習，鍛鍊你退後一步觀察心智的能力。若你發現自己陷進某些思緒中，就回到呼吸，把它想成能讓你把專注力暫時擱在上面的河中大石，藉此重新穩定心智。接著，重新觀察流動的河。

第三週的感受

不陷入其中、**不擴充**是一種主動積極的專注力技巧，需要藉由核心的力量才能達成。久而久之，你就能練出這種能力，但第一次做十二分鐘的正式練習，感覺可能跟還不會做伏地挺身就嘗試平板支撐一樣難。之後就會愈來愈進步。若你發現自己陷進漂過河面的想法、煩惱或記憶，記住：有這樣的自覺就成功了。那是**後設覺察**——而你辦到了。這時重新找回你的手電筒，把它指向呼吸，讓自己稍微定靜下來，再重新開始觀察意念之河。

常碰到的挑戰

你更容易察覺自己的大腦有多常在神遊。那種感覺可能不太好，甚至讓你懷疑自己是不是沒有進步，反而退步了。當然不是！你只是變得更有自覺。記住：你的大腦無時無刻不在神遊，你只是比以前更常發現而已。這反而是你的決勝點！

或許，你會愈來愈常察覺腦中浮現的內容（正式練習和平常時間），而那些內容不一定都很正面。或許，你發現自己驚覺：**天啊，我好常生氣**，或是：**我老是在想吃的（或性愛、電玩），停不下來**。這些發現都不是特別令人開心，但換個方式想：這些都是你可以利用的資訊。就像認識一個新朋友。你採取支持而堅定的立場跟自己做朋友，接受自己的各種面貌。

第三週練習的技巧如何表現在生活中

你練成了自動問自己以下問題的能力：**現在發生了什麼事？我的腦袋在做什麼？我真正在難過什麼？為什麼滿腦子都是這件事？**

你會發現自己大腦的預設模式逐漸改變，轉而對自己的思考過程採取旁觀立場，也習慣檢查自己是不是在編寫故事，以及這又如何影響你對事情或感受的詮釋。這就是擁有顛峰心智的一項重要意義，而你正在一步步接近目標：有能力採取開闊、包容、從旁觀察的立場。

可以利用這個方法在正式練習以外「監控」自己的心智。試試看開車、走路、搭地鐵時，不要聽音樂或播客，也不要接電話，就只坐在座位上任由心智到處漫遊。留意它飄到何方，有什麼內容浮現腦海。

第四週

你的專注力手電筒往外移動，指向他人。

本週的專注力焦點

這一週的新練習不只是要把手電筒指向他人，也要給予自己祝福，即使是（或許尤其是）你開始神遊或陷入厄運循環之時。這個練習的一大重點，就是記住分心是人類大腦的預設運作模式，然後在你重新把專注力拉回來時，對自己仁慈一些。

注意：**找回你的手電筒**仍然穿插其中。這項基礎練習能加強其他三種練習。

核心練習			
第一天	找回你的手電筒	12 分鐘	第 150 頁
第二天	連結練習	12 分鐘	第 309 頁
第三天	找回你的手電筒	12 分鐘	
第四天	連結練習	12 分鐘	
第五天	找回你的手電筒	12 分鐘	達成目標
第六天	連結練習	12 分鐘	擴大目標
第七天	找回你的手電筒	12 分鐘	大滿貫

當你聚焦於身體感受、覺察浮現腦海的內容、練習給予自己和他人祝福，都要運用這個關鍵技巧。**找回你的手電筒**是一輩子的專注力訓練，能強化**其他三種**練習。

第四週的感受

你或許會發現，每天花十二分鐘給予祝福，使你更容易給予支持而非苛責，保持態度開放好奇而非義正辭嚴，期盼最佳的結果而非等待最壞的結果。你或許會發現自己比較能在雙方意見不一時，「從他人的角度看事情。」真實生活中的重新評估和改變觀點就像這樣。

常碰到的挑戰

有時，你或許會覺得這些祝福很空洞，好像只是在背書，或是文字本身失去了意義。若是如此，提醒自己這是一個集中專注力的練習，你希望把專注力**完全**聚焦在這些祝福上。放慢速度。充分理解每一個字的意義。如果祝福的話本身太容易讓人擴大解釋或分心，就在心裡一一默念。重點在於理解並延伸每個祝福，而不是恍神或編起故事。祝福自己時，若是感覺不自在，記得這是心智健身的一部分。我們正在刻意練習這種新觀點。覺察到心裡的不自在，但請繼續練習。

你也有可能什麼感覺都沒有，這很正常！這不表示練習無效，所以請勿中斷。這種練習的效果可能過一陣子才會出現。舉例來說，你練習祝福已經一、兩週了，卻沒什麼特別的感覺。然後，當你想要大聲責備伴侶或小孩時，你突然間克制住自己，發現自己的出發點是希望他們快樂，所以用其他方式表達或許會更好。你可能從「衝動反應」轉為「理性回應」。最後你傳達了同樣的想法，卻少了衝動急躁的語氣。

第四週練習的技巧如何表現在生活中

同樣地，把這個練習融入生活中。不一定要坐下來閉上眼睛，才能把祝福延伸到他人、甚至自己身上。跟前面的練習一樣，把它放進例行公事。走路時試試看：隨著步伐的節奏，在心裡對自己說**願我快樂**，**願我健康**……給予自己或你認識的人祝福，甚至延伸到你看到的所有生物。你有沒有在商店裡或其他公共場合被陌生人惹惱的經驗？**願你**

快樂！沒必要浪費時間，讓憤怒盤據腦海。你或許會發現一旦你理解他人的心智模型，會比較容易跟他們處於「同一頻道」，或是和人發生衝突時比較容易化解，或者之前你視而不見的人突然變得鮮明立體起來。

第五週　練習永不止息

繼續努力！

核心練習			
第一天			
第二天			
第三天			
第四天			
第五天			達成目標
第六天			擴大目標
第七天			大滿貫

從這裡開始，練習表由你自己決定！

現在你已經知道你每天需要練習至少十二分鐘，目標是每週練習五天，這樣專注力系統才會從中受益。但要結合哪些練習，完全可以根據不同人量身訂做。大多數人表示他們有自己特別喜歡的練習。記住：這些練習能彼此強化，也納入了其他練習的要素。它們都是核心練習的一部分，所以從中選擇對你來說比較有效的練習。

可以一天選擇一種練習，也可以在十二分鐘內結合兩種練習。我喜歡前幾天做

找回手電筒或**意念之河**練習，然後用比較短的**連結練習**作為結束。

每天坐在客廳裡（或任何鍛鍊專注力的地方）練習這些技巧十二分鐘，效果會逐漸浮現，不論是在工作上、人際關係，或人生遇到挑戰或奮力堅守目標和夢想的時候。若十二分鐘感覺太難，不妨提醒自己：做這些練習不是為了成為奧林匹克級的呼吸大師！而是為了強化心智核心，增進專注力的穩定度和靈活度。

藉由正念訓練，你可以運用專注力來打斷過去無益的處世方法。擁有顛峰心智，你就擁有了扭轉現狀的力量。

顛峰心智樞紐

一邊是標準的思考方式，另一邊是顛峰心智樞紐。並不是說標準思考方式就毫無價值，只是顛峰心智樞紐能大幅度**擴大你的選擇**。

- 標準觀點：**要促進思考**，就要練習思考。
- **顛峰心智樞紐：練習對思考保持自覺。**

- 標準觀點：**要更專心**，就要練習導正專注力。
- **巔峰心智樞紐：練習覺察和監控自己何時分心。**
- 標準觀點：**要更會溝通**，就要清楚表達自己想說的話。
- **巔峰心智樞紐：練習更會聆聽。**
- 標準觀點：**要瞭解自己**，就要認清自己是什麼樣的人。
- **巔峰心智樞紐：放開自我認同，卸下自我觀點，這樣才能更清楚看見自己和周圍的狀況。**
- 標準觀點：**要減輕痛苦**，就別去想痛苦的事。
- **巔峰心智樞紐：練習聚焦在上面，但不擴充，不編故事，純粹從旁觀察，留意它如何隨著時間改變。**
- 標準觀點：**掌握自己的思緒和情緒起伏**，並加以分析。

- **巔峰心智樞紐：產生強烈情緒時，聚焦在身體上，藉此獲得更多資料，並對浮現腦海的內容更有通透的理解。**
- 標準觀點：遇到難以忍受的事，就抗拒它、壓抑它。
- **巔峰心智樞紐：接納它，包容它。**
- 標準觀點：要展現權力，就要露出咄咄逼人的一面。
- **巔峰心智樞紐：延伸善意，表達仁慈。**
- 標準觀點：要幫助他人調整，就要控制他們。
- **巔峰心智樞紐：（先）調整自己。心定自然平靜。**[3]
- 標準觀點：要減少分心，就要移除令人分心的事物。
- **巔峰心智樞紐：接受自己就是會分心的事實。覺察自己何時分心，練習把專注力拉回來。**

致謝

每次讀完一本好書，我常有意猶未盡的感覺。這時，我會回味無窮地翻到「致謝」的部分，每次都能因此得到滿足。看到整座冰山，我對作者為了用水面（頁面）上的冰山吸引我而付出的心血更加敬佩。寫這本書給了我不同的視角。讓我把想法訴諸筆墨的不只是冰山的其餘部分，而是整片海洋。是這些人的扶助、鼓勵、協作和友誼，讓我在寫作的旅途中不至滅頂。我迫不及待要感謝一路上指引我、鼓舞我、挑戰我和安慰我的**顛峰心智**。

首先，我想謝謝 Idea Architects 的神奇團隊：Doug Abrams、Rachel Neumann、Lara Love、Ty Love、Boo Prince 和 Alyssa Knickerbocker。當初見到他們時，我只有一份模糊的寫作藍圖和透過書本傳達理念的「遠大抱負」。但他們從我提供的「磚塊」看到可能砌成的建築，還鼓勵我實際動手打造。他們的指引提供我非常需要的鷹架，確保這本書的結構堅固牢靠。寫作上能得到 Alyssa Knickerbocker 的提點，就像挖到寶一樣。在她的幫助下，我的思考更敏銳，更能清楚表達複雜的概念。是她供給我氧氣，讓我把一些傑出人士畢生的理念、研究發現和動人故事化為文字。

接著，我想感謝 HarperOne 出版社的 Gideon Weil、Judith Curr、Laina Adler、Aly Mostel、Dan Rovzar、Lucile Culver、Lisa Zuniga、Terri Leonard、Adrian Morgan 和 Sam Tatum。Gideon 十一年前（！）第一次寫信給我，把寫書這個構想的種子埋進我心裡，這些年來，他溫柔而堅定地關注我逐漸萌芽的想法和研究。雖然花了將近十年，但我很慶幸我們在二〇一九年找到正式合作的方法。他的不屈不撓加上直接而敏銳的編輯意見、直率的風格和耐心，對我來說無比重要。

深深感謝四位值得信賴的讀者對我的初稿提供精彩且有益的回饋。Liz Buzone、Jonathan Banks、Mirabai Bush 和 Mike McConville，謝謝你們。

謝謝我的家人。外子麥克從頭到尾讀過我好幾個版本的稿子，簡直就像我的專屬編輯、深夜告解室、啦啦隊、正念練習夥伴，還在許多我必須加緊趕工的週末和深夜，充當全家人的廚師／司機／家管。麥克，沒有你，這本書不可能完成。里歐和蘇菲，這段時間你們的幽默、耐心和獨立，鼓勵我繼續前進。你們永不熄滅的好奇心、求知欲和謹慎的選擇（從吃什麼、穿什麼、做什麼，到提倡大眾的氣候危機意識），讓我更加想要

善用專注力。家裡有個成員永遠不會讀這本書，但每天都給我幫助，那就是我們的狗狗。可愛的塔西，你真是個好孩子。

家父 Parag 過世已經數十年，當時這本書連構想都沒有，何況是寫成文字。但他透徹的眼光和善良的心一直是我人生中和寫作時的一盞明燈。家母 Vandana 很會鼓勵人又充滿活力，有她的關愛支持我何其幸運。謝謝妳提醒我也要關注自己！姊姊 Toral Livingston-Jha、姊夫 Simon、外甥 Rohan、堂弟 Birju Pandya，還有公婆 Jeanne 和 Tony，都是我求之不得的好聽眾，給我源源不絕的愛和支持，謝謝你們。

除了親愛的家人，我也想感謝 Liz Buzone 溫柔地鼓勵我暫時離開寫作洞窟，出去散散步、聊聊天。我非常需要，這些活動激起的漣漪也寫進這本書中。我多麼幸運有妳這麼體貼的好朋友。也要感謝一群跟我相知相惜將近三十載、號稱「博格族」（譯註：the Borg，《星艦迷航記》的虛構外星種族）的老朋友。看來我們一直是對的，就算從專注力的角度來看也是——抵抗無益！

我很榮幸能跟一個好朋友合作許多個大規模的研究計畫。史考特．羅傑斯，你的幽默感、創意、仁慈、開闊的心胸，以及對正念冥想的深入瞭解和修煉，使我們的合作不但樂趣無窮，最後也圓滿成功。謝謝你。

也要謝謝華特．皮亞特和他的夫人辛西雅（Cynthia）多年來與我們的合作，以及對正念研究的支持。剛認識華特時，我很驚訝他說起部署期間遇到的領袖，就像在說自己的朋友。但後來我發現他很努力要瞭解他人，從他們身上學習，當他稱呼之為朋友，一定是真心這麼認為。謝謝二位那麼認真理解專注力和正念，讓我們理解從軍對軍事領袖和他們家人的挑戰。能跟你們學習是我的榮幸。能跟二位結為好友是我的福氣。

我對專注力科學的興趣萌芽於密西根大學派蒂．路特－羅倫茲教授的實驗室。派蒂，謝謝妳早期的指導，並在學術生涯中持續當我的良師益友。除了妳的教導，親眼看到妳成為傑出的學術領袖之餘又能扮演好母親的角色，讓我相信這樣的夢想並非遙不可及。非常感謝多年前妳讓我進妳的實驗室！由於幸運之神的眷顧，我在戴維斯加大找到 Ron Mangun 當我的指導教授。Ron，要不是你為我打下專注力腦科學的堅固基礎，這些年我永遠沒有信心和勇氣拓展研究領域，轉向未知的方向。誠心感謝兩位的教導。

同時也要謝謝理查．戴維森。最近有位記者問我，要是將近二十年前我沒有在賓大某場演講的最後聽到理查說出「冥想」這個詞，我還會想要研究正念訓練嗎？我的答案：「不可能！」謝謝你帶領冥想神經學這個新領域往前邁進，並以科學家的身分積極參與各種活動。也要感謝心智與生命研究所對這個研究領域的支持。謝謝 Adam Engle 和

Susan Bauer-Wu 帶領這個重要的組織，感激你們的相挺。

這十年來，我們對各種高要求族群進行研究，要感謝 Amy Adler 提供的科學指導和睿智的忠告。這些年她耐心地指引我採用一種嚴謹而彈性的方法，在複雜的真實世界進行研究。妳幫助我看清，我們的目標不該僅限於深入理解專注力的運作方式和正念訓練的功用，同時也要藉由我們的研究，提供大眾需要也真正可行的解決方法。謝謝妳為我們的研究計畫花費的時間和精神，並提供我們寶貴的建議。我在書中提到許多應用研究，都從妳的指導中獲益良多。

從頭到尾，我都用「我們」來指稱在我的實驗室進行研究的團隊。這是故意的，如此讀者才會意識到科學研究是一種團隊運動。我很幸運團隊成員都是我碰過最聰明、最合作、最靈活、最有智慧也最善良的一群人。儘管無法在此一一列出實習生的名字，但他們每一位都是我們的重要成員。要特別感謝 Ekaterina Denkova 在我寫書期間暫時「消失」一陣子的時候，協助、指導並支持實驗室的所有活動。此外，也要感謝妳的科學灼見、正直、對研究過程的關心，以及幫助我們達成目標。感謝 Tony Zanesco 在 STRONG 計畫期間短暫加入我們團隊，後來又以博士後研究員的身分重回我們的實驗室。謝謝你帶領我們嘗試許多統計和方法論的創新方法，我們才得以繼續往這條路前進。另外，我想感謝實驗室過去和現在的成員，包括Alex Morrison、Kartik Sreenivasan、Joshua Rooks、Marissa Krimsky、Joanna Witkin、Marieke Van Vugt、Cody Boland、Malena Price、Jordan Barry、Costanza Alessio、Bao Tran Duang、Cindy Ripoll-Martinez、Lindsey Slavin、Emily Brudner、Keith Chichester、Nicolas Ramos、Justin Dainer-Best、Suzanne Parker、Nina Rostrup、Anastasia Kiyonaga、Jason Krompinger、Melissa Ranucci、Ling Wong、Merissa Goolsarran、Matt Gosselin，以及其他優秀的研究助理和實習生。

決定要嘗試冥想的時候，我偶然間看到了傑克·康菲爾德的《初學者的內觀禪修》。他是我第一個冥想老師，對此我非常感激。也很感激有雪倫·薩爾茲堡和卡巴金（Jon Kabat-Zinn）當我人生中的良師益友。雪倫，謝謝妳的愛護和友誼，也很感謝妳在寫作期間給予我支持，包括幫我看書末的練習指南和書中提供的各種練習。妳投入的時間和提供的寶貴指導，我感激不盡。感謝卡巴金開創正念減壓課（MBSR），並擔任我們針對軍隊所做的正念專注力訓練的顧問。第一次跟你提到我想為軍人提供正念訓練，而且可能得在短短八小時內完成時，你抱持懷疑的態度。而這份懷疑卻仍保持尊重的立場，提供了一片沃土，讓我這些年跟你進行積極而真誠的對話。與你的這些對話，以及你對我們的研究一直以來的關心和支持令我感激無比。

書中提到許多我們針對高要求專業人員和其他人士進行的研究，感謝贊助者、所有的參與者，以及與我們合作的各個組織的領導階層。特別要感謝 Gus Castellanos、John Gaddy、Stephen Gonzales、Margaret Cullen、Elana Rosenbaum、Jannell MacAulay、Michael Baime、Liz Stanley、Jane Carpenter Cohn 和 Tom Nassif。此外，感謝下列人士在我們的研究和書中的特定段落充當顧問：Michael Brumage、Michael Hosie、Dennis Smith 和 Phillip Thomas。

深深感謝歌蒂韓（Goldie Hawn）、Marshall Ames、Maria Tussi Kluge、Bill Macnulty、Maurice Sipos 和 Ed Cardon 的協力合作和真知灼見。這本書能完成，你們這些年來的支持和友誼功不可沒。

我非常幸運能把傑夫・戴維斯、傑森・史畢塔列塔、華特・皮亞特、保羅・辛格曼、克麗絲・麥卡利利、莎拉・弗利特納、Richard Gonzales 和艾瑞克・舒梅克的深入訪談和生命故事納入書中。謝謝各位讓我在這本書裡分享你們的洞見和經歷。你們在很多方面鼓舞了我，我相信你們的故事也能鼓舞其他許多人。

在這趟令人卻步、不知所措，最終卻帶來莫大滿足的旅程中，我發現我得把自己在書中努力傳達的一切應用到寫作之中。寫這本書的過程，就是我的高要求時期。幸好我從練習中學會了安頓身心，放慢速度，觀察自己的心智內容，集中專注力，並在需要時擴大專注力的範圍。此外，無論白天或黑夜，每當我需要額外的激勵時，也有其他可靠的工具支撐我堅持下去，包括正念練習、詩、散文和音樂等各種形式的工具。感謝寧靜、邁阿密的暴風雨、哲學家詩人魯米、比丘尼佩瑪・丘卓（Pema Chodron），以及法國雙人電子樂團 Polo & Pan。

最後要感謝所有打開這本書閱讀的人。希望它對你有幫助。

註釋

前言　「專心聽我說好嗎？」

1 許多研究從對日常生活（Killingsworth and Gilbert, 2010; Kane et al., 2007）或實驗表現（Broadway et al., 2015; Unsworth et al., 2012）中取樣發現這種大腦神遊的現象。其中大腦神遊的比例從三成到五成不等，不同受試者之間的差異極大，箇中原因據知有年齡（Maillet et al., 2018）、時段（Smith et al., 2018），以及受試者被詢問的方式（Seli et al., 2018）。

Killingsworth, M. A., and Gilbert, D. T. A Wandering Mind Is an Unhappy Mind. *Science* 330, no. 6006, 932 (2010). https://doi.org/10.1126/science.1192439.

Kane, M. J. et al. For Whom the Mind Wanders, and When: An Experience-Sampling Study of Working Memory and Executive Control in Daily Life. *Psychological Science* 18, no. 7, 614–21 (2007). https://doi.org/10.1111/j.1467-9280.2007.01948.x.

Broadway, J. M. et al. Early Event-Related Brain Potentials and Hemispheric Asymmetries Reveal Mind-Wandering While Reading and Predict Comprehension. *Biological Psychology* 107, 31–43 (2015). http://dx.doi.org/10.1016/j.biopsycho.2015.02.009.

Unsworth, N. et al. Everyday Attention Failures: An Individual Differences Investigation. *Journal of Experimental Psychology: Learning, Memory, and Cognition* 38, 1765–72 (2012). https://doi.org/10.1037/

a0028075.

Maillet, D. et al. Age-Related Differences in Mind-Wandering in Daily Life. *Psychology and Aging* 33, no. 4, 643–53 (2018). https://doi.org/10.1037/pag0000260.

Smith, G. K. et al. Mind-Wandering Rates Fluctuate Across the Day: Evidence from an Experience-Sampling Study. *Cognitive Research Principles and Implications* 3, no. 1 (2018). https://doi.org/10.1186/s41235-018-0141-4.

Seli, P. et al. How Pervasive Is Mind Wandering, Really? *Conscious Cognitive* 66, 74–78 (2018). https://doi.org/10.1016/j.concog.2018.10.002.

2 人容易分心的原因包括演化上的存活壓力（機會成本：Kurzban et al., 2013；蒐集資訊：Pirolli, 2007；專注力循環：Schooler et al., 2011），以及分心對學習和形成記憶的好處（去習慣化：Schooler et al., 2011；情節記憶：Mildner and Tamir, 2019）。

Kurzban, R. et al. An Opportunity Cost Model of Subjective Effort and Task Performance. *Behavioral and Brain Sciences* 36, no. 6, 661 (2013). https://doi.org/10.1017/S0140525X12003196.

Pirolli, P. *Information Foraging Theory: Adaptive Interaction with Information* (New York: Oxford University Press, 2007).

Schooler, J. W. et al. Meta-Awareness, Perceptual Decoupling and the Wandering Mind. *Trends in Cognitive Sciences* 15, no. 7, 319–26 (2011). https://doi.org/10.1016/j.tics.2011.05.006.

Mildner, J. N., and Tamir, D. I. Spontaneous Thought as an Unconstrained Memory Process. *Trends in Neuroscience* 42, no. 11, 763–77 (2019). https://doi.org/10.1016/j.tins.2019.09.001.

3 愈來愈多人意識到專注力的經濟學層面，因為新聞和社交媒體把我們的專注力當作商品販售，Myllylahti (2020) and Davenport and Beck (2001) 都曾提到這個現象。

Myllylahti, M. Paying Attention to Attention: A Conceptual Framework for Studying News Reader Revenue Models Related to Platforms. *Digital Journalism* 8, no. 5, 567–75 (2020). https://doi.org/10.1080/21670811.2019.1691926.

Davenport, T. H., and Beck, J. C. *The Attention Economy: Understanding the New Currency of Business*. (Cambridge, MA: Harvard Business Review Press, 2001).

4 跟任務相關且正在處理的資訊，在神經層面（Posner and Driver, 1992）和現象學層面會被我們的感知放大（Carrasco et al., 2004）。

Posner, M. I., and Driver, J. The Neurobiology of Selective Attention. *Current Opinion in Neurobiology* 2, no. 2, 165–69 (1992). https://doi.org/10.1016/0959-4388(92)90006-7.

Carrasco, M. et al. Attention Alters Appearance. *Nature Neuroscience* 7, no. 3, 308–13 (2004). https://doi.org/10.1038/nn1194.

5 專注力據知是為了凸顯有益生物存活的資訊，才演化出來的。但這也可能使專注力偏離手邊的工作。嚴重和長期壓力都會使專注力下降，破壞前額葉皮質的功能（Arnsten, 2015）。威脅會增加大腦神遊（Mrazek et al., 2011）並搶走專注力（Koster et al., 2004）。壞心情和反覆的負面思考，使專注力和工作記憶的表現下降（Smallwood et al., 2009）。精神疾病導致的壓力、威脅和壞心情，被歸咎於專注力資源被搶去處理這些內容，因而沒有餘裕處理其他種類的資訊（Eysenck et al., 2007）。

Arnsten, A. Stress Weakens Prefrontal Networks: Molecular Insults to Higher Cognition. *Nature Neuroscience* 18, no. 10, 1376–85 (2015). https://doi.org/10.1038/nn.4087.

Mrazek, M. D. et al. Threatened to Distraction: Mind-Wandering as a Consequence of Stereotype Threat. *Journal of Experimental Social Psychology* 47, no. 6, 1243–48 (2011). https://doi.org/10.1016/j.jesp.2011.05.011.

Koster, E. W. et al. Does Imminent Threat Capture and Hold Attention? *Emotion* 4, no. 3, 312–17 (2004). https://doi.org/10.1037/1528-3542.4.3.312.

Smallwood, J. et al. Shifting Moods, Wandering Minds: Negative Moods Lead the Mind to Wander. *Emotion* 9, no. 2, 271–76 (2009). https://doi.org/10.1037/a0014855.

Eysenck, M. W. et al. Anxiety and Cognitive Performance: Attentional Control Theory. *Emotion* 7, no. 2, 336–53 (2007). https://doi.org/10.1037/1528-3542.7.2.336.

6 Sun Tzu. *The Art of War* (Bridgewater, MA: World Publications, 2007), 13.

7 Kreiner, J. How to Reduce Digital Distractions: Advice from Medieval Monks. *Aeon*, April 21, 2019. https://aeon.co/ideas/how-to-reduce-digital-distractions-advice-from-medieval-monks.

8 James, W. (1890). *The Principles of Psychology*, vols. 1–2 (New York: Holt, 1890), 424.

9 Todd, P. M., and Hills, T. Foraging in Mind. *Current Directions in Psychological Science* 29, no. 3, 309–15 (2020). https://doi.org/10.1177/0963721420915861.

10 就算風險很高（Mrazek et al., 2012）或動機很強（Seli et al., 2019），受試者還是會分心跟出錯，即使不分心就能獲得獎勵也一樣（Esterman et al., 2014）。

Mrazek, M. D. et al. The Role of Mind-Wandering in Measurements of General Aptitude. *Journal of Experimental Psychology General* 141, no. 4, 788–98 (2012). https://doi.org/10.1037/a0027968.

Seli, P. et al. Increasing Participant Motivation Reduces Rates of Intentional and Unintentional Mind Wandering. *Psychological Research* 83, no. 5, 1057–69 (2019). https://doi.org/10.1007/s00426-017-0914-2.

Esterman, M. et al. Reward Reveals Dissociable Aspects of Sustained Attention. *Journal of Experimental Psychology General* 143, no. 6, 2287–95 (2014). https://doi.org/10.1037/xge0000019.

11 逃避現實（escapism）的正式說法是迴避（avoidance），根據研究，它跟壓抑一樣都會增加憂鬱症等精神疾病的症狀（Aldao et al., 2010）。保持正面情緒儘管可能有益（Le Nguyen and Fredrickson, 2018），但在嚴重高壓（Hirshberg et al., 2018）或長期高壓下（Jha et al., 2020），致力於增加正面情緒，可能導致更大的情緒波動和表現失常。

Aldao, A. et al. Emotion-Regulation Strategies Across Psychopathology: A Meta-Analytic Review. *Clinical Psychology Review* 30, no. 2, 217–37 (2010). https://doi.org/10.1016/j.cpr.2009.11.004.

Le Nguyen, K. D., and Fredrickson, B. L. *Positive Psychology: Established and Emerging Issues* (New York: Routledge/Taylor & Francis Group, 2018), 29–45.

Hirshberg, M. J. et al. Divergent Effects of Brief Contemplative Practices in Response to an Acute Stressor: A Randomized Controlled Trial of Brief Breath Awareness, Loving-Kindness, Gratitude or an Attention Control Practice. *PLoS One* 13, no. 12, e0207765 (2018). https://doi.org/10.1371/journal.pone.0207765.

Jha, A. P. et al. Comparing Mindfulness and Positivity Trainings in High-Demand Cohorts. *Cognitive Therapy and Research* 44, no. 2, 311–26 (2020). https://doi.org/10.1007/s10608-020-10076-6.

12 有許多研究正在積極檢視正念訓練的效用。可見：Birtwell, K. et al. An Exploration of Formal and Informal Mindfulness Practice and Associations with Wellbeing. *Mindfulness* 10, no. 1, 89–99 (2019). https://doi.org/10.1007/s12671-018-0951-y.

13 Jha, A. P. et al. Examining the Protective Effects of Mindfulness Training on Working Memory Capacity and Affective Experience. *Emotion* 10, no. 1, 54–64 (2010). https://doi.org/10.1037/a0018438.

Rooks, J. D. et al. "We Are Talking About Practice": The Influence of Mindfulness vs. Relaxation Training on Athletes' Attention and Well-Being over High-Demand Intervals. *Journal of Cognitive Enhancement* 1, no. 2, 141–53 (2017). https://doi.org/10.1007/s41465-017-0016-5.

第1章　專注力就是你的超能力

1 Slimani, M. et al. Effects of Mental Imagery on Muscular Strength in Healthy and Patient Participants: A Systematic Review. *Journal of Sports Science & Medicine* 15, no. 3, 434–50 (2016). https://pubmed.ncbi.nlm.nih.gov/27803622.

2 有很多類似這個「跳舞黑猩猩」的實驗，都是針對「不注意視盲」（inattentional blindness）所做的研究。Simons, D. J., and Chabris, C. F. Gorillas in Our Midst: Sustained Inattentional Blindness for Dynamic Events. *Perception* 28, no. 9, 1059–74 (1999). https://doi.org/10.1068/p281059.

3 Hagen, S. The Mind’s Eye. *Rochester Review* 74, no. 4, 32–37 (2012).

4 愈來愈多證據顯示，不只在驗屍後發現患者的結構性連結受損，從功能性核磁共振造影，也發現帕金森氏症（van Eimeren et al., 2009）、阿茲海默症（Greicius et al., 2004）及亨丁頓舞蹈症（Werner et al., 2014）等患者的靜息態功能性活動及連結受損。

van Eimeren, T. et al. Dysfunction of the Default Mode Network in Parkinson Disease: A Functional Magnetic Resonance Imaging Study. *JAMA Neurology* 66, no. 7, 877–83 (2009). https://doi.org/10.1001/archneurol.2009.97.

Greicius, M. D. et al. Default-Mode Network Activity Distinguishes Alzheimer’s Disease from Healthy Aging: Evidence from Functional MRI. *Proceedings of the National Academy of Sciences of the United States of America* 101, no. 13, 4637–42 (2004). https://doi.org/10.1073/pnas.0308627101.

Werner, C. J. et al. Altered Resting-State Connectivity in Huntington’s Disease. *Human Brain Mapping* 35, no. 6, 2582–93 (2014). https://doi.org/10.1002/hbm.22351.

5 這裡指的是一種公認的現象：視覺刺激為了獲得神經網路青睞而產生的競爭性互動，尤其當刺激召集的是同一群神經元時（Desimone and Duncan, 1995）。這種現象是從腦電圖中觀察到的，在人類腦中看到的N170要素（Jacques and Rossion, 2004）即為一例，另外還有人以外的靈長類動物的個別研究（Rolls and Tovee, 1995）。

Desimone, R., and Duncan, J. Neural Mechanisms of Selective Visual Attention. *Annual Review of Neuroscience* 18, 193–222 (1995). https://doi.org/10.1146/annurev.ne.18.030195.001205.

Jacques, C., and Rossion, B. Concurrent Processing Reveals Competition Between Visual Representations of Faces. *Neuroreport* 15, no. 15, 2417–21 (2004). https://doi.org/10.1097/00001756-200410250-00023.

Rolls, E. T., and Tovee, M. J. The Responses of Single Neurons in the Temporal Visual Cortical Areas of the Macaque When More Than One Stimulus Is Present in the Receptive Field. *Experimental Brain Research* 103, 409–20 (1995). https://doi.org/10.1007/BF00241500.

6 Petersen, S. E., and M. I. Posner. The Attention System of the Human Brain: 20 Years After. *Annual Review of Neuroscience* 35, 73–89 (2012). https://doi.org/10.1146/annurev-neuro-062111-150525.

7 Unsworth, N. et al. Are Individual Differences in Attention Control Related to Working Memory Capacity? A Latent Variable Mega-Analysis. *Journal of Experimental Psychology General* 38, no. 6, 1765–72 (2020). https://doi.org/10.1037/xge0001000.

8 LeDoux, J. E., and Brown, R. A Higher-Order Theory of Emotional Consciousness. *Proceedings of the National Academy of Sciences of the United States of America* 114, no. 10, E2016–E2025 (2017). https://doi.org/10.1073/pnas.1619316114.

Baddeley, A. The Episodic Buffer: A New Component of Working Memory? *Trends in Cognitive Sciences* 4, no. 11, 417–23 (2000). https://doi.org/https://doi.org/10.1016/S1364-6613(00)01538-2.

9 "Facts About Your Heart," MetLife AIG (accessed September 10, 2020). https://tcs-ksa.com/en/metlife/facts-about-your-heart.php.

10 在 Paczynski et al. (2015) 中，我們調查了負面 v.s. 中性分心事物對專注力的影響，發現呈現不相干的負面圖像，會減低N170專注力效應。值得一提的是，「負面偏誤」（negativity bias）由來已久，即負面資訊對諸如專注力、感知和記憶，或是動機、決策（見 Norris, 2019 的近期回顧）等各種功能造成的影響較大（相對於同樣極端和煽動的正面資訊）。除了如 Paczynski et al. (2015) 發現的，負面外在刺激會奪走專注力，也有愈來愈多證據顯示，源自內在的負面內容（即激起負面感受的記憶和想法，或是負面的大腦神遊）比正面或中性內容更會搶走專注力。另有愈來愈多證據指出，激起負面情緒的神遊有礙專注力和工作記憶的表現（Banks et al., 2016）。

Paczynski, M. et al. Brief Exposure to Aversive Stimuli Impairs Visual Selective Attention. *Journal of Cognitive Neuroscience* 27, no. 6, 1172–9 (2015). https://doi.org/10.1162/jocn_a_00768.

Norris, C. J. The Negativity Bias, Revisited: Evidence from Neuroscience Measures and an Individual Differences Approach. *Social Neuroscience* 16 (2019). https://doi.org/10.1080/17470919.2019.1696225.

Banks, J. B. et al. Examining the Rcle of Emotional Valence of Mind Wandering: All Mind Wandering Is Not Equal. *Consciousness and Cognition* 43, 167–76 (2016). https://doi.org/10.1016/j.concog.2016.06.003.

第2章　專注力剋星

1 Theeuwes, J. Goal-Driven, Stimulus-Driven, and History-Driven Selection. *Current Opinion in Psychology* 29, 97–101 (2019). https://doi.org/10.1016/j.copsyc.2018.12.024.

2 除了最初由耶克斯－道森（Yerkes and Dodson, 1908; 另見 Teigen, 1994）提出的表現與壓力之間呈倒U曲線和之後許多其他的研究，近來也有證據指出，跟壓力有關的神經傳導物質，如藍斑核（locus coeruleus，LC）之類的大腦部位的正腎上腺素（NE）若是升高，相對於表現也會呈現此種倒U曲線，見 Qin et al. (2009) 的整理。最佳表現與正腎上腺素有關，此時藍斑核活動達到中等活躍程度。

但若是正腎上腺素過高或過低導致藍斑核活動衰退或活動過度，表現就會變差。重點是，壓力沒有一定的好壞，端看是壓力多寡造成的結果。惡性壓力（相對於良性壓力）通常簡稱「壓力」。證明壓力與表現呈倒U曲線的工作，是那些需要投入高度專注力和工作記憶才能成功的工作。

Yerkes, R. M., and Dodson, J. D. The Relation of Strength of Stimulus to Rapidity of Habitat-Formation. *Journal of Comparative Neurology and Psychology* 18, 459–82 (1908). https://doi.org/10.1002/cne.920180503.

Teigen, K. H. Yerkes-Dodson: A Law for All Seasons. *Theory Psychology* 4, 525 (1994). https://doi.org/10.1177/0959354394044004.

Qin, S. et al. Acute Psychological Stress Reduces Working Memory-Related Activity in the Dorsolateral Prefrontal Cortex. *Biological Psychiatry* 66, no. 1, 25–32 (2009). https://doi.org/10.1016/j.biopsych.2009.03.006.

3 這裡指的是延續性注意力的測驗（Smallwood et al., 2009）。值得一提的是，專注力、工作記憶和心情之間的關係，已經用各種測驗和各種研究心情跟情緒分心的方法做過檢視。在測驗中呈現負面分心事物（e.g., Witkin et al., 2020; Garrison and Schmeichel, 2018），以及先天特質或後天失調造成的負面心情，都會使專注力和工作記憶測驗表現變差。另見 Schmeichel and Tang (2015) and Mitchell and Phillips (2007)。

Smallwood, J. et al. Shifting Moods, Wandering Minds: Negative Moods Lead the Mind to Wander. *Emotion* 9, no. 2, 271–76 (2009). https://doi.org/10.1037/a0014855.

Witkin, J. et al. Dynamic Adjustments in Working Memory in the Face of Affective Interference. *Memory & Cognition* 48, 16–31 (2020). https://doi.org/10.3758/s13421-019-00958-w.

Garrison, K. E., and Schmeichel, B. J. Effects of Emotional Content on Working Memory Capacity.

Cognition and Emotion 33, no. 2, 370–77 (2018). https://doi.org/10.1080/02699931.2018.1438989.

Eysenck, M. W. et al. Anxiety and Cognitive Performance: Attentional Control Theory. *Emotion* 7, no. 2, 336–53 (2007). https://doi.org/10.1037/1528-3542.7.2.336.

Gotlib, I. H., and Joormann, J. Cognition and Depression: Current Status and Future Directions. *Annual Review of Clinical Psychology* 6, 285–312 (2010). https://doi.org/10.1146/annurev.clinpsy.121208.131305.

Schmeichel, B. J., and Tang, D. Individual Differences in Executive Functioning and Their Relationship to Emotional Processes and Responses. *Current Directions in Psychological Science* 24, no. 2, 93–98 (2015). https://doi.org/10.1177/0963721414555178.

Mitchell, R. L., and Phillips, L. H. The Psychological, Neurochemical and Functional Neuroanatomical Mediators of the Effects of Positive and Negative Mood on Executive Functions. *Neuropsychologia* 45, no. 4, 617–29 (2007). https://doi.org/10.1016/j.neuropsychologia.2006.06.030.

4 愈來愈多證據顯示，與威脅相關的資訊能牢牢抓住專注力（Koster et al., 2004）並妨礙工作記憶（Schmader and Johns, 2003），甚至可能降低工作表現（Shih et al., 1999）。

Koster, E. H. W. et al. Does Imminent Threat Capture and Hold Attention? *Emotion* 4, no. 3, 312–17 (2004). https://doi.org/10.1037/1528-3542.4.3.312.

Schmader, T., and Johns, M. Converging Evidence that Stereotype Threat Reduces Working Memory Capacity. *Journal of Personality and Social Psychology* 85, no. 3, 440–52 (2003). https://doi.org/10.1037/0022-3514.85.3.440.

Shih, M. et al. Stereotype Susceptibility: Identity Salience and Shifts in Quantitative Performance. *Psychological Science* 10, no. 1, 80–83 (1999). https://doi.org/10.1111/1467-9280.00111.

5 Neubauer, S. The Evolution of Modern Human Brain Shape. *Science Advances* 4, no. 1 (2018). https://doi.org/10.1126/sciadv.aao5961.

6 Gibson, C. E. et al. A Replication Attempt of Stereotype Susceptibility: Identity Salience and Shifts in Quantitative Performance. *Social Psychology* 45, no. 3, 194–98 (2014). http://dx.doi.org/10.1027/1864-9335/a000184.

7 除了壓力、威脅和心情低落，很多因素都會破壞專注力和工作記憶的表現。Blasiman, R. N., and Was, C. A. Why Is Working Memory Performance Unstable? A Review of 21 Factors. *Europe's Journal of Psychology* 14, no. 1, 188–231 (2018). https://doi.org/10.5964/ejop.v14i1.1472.

8 Alquist, J. L. et al. What You Don't Know Can Hurt You: Uncertainty Impairs Executive Function. *Frontiers in Psychology* 11, 576001 (2020). https://doi.org/10.3389/fpsyg.2020.576001.

9 死亡焦慮和表現退步，詳見：Gailliot, M. T. et al. Self-Regulatory Processes Defend Against the Threat of Death: Effects of Self-Control Depletion and Trait Self-Control on Thoughts and Fears of Dying. *Journal of Personality and Social Psychology* 91, no. 1, 49–62 (2006). https://doi.org/10.1037/0022-3514.91.1.49.

10 Stroop, J. R. Studies of Interference in Serial Verbal Reactions. *Journal of Experimental Psychology* 18, no. 6, 643–62 (1935). https://doi.org/10.1037/h0054651.

11 做完高分歧測驗比做完低分歧測驗之後表現更好的現象，稱為「分歧適應效應」（conflict adaption effect）。據知是高分歧及其他高認知要求，如工作記憶負荷和分心事物的干擾，誘使認知控制資源積極上調。

Ullsperger, M. et al. The Conflict Adaptation Effect: It's Not Just Priming. *Cognitive, Affective, & Behavioral Neuroscience* 5, 467–72 (2005). https://doi.org/10.3758/CABN.5.4.467.

Witkin, J. E. et al. Dynamic Adjustments in Working Memory in the Face of Affective Interference. *Memory*

& *Cognition* 48, 16–31 (2020). https://doi.org/10.3758/s13421-019-00958-w.

Jha, A. P., and Kiyonaga, A. Working-Memory-Triggered Dynamic Adjustments in Cognitive Control. *Journal of Experimental Psychology, Learning, Memory, and Cognition* 36, no. 4, 1036–42 (2010). https://doi.org/10.1037/a0019337.

12 大腦反映出的不同狀態與佛家所說的五蓋一致。Wallace, B. A. *The Attention Revolution: Unlocking the Power of the Focused Mind* (Boston: Wisdom Publications, 2006).

13 「努力告訴自己別去想北極熊，之後你會發現那可惡的東西每分鐘都會浮現你腦海。」（"Winter Notes on Summer Impressions," Fyodor Dostoevsky, 1863）這句話激發了一個經典的研究，從中發現你想壓抑的想法反而會更常出現（Wegner et al., 1987; see also Winerman, 2011; and Rassin et al., 2000）。愈來愈多證據指出，壓抑想法和壓抑情感表達（即努力控制自然出現的情緒反應）有損工作記憶（Franchow and Suchy, 2015），導致心理健康也受害（Gross and John, 2003）。

Wegner, D. M. et al. Paradoxical Effects of Thought Suppression. *Journal of Personality and Social Psychology* 53, no. 1, 5–13 (1987). https://doi.org/10.1037/0022-3514.53.1.5.

Winerman, L. Suppressing the "White Bears." *American Psychological Association* 42, no. 9, 44 (2011). https://www.apa.org/monitor/2011/10/unwanted-thoughts.

Rassin, E. et al. Paradoxical and Less Paradoxical Effects of Thought Suppression: A Critical Review. *Clinical Psychology Review* 20, no. 8, 973–95 (2000). https://doi.org/10.1016/S0272-7358(99)00019-7.

Franchow, E., and Suchy, Y. Naturally-Occurring Expressive Suppression in Daily Life Depletes Executive Functioning. *Emotion* 15, no. 1, 78–89 (2015). https://doi.org/10.1037/emo0000013.

Gross, J. J., and John, O. P. Individual Differences in Two Emotion Regulation Processes: Implications for Affect, Relationships, and Well-Being. *Journal of Personality and Social Psychology* 85, no. 2, 348–62

(2003). https://doi.org/10.1037/0022-3514.85.2.348.

第3章　大腦做的伏地挺身

1 Maguire, E. A. et al. London Taxi Drivers and Bus Drivers: A Structural MRI and Neuropsychological Analysis. *Hippocampus* 16, no. 12, 1091–1101 (2006). https://doi.org/10.1002/hipo.20233.

2 基本上，大腦功能是透過電化過程發生的，尤其是神經元發射時產生的功能。功能性核磁共振造影（fMRI）記錄的不是腦電活動，而是伴隨腦電活動而來的血流增加。由此可見，ｆＭＲＩ是對神經活動的間接測量。de Haan, M., and Thomas, K. M. Applications of ERP and fMRI Techniques to Developmental Science. *Developmental Science* 5, no. 3, 335–43 (2002). https://doi.org/10.1111/1467-7687.00373.

3 Parong, J., and Mayer, R. E. Cognitive Consequences of Playing Brain-Training Games in Immersive Virtual Reality. *Applied Cognitive Psychology* 34, no. 1, 29–38 (2020). https://doi.org/10.1002/acp.3582.

A Consensus on the Brain Training Industry from the Scientific Community. Max Planck Institute for Human Development and Stanford Center on Longevity. News release (October 20, 2014). https://longevity.stanford.edu/a-consensus-on-the-brain-training-industry-from-the-scientific-community-2/.

Kable, J. W. et al. No Effect of Commercial Cognitive Training on Brain Activity, Choice Behavior, or Cognitive Performance. *Journal of Neuroscience* 37, no. 31, 7390–7402 (2017). https://doi.org/10.1523/JNEUROSCI.2832-16.2017.

Slagter, H. A. et al. Mental Training as a Tool in the Neuroscientific Study of Brain and Cognitive Plasticity. *Frontiers in Human Neuroscience* 5, no. 17 (2011). https://doi.org/10.3389/fnhum.2011.00017.

4 Witkin, J. et al. Mindfulness Training Influences Sustained Attention: Attentional Benefits as a Function of

Training Intensity. Poster presented at the International Symposium for Contemplative Research, Phoenix, Arizona (2018).

5 Biggs, A. T. et al. Cognitive Training Can Reduce Civilian Casualties in a Simulated Shooting Environment. *Psychological Science* 26, no. 8, 1064–76 (2015). https://doi.org/10.1177/0956797615579274.

6 Jha, A. P. et al. Mindfulness Training Modifies Subsystems of Attention. *Cognitive, Affective & Behavioral Neuroscience* 7, no. 2, 109–19 (2007). https://doi.org/10.3758/CABN.7.2.109.

7 Rooks, J. D. et al. "We Are Talking About Practice": The Influence of Mindfulness vs. Relaxation Training on Athletes' Attention and Well-Being over High-Demand Intervals. *Journal of Cognitive Enhancement* 1, no. 2, 141–53 (2017). https://doi.org/10.1007/s41465-017-0016-5.

8 我們在各式各樣的團體都發現高壓力期間表現退步的現象，如學期間的大學生（Morrison et al., 2014）、部署前正在進行八週訓練的海軍陸戰隊隊員（Jha et al., 2010）、被監禁的青少年（Leonard et al., 2013），以及賽季前接受訓練的美式足球員（Rooks et al., 2017）。

Morrison, A. B. et al. Taming a Wandering Attention: Short-Form Mindfulness Training in Student Cohorts. *Frontiers in Human Neuroscience* 7, 897 (2014). https://doi.org/10.3389/fnhum.2013.00897.

Jha, A. P. et al. Examining the Protective Effects of Mindfulness Training on Working Memory Capacity and Affective Experience. *Emotion* 10, no. 1, 54–64 (2010). https://doi.org/10.1037/a0018438.

Leonard, N. R. et al. Mindfulness Training Improves Attentional Task Performance in Incarcerated Youth: A Group Randomized Controlled Intervention Trial. *Frontiers in Psychology* 4, no. 792, 2–10 (2013). https://doi.org/10.3389/fpsyg.2013.00792.

Rooks, J. D. et al. "We Are Talking About Practice": The Influence of Mindfulness vs. Relaxation Training on Athletes' Attention and Well-Being over High-Demand Intervals. *Journal of Cognitive Enhancement*

1, no. 2, 141–53 (2017). https://doi.org/10.1007/s41465-017-0016-5.

9 Lyndsay, E. K., and Creswell, J. D. Mindfulness, Acceptance, and Emotion Regulation: Perspectives from Monitor and Acceptance Theory (MAT). *Current Opinion in Psychology* 28, 120–5 (2019). https://doi.org/10.1007/s41465-017-0016-5.

第4章　找到你的專注力焦點

1 Lampe, C., and Ellison, N. Social Media and the Workplace. Pew Research Center, June 22, 2016. https://www.pewresearch.org/internet/2016/06/22/social-media-and-the-workplace/.

2 Cameron, L. et al. Mind Wandering Impairs Textbook Reading Comprehension and Retention. Poster presented at the Cognitive Neuroscience Society Annual Meeting, Boston, Massachusetts (April 2014).

3 See, for example, Zanesco, A. P. et al. Meditation Training Influences Mind Wandering and Mindless Reading. *Psychology of Consciousness: Theory, Research, and Practice* 3, no. 1, 12–33 (2016). https://doi.org/10.1037/cns0000082.

4 Smallwood, J. et al. The Lights Are On but No One's Home: Meta-Awareness and the Decoupling of Attention When the Mind Wanders. *Psychonomic Bulletin & Review* 14, no. 3, 527–33 (2007). https://doi.org/10.3758/BF03194102.

5 Esterman, M. et al. In the Zone or Zoning Out? Tracking Behavioral and Neural Fluctuations During Sustained Attention. *Cerebral Cortex* 23, no. 11, 2712–23 (2013). https://doi.org/10.1093/cercor/bhs261.

Mrazek, M. D. et al. The Role of Mind-Wandering in Measurements of General Aptitude. *Journal of Experimental Psychology General* 141, no. 4, 788–98 (2012). https://doi.org/10.1037/a0027968.

Wilson, T. D. et al. Just Think: The Challenges of the Disengaged Mind. *Science* 345, no. 6192, 75–7 (2014).

https://doi.org/10.1126/science.1250830.

6 Webster, D. M., and Kruglanski, A. W. Individual Differences in Need for Cognitive Closure. *Journal of Personality and Social Psychology* 67, no. 6, 1049–62 (1994). https://doi.org/10.1037/0022-3514.67.6.1049.

7 Lavie, N. et al. Load Theory of Selective Attention and Cognitive Control. *Journal of Experimental Psychology* 133, no. 3, 339–54 (2004). https://doi.org/10.1037/0096-3445.133.3.339.

8 警覺遞減又稱活動時間效應（time-on-task effect），即參與活動的時間愈久，表現愈退步的行為模式。造成這種現象的原因眾說紛紜，從資源耗損、專注力循環到對機會成本的考量都有。相關討論見 Rubinstein (2020) 及 Davies and Parasuraman (1982).

Rubinstein, J. S. Divergent Response-Time Patterns in Vigilance Decrement Tasks. *Journal of Experimental Psychology: Human Perception and Performance* 46, no. 10, 1058–76 (2020). https://doi.org/10.1037/xhp0000813.

Davies, D. R., and Parasuraman, R. *The Psychology of Vigilance* (London: Academic Press, 1982).

9 Denkova, E. et al. Attenuated Face Processing During Mind Wandering. *Journal of Cognitive Neuroscience* 30, no. 11, 1691–1703 (2018). https://doi.org/10.1162/jocn_a_01312.

10 Schooler, J. W. et al. Meta-Awareness, Perceptual Decoupling and the Wandering Mind. *Trends in Cognitive Sciences* 15, no. 7, 319–26 (2011). https://doi.org/10.1016/j.tics.2011.05.006.

11 雖然大腦神遊在很多實際狀況下都會發生，但真實世界的大腦神遊頻率，跟實驗室從個別表現測試到的頻率，在不同人身上可能不會永遠一致（Kane et al., 2017），而且強迫自己專心、任務的要求和其他個人差異，都可能使真實生活與實驗室測得的大腦神遊和工作記憶表現不一致。Kane, M. J. et al. For Whom the Mind Wanders, and When, Varies Across Laboratory and Daily-Life Settings. *Psychological Science* 28, no. 9 1271–1289 (2017). https://doi.org/10.1177/0956797617706086.

12 Crosswell, A. D. et al. Mind Wandering and Stress: When You Don't Like the Present Moment. *Emotion* 20, no. 3, 403–12 (2020). https://doi.org/10.1037/emo0000548.

13 Killingsworth, M. A., and Gilbert, D. T. A Wandering Mind Is an Unhappy Mind. *Science* 330, no. 6006, 932 (2010). https://doi.org/10.1126/science.1192439.

14 Posner, M. I. et al. Inhibition of Return: Neural Basis and Function. *Cognitive Neuropsychology* 2, no. 3, 211–28 (1985). https://doi.org/10.1080/02643298508252866.

15 Ward, A. F., and Wegner, D. M. Mind-Blanking: When the Mind Goes Away. *Frontiers in Psychology* 4, 650 (2013). https://doi.org/10.3389/fpsyg.2013.00650.

16 有些研究提出，表現和大腦活動模式中緩慢而暫時的波動，可能反映了大腦面對一個又一個目標時的專注力循環。Smallwood, J. et al. Segmenting the Stream of Consciousness: The Psychological Correlates of Temporal Structures in the Time Series Data of a Continuous Performance Task. *Brain and Cognition* 66, no. 1, 50–6 (2008). https://doi.org/10.1016/j.bandc.2007.05.004.

17 Rosen, Z. B. et al. Mindfulness Training Improves Working Memory Performance in Adults with ADHD. Poster presented at the Annual Meeting of the Society for Neuroscience, Washington, DC (2008).

18 Rubinstein, J. S. et al. Executive Control of Cognitive Processes in Task Switching. *Journal of Experimental Psychology: Human Perception and Performance* 27, no, 4, 763–97 (2001). https://doi.org/10.1037/0096-1523.27.4.763.

19 Levy, D. M. et al. The Effects of Mindfulness Meditation Training on Multitasking in a High-Stress Information Environment. *Proceedings of Graphics Interface*, 45–52 (2012). https://dl.acm.org/doi/10.5555/2305276.2305285.

20 Etkin, J., and Mogilner, C. Does Variety Among Activities Increase Happiness? *Journal of Consumer*

Research 43, no. 2, 210–29 (2016). https://doi.org/10.1093/jcr/ucw021.

第5章　停止「倒帶」或「快轉」，持續播放，體驗當下

1 工作記憶是一種認知系統，讓短期保留的資訊方便存取並用來為目標服務。工作記憶有幾個突出的模型，例如 Baddeley 的模型強調工作記憶的組成結構（Baddeley 2010）、Engle 的模型（Engle and Kane, 2004）強調個別差異研究，以及執行控制（類似專注力系統的中央執行系統）的角色如何解釋工作記憶容量的個別差異。

Baddeley, A. Working Memory. *Current Biology* 20, no. 4, R136 – R140 (2010). https://doi.org/10.1016/j.cub.2009.12.014.

Engle, R. W., and Kane, M. J. Executive Attention, Working Memory Capacity, and a Two-Factor Theory of Cognitive Control. In B. Ross (ed.), *The Psychology of Learning and Motivation* 44, 145–99 (2004).

2 Raye, C. L. et al. Refreshing: A Minimal Executive Function. *Cortex* 43, no. 1, 134–45 (2007). https://doi.org/10.1016/s0010-9452(08)70451-9.

3 Braver, T. S. et al. A Parametric Study of Prefrontal Cortex Involvement in Human Working Memory. *NeuroImage* 5, no. 1, 49–62 (1997). https://doi.org/10.1006/nimg.1996.0247.

4 很多研究做的是事件相關的 fMRI，把對自己及親近「他者」vs. 名人或陌生人做形容詞判斷時的大腦啟動區域相互比較。比起名人或陌生人，對自己和親近「他者」做判斷時，預設模式網路的神經節點（如內前額葉皮質、後扣帶皮質、楔前葉）啟動程度較高。

van der Meer, L. et al. Self-Reflection and the Brain: A Theoretical Review and Meta-Analysis of Neuroimaging Studies with Implications for Schizophrenia. *Neuroscience & Biobehavioral Reviews* 34, no. 6, 935–46 (2010). https://doi.org/10.1016/j.neubiorev.2009.12.004.

Zhu, Y. et al. Neural Basis of Cultural Influence on Self-Representation. *NeuroImage* 34, no. 3, 1310–6 (2007). https://doi.org/10.1016/j.neuroimage.2006.08.047.

Heatherton, T. F. et al. Medial Prefrontal Activity Differentiates Self from Close Others. *Social Cognitive & Affective Neuroscience* 1, no. 1, 18–25 (2006). https://doi.org/10.1093/scan/nsl001.

5 Raichle, M. E. The Brain's Default Mode Network. *Annual Review of Neuroscience* 38, 433–47 (2015). https://doi.org/10.1146/annurev-neuro-071013-014030.

6 Weissman, D. H. et al. The Neural Bases of Momentary Lapses in Attention. *Nature Neuroscience* 9, no. 7, 971–8 (2006). https://doi.org/10.1038/nn1727.

7 Andrews-Hanna, J. R. et al. Dynamic Regulation of Internal Experience: Mechanisms of Therapeutic Change. In Lane, R. D., and Nadel, L., *Neuroscience of Enduring Change: Implications for Psychotherapy* (New York: Oxford University Press, 2020), 89–131. https://doi.org/10.1093/oso/9780190881511.003.0005.

8 Barrett, L. F. et al. Individual Differences in Working Memory Capacity and Dual-Process Theories of the Mind. *Psychological Bulletin* 130, no. 4, 553–73 (2004). https://doi.org/10.1037/0033-2909.130.4.553.

9 Mikels, J. A., and Reuter-Lorenz, P. A. Affective Working Memory: An Integrative Psychological Construct. *Perspectives on Psychological Science* 14, no. 4, 543–59 (2019). https://doi.org/10.1177/1745691619837597.

LeDoux, J. E., and Brown, R. A Higher-Order Theory of Emotional Consciousness. *Proceedings of the National Academy of Sciences of the United States of America* 114, no. 10, E2016–E2025 (2017). https://doi.org/10.1073/pnas.1619316114.

10 Schmeichel, B. J. et al. Working Memory Capacity and the Self-Regulation of Emotional Expression and Experience. *Journal of Personality and Social Psychology* 95, no. 6, 1526–40 (2008). https://doi.

org/10.1037/a0013345.

11 Klingberg, T. Development of a Superior Frontal-Intraparietal Network for Visuo-Spatial Working Memory. *Neuropsychologia* 44, no. 11, 2171–7 (2006). https://doi.org/10.1016/j.neuropsychologia.2005.11.019.

12 Noguchi, Y., and Kakigi, R. Temporal Codes of Visual Working Memory in the Human Cerebral Cortex: Brain Rhythms Associated with High Memory Capacity. *NeuroImage* 222, no. 15, 117294 (2020). https://doi.org/10.1016/j.neuroimage.2020.117294.

13 Miller, G. A. The Magical Number Seven, Plus or Minus Two: Some Limits on Our Capacity for Processing Information. *Psychological Review* 101, no. 2, 343–52 (1956). https://doi.org/10.1037/0033-295x.101.2.343.

14 Lüer, G. et al. Memory Span in German and Chinese: Evidence for the Phonological Loop. *European Psychologist* 3, no. 2, 102–12 (2006). https://doi.org/10.1027/1016-9040.3.2.102.

15 Morrison, A. B., and Richmond, L. L. Offloading Items from Memory: Individual Differences in Cognitive Offloading in a Short-Term Memory Task. *Cognitive Research: Principles and Implications* 5, no. 1 (2020). https://doi.org/10.1186/s41235-019-0201-4.

16 Kawagoe, T. et al. The Neural Correlates of "Mind Blanking": When the Mind Goes Away. *Human Brain Mapping* 40, no. 17, 4934–40 (2019). https://doi.org/10.1002/hbm.24748.

17 Zhang, W., and Luck, S. J. Sudden Death and Gradual Decay in Visual Working Memory. *Psychological Science* 20, no. 4, 423–8 (2009). https://doi.org/10.1111/j.1467-9280.2009.02322.x.

18 Datta, D., and Arnsten, A. F. T. Loss of Prefrontal Cortical Higher Cognition with Uncontrollable Stress: Molecular Mechanisms, Changes with Age, and Relevance to Treatment. *Brain Sciences* 9, no. 5 (2019). https://doi.org/10.3390/brainsci9050113.

19 Roeser, R. W. et al. Mindfulness Training and Reductions in Teacher Stress and Burnout: Results from Two

Randomized, Waitlist-Control Field Trials. *Journal of Educational Psychology* 105, no. 3, 787–804 (2013). https://doi.org/10.1037/a0032093.

20 Mrazek, M. D. et al. The Role of Mind-Wandering in Measurements of General Aptitude. *Journal of Experimental Psychology General* 141, no. 4, 788–98 (2012). https://doi.org/10.1037/a0027968.

21 Beaty, R. E. et al. Thinking About the Past and Future in Daily Life: An Experience Sampling Study of Individual Differences in Mental Time Travel. *Psychological Research* 83, no. 4, 805–916 (2019). https://doi.org/10.1007/s00426-018-1075-7.

22 Sreenivasan, K. K. et al. Temporal Characteristics of Top-Down Modulations During Working Memory Maintenance: An Event-Related Potential Study of the N170 Component. *Journal of Cognitive Neuroscience* 19, no. 11, 1836–44 (2017). https://doi.org/10.1162/jocn.2007.19.11.1836.

23 視覺工作記憶的容量跟干擾可被過濾的效率密切相關。

Vogel, E. K. et al. The Time Course of Consolidation in Visual Working Memory. *Journal of Experimental Psychology: Human Perception and Performance* 32, no. 6, 1436–51 (2006). https://doi.org/10.1037/0096-1523.32.6.1436.

Luria, R. et al. The Contralateral Delay Activity as a Neural Measure of Visual Working Memory. *Neuroscience & Biobehavioral Reviews* 62, 100–8 (2016). https://doi.org/10.1016/j.neubiorev.2016.01.003.

第6章　按下錄音／錄影鍵

1 近來的研究指出，工作記憶容量跟長期記憶力有中等到密切的關係（Mogle et al., 2008; Unsworth et al, 2009）。工作記憶可能是長期記憶的塗銷空間，即處理資訊（指整理、組織、整合，見 Blumenfeld

and Ranganath, 2006）以利儲存的地方。但可分離的神經系統（dissociable neural systems）在工作記憶和長期記憶中是否扮演獨特的角色，仍然莫衷一是（Ranganath and Blumenfeld, 2005）。

Mogle, J. A. et al. What's So Special About Working Memory? An Examination of the Relationships Among Working Memory, Secondary Memory, and Fluid Intelligence. *Psychological Science* 19, 1071–7 (2008). https://doi.org/10.1111/j.1467-9280.2008.02202.x.

Unsworth, N. et al. There's More to the Working Memory–fluid Intelligence Relationship Than Just Secondary Memory. *Psychonomic Bulletin & Review* 16, 931–7 (2009). https://doi.org/10.3758/pbr.16.5.931.

Blumenfeld, R. S., and Ranganath, C. Dorsolateral Prefrontal Cortex Promotes Long-Term Memory Formation Through Its Role in Working Memory Organization. *Journal of Neuroscience* 26, no. 3, 916–25 (2006). https://doi.org/10.1523/jneurosci.2353-05.2006.

Ranganath, C., and Blumenfeld, R. S. Doubts About Double Dissociations Between Short- and Long-Term Memory. *Trends in Cognitive Sciences* 9, no. 8, 374–80 (2005). https://doi.org/10.1016/j.tics.2005.06.009.

2 Spaniol, J. et al. Aging and Emotional Memory: Cognitive Mechanisms Underlying the Positivity Effect. *Psychology and Aging* 23, no. 4, 859–72 (2008). https://doi.org/10.1037/a0014218.

3 Schroots, J. J. F. et al. Autobiographical Memory from a Life Span Perspective. *International Journal of Aging and Human Development* 58, no. 1, 69–85 (2004). https://doi.org/10.2190/7A1A-8HCE-0FD9-7CTX.

4 遺忘通常用「定向遺忘範式」（譯註：directed forgetting paradigm，指示受試者記住或忘記哪些內容，由此研究他們的記憶表現）來研究。Williams, M. et al. The Benefit of Forgetting. *Psychonomic Bulletin & Review* 20, 348–55 (2013). https://doi.org/10.3758/s13423-012-0354-3.

5 Tamir, D. I. et al. Media Usage Diminishes Memory for Experiences. *Journal of Experimental Social*

Psychology 76, 161–8 (2018). https://doi.org/10.1016/j.jesp.2018.01.006.

6 Allen A. et al. Is the Pencil Mightier Than the Keyboard? A Meta-Analysis Comparing the Method of Notetaking Outcomes. *Southern Communication Journal* 85, no. 3, 143–54 (2020). https://doi.org/10.1080/1041794X.2020.1764613.

7 Squire, L. R. The Legacy of Patient H. M. for Neuroscience. *Neuron* 61, no. 1, 6–9 (2009). https://doi.org/10.1016/j.neuron.2008.12.023.

8 Andrews-Hanna, J. R. et al. Dynamic Regulation of Internal Experience: Mechanisms of Therapeutic Change. In Lane, R. D., and Nadel, L., *Neuroscience of Enduring Change: Implications for Psychotherapy* (New York: Oxford University Press, 2020), 89–131. https://doi.org/10.1093/oso/9780190881511.003.0005.

9 Mildner, J. N., and Tamir, D. I. Spontaneous Thought as an Unconstrained Memory Process. *Trends in Neuroscience* 42, no. 11, 763–77 (2019). https://doi.org/10.1016/j.tins.2019.09.001.

10 Wheeler, M. A. et al. Toward a Theory of Episodic Memory: The Frontal Lobes and Autonoetic Consciousness. *Psychological Bulletin* 121, no. 3, 331–54 (1997). https://doi.org/10.1037/0033-2909.121.3.331.

11 Henkel, L. A. Point-and-Shoot Memories: The Influence of Taking Photos on Memory for a Museum Tour. *Psychological Science* 25, no. 2, 396–402 (2014). https://doi.org/10.1177/0956797613504438.

12 Christoff, K. et al. Mind-Wandering as Spontaneous Thought: A Dynamic Framework. *Nature Reviews Neuroscience* 17, no. 11, 718–31 (2016). https://doi.org/10.1038/nrn.2016.113.

Fox, K. C. R., and Christoff, K. (eds.), *The Oxford Handbook of Spontaneous Thought: Mind-wandering, Creativity, and Dreaming* (New York: Oxford University Press, 2018). http://dx.doi.org/10.1093/oxfordhb/9780190464745.001.0001.

13 創傷記憶是否跟其他記憶不同，以及造成差異的機制為何，目前仍有爭議。
Geraerts, E. et al. Traumatic Memories of War Veterans: Not So Special After All. *Consciousness and Cognition* 16, no. 1, 170–7 (2007). https://doi.org/10.1016/j.concog.2006.02.005.
Martinho, R. et al. Epinephrine May Contribute to the Persistence of Traumatic Memories in a Post-Traumatic Stress Disorder Animal Model. *Frontiers in Molecular Neuroscience* 13, no. 588802 (2020). https://doi.org/10.3389/fnmol.2020.588802.

14 Boyd, J. E. et al. Mindfulness-Based Treatments for Posttraumatic Stress Disorder: A Review of the Treatment Literature and Neurobiological Evidence. *Journal of Psychiatry & Neuroscience* 43, no. 1, 7–25 (2018). https://doi.org/10.1503/jpn.170021.

第7章　放下故事

1 Kappes, A. et al. Confirmation Bias in the Utilization of Others' Opinion Strength. *Nature Neuroscience* 23, no. 1, 130–7 (2020). https://doi.org/10.1038/s41593-019-0549-2.

2 Schacter, D. L., and Addis, D. R. On the Nature of Medial Temporal Lobe Contributions to the Constructive Simulation of Future Events. *Philosophical Transactions of the Royal Society* 364, no. 1521, 1245–53 (2009). https://doi.org/10.1098/rstb.2008.0308.

3 Jones, Natalie A. et al. Mental Models: An Interdisciplinary Synthesis of Theory and Methods. *Ecology and Society* 16, no. 1 (2011). http://www.jstor.org/stable/26268859.
Johnson-Laird, P. N. Mental Models and Human Reasoning. Proceedings of the National Academy of Sciences of the United States of America 107, no. 43, 18243–50 (2010). https://doi.org/10.1073/pnas.1012933107.

4 Verweij, M. et al. Emotion, Rationality, and Decision-Making: How to Link Affective and Social Neuroscience with Social Theory. *Frontiers in Neuroscience* 9, 332 (2015). https://doi.org/10.3389/fnins.2015.00332.

5 Blondé, J., and Girandola, F. Revealing the Elusive Effects of Vividness: A Meta-Analysis of Empirical Evidences Assessing the Effect of Vividness on Persuasion. *Social Influence* 11, no. 2, 111–29 (2016). https://doi.org/10.1080/15534510.2016.1157096.

6 Maharishi International University. Full Speech: Jim Carrey's Commencement Address at the 2014 MUM Graduation [video]. YouTube, May 30, 2014. https://www.youtube.com/watch?v=V80-gPkpH6M.acce.

7 Andrews-Hanna, J. R. et al. Dynamic Regulation of Internal Experience: Mechanisms of Therapeutic Change. In Lane, R. D., and Nadel, L., *Neuroscience of Enduring Change: Implications for Psychotherapy* (New York: Oxford University Press, 2020) 89–131. https://doi.org/10.1093/oso/9780190881511.003.0005.

8 Ellamil, M. et al. Dynamics of Neural Recruitment Surrounding the Spontaneous Arising of Thoughts in Experienced Mindfulness Practitioners. *NeuroImage* 136, 186–96 (2016). https://doi.org/10.1016/j.neuroimage.2016.04.034.

9 Bernstein, A. et al. Metacognitive Processes Model of Decentering: Emerging Methods and Insights. *Current Opinion in Psychology* 28, 245–51 (2019). https://doi.org/10.1016/j.copsyc.2019.01.019.

10 Barry, J. et al. The Power of Distancing During a Pandemic: Greater Decentering Protects Against the Deleterious Effects of COVID-19- Related Intrusive Thoughts on Psychological Health in Older Adults. Poster presented at the Mind & Life 2020 Contemplative Research Conference, online (November 2020).

11 Kross, E., and Ayduk, O. Self-Distancing: Theory, Research, and Current Directions. In J. M. Olson (ed.), *Advances in Experimental Social Psychology* 55, 81–136 (2017). https://doi.org/10.1016/

bs.aesp.2016.10.002.

12 Kross, E. et al. Coping with Emotions Past: The Neural Bases of Regulating Affect Associated with Negative Autobiographical Memories. *Biological Psychiatry* 65, no. 5, 361–6 (2009). https://doi.org/10.1016/j.biopsych.2008.10.019.

13 Hayes-Skelton, S. A. et al. Decentering as a Potential Common Mechanism Across Two Therapies for Generalized Anxiety Disorder. *Journal of Consulting and Clinical Psychology* 83, no. 2, 83–404 (2015). https://doi.org/10.1037/a0038305.

Seah, S. et al. Spontaneous Self-Distancing Mediates the Association Between Working Memory Capacity and Emotion Regulation Success. *Clinical Psychological Science* 9, no. 1, 79–96 (2020). https://doi.org/10.1177/2167702620953636.

King, A. P., and Fresco, D. M. A Neurobehavioral Account for Decentering as the Salve for the Distressed Mind. *Current Opinion in Psychology* 28, 285–93 (2019). https://doi.org/10.1016/j.copsyc.2019.02.009.

Perestelo-Perez, L. et al. Mindfulness-Based Interventions for the Treatment of Depressive Rumination: Systematic Review and Meta-Analysis. *International Journal of Clinical and Health Psychology* 17, no. 3, 282–95 (2017). https://doi.org/10.1016/j.ijchp.2017.07.004.

Bieling, P. J. et al. Treatment-Specific Changes in Decentering Following Mindfulness-Based Cognitive Therapy Versus Antidepressant Medication or Placebo for Prevention of Depressive Relapse. *Journal of Consulting and Clinical Psychology* 80, no. 3, 365–72 (2012). https://doi.org/10.1037/a0027483.

14 Jha, A. P. et al. Bolstering Cognitive Resilience via Train-the-Trainer Delivery of Mindfulness Training in Applied High-Demand Settings. *Mindfulness* 11, 683–97 (2020). https://doi.org/10.1007/s12671-019-01284-7.

Zanesco, A. P. et al. Mindfulness Training as Cognitive Training in High-Demand Cohorts: An Initial Study in Elite Military Servicemembers. In *Progress in Brain Research* 244, 323–54 (2019). https://doi.org/10.1016/bs.pbr.2018.10.001.

15 Lueke, A., and Gibson, B. Brief Mindfulness Meditation Reduces Discrimination. *Psychology of Consciousness: Theory, Research, and Practice* 3, no. 1. 34–44 (2016). https://doi.org/10.1037/cns0000081.

第 8 章　後設覺察

1 Endsley, M. R. The Divergence of Objective and Subjective Situation Awareness: A Meta-Analysis. *Journal of Cognitive Engineering and Decision Making* 14, no. 1, 34–53 (2020). https://doi.org/10/ggqfzd.

2 近來的研究指出，忽略目標與工作記憶容量和大腦神遊之間有所關聯。McVay, J. C., and Kane, M. J. Conducting the Train of Thought: Working Memory Capacity, Goal Neglect, and Mind Wandering in an Executive-Control Task. *Journal of Experimental Psychology: Learning, Memory, and Cognition* 35, no. 1, 196–204 (2009).

3 Schooler, J. W. et al. Meta-Awareness, Perceptual Decoupling and the Wandering Mind. *Trends in Cognitive Sciences* 15, no. 7, 319–26 (2011). https://doi.org/10.1016/j.tics.2011.05.006.

4 Krimsky, M. et al. The Influence of Time on Task on Mind Wandering and Visual Working Memory. *Cognition* 169, 84–90 (2017). https://doi.org/10.1016/j.cognition.2017.08.006.

5 有些研究指出，表現以及大腦活動模式緩慢而短暫的波動，可能反映了專注力對一個又一個目標的循環週期。Smallwood, J. et al. Segmenting the Stream of Consciousness: The Psychological Correlates of Temporal Structures in the Time Series Data of a Continuous Performance Task. *Brain and Cognition* 66, no. 1, 50–6 (2008). https://doi.org/10.1016/j.bandc.2007.05.004.

6 Krimsky, M. et al. The Influence of Time on Task on Mind Wandering and Visual Working Memory. *Cognition* 69, 84–90 (2017). https://doi.org/10.1016/j.cognition.2017.08.006.

7 從事需要專注和費心的困難活動時，工作記憶容量較大的人比容量較小的人更專注於工作，也較少神遊。Kane, M. J. et al. For Whom the Mind Wanders, and When: An Experience-Sampling Study of Working Memory and Executive Control in Daily Life. *Psychological Science* 18, no. 7, 614–21 (2007). https://doi.org/10.1111/j.1467-9280.2007.01948.x.

8 Franklin, M. S. et al. Tracking Distraction: The Relationship Between Mind-Wandering, Meta-Awareness, and ADHD Symptomatology. *Journal of Attention Disorders* 21, no. 6, 475–86 (2017). https://doi.org/10.1177/1087054714543494.

9 Smallwood, J. et al. Segmenting the Stream of Consciousness: The Psychological Correlates of Temporal Structures in the Time Series Data of a Continuous Performance Task. *Brain and Cognition* 66, no. 1, 50–56 (2008). https://doi.org/10.1016/j.bandc.2007.05.004.

Polychroni, N. et al. Response Time Fluctuations in the Sustained Attention to Response Task Predict Performance Accuracy and Meta-Awareness of Attentional States. *Psychology of Consciousness: Theory, Research, and Practice* (2020). https://doi.org/10.1037/cns0000248.

10 Sayette, M. A. et al. Lost in the Sauce: The Effects of Alcohol on Mind Wandering. *Psychological Science* 20, no. 6, 747–52 (2009). https://doi.org/10.1111/j.1467-9280.2009.02351.x.

11 Brewer, J. A. et al. Meditation Experience Is Associated with Differences in Default Mode Network Activity and Connectivity. *Proceedings of the National Academy of Sciences of the United States of America* 108, no. 50, 20254–9 (2011). https://doi.org/10.1073/pnas.1112029108.

Kral, T. R. A. et al. Mindfulness-Based Stress Reduction-Related Changes in Posterior Cingulate Resting

Brain Connectivity. *Social Cognitive and Affective Neuroscience* 14, no. 7, 777–87 (2019). https://doi.org/10.1093/scan/nsz050.

Lutz, A. et al. Investigating the Phenomenological Matrix of Mindfulness-Related Practices from a Neurocognitive Perspective. *American Psychologist* 70, no. 7, 632–58 (2015). https://doi.org/10.1037/a0039585.

12 Sun Tzu. *The Art of War* (Bridgewater, MA: World Publications, 2007), 95.

13 Bhikkhu, T. (trans.). Sallatha Sutta: The Arrow. Access to Insight (BCBS edition), November 30, 2013, https://www.accesstoinsight.org/tipitaka/sn/sn36/sn36.006.than.html.

14 McCaig, R. G. et al. Improved Modulation of Rostrolateral Prefrontal Cortex Using Real-Time fMRI Training and Meta-Cognitive Awareness. *NeuroImage* 55, no. 3, 1298–305 (2011). https://doi.org/10.1016/j.neuroimage.2010.12.016.

第9章　與人連結

1 Perissinotto, C. M. et al. Loneliness in Older Persons: A Predictor of Functional Decline and Death. *Archives of Internal Medicine* 172, no. 14, 1078–984 (2012). https://doi.org/10.1001/archinternmed.2012.1993.

2 Alfred, K. L. et al. Mental Models Use Common Neural Spatial Structure for Spatial and Abstract Content. *Communications Biology* 3, no. 17 (2020). https://doi.org/10.1038/s42003-019-0740–8.

Jonker, C. M. et al. Shared Mental Models: A Conceptual Analysis. *Lecture Notes in Computer Science* 6541, 132–51 (2011). https://doi.org/10.1007/978-3-642-21268-0_8.

3 Deater-Deckard, K. et al. Maternal Working Memory and Reactive Negativity in Parenting. *Psychological Sciences* 21, no. 1, 75–9 (2010). https://doi.org/10.1177/0956797609354073.

4 Franchow, E. I., and Suchy, Y. Naturally-Occurring Expressive Suppression in Daily Life Depletes Executive Functioning. *Emotion* 15, no. 1, 78–89 (2015). https://doi.org/10.1037/emo0000013.

Brewin, C. R., and Beaton, A. Thought Suppression, Intelligence, and Working Memory Capacity. *Behaviour Research and Therapy* 40, no. 8, 923–30 (2002). https://doi.org/10.1016/S0005-7967(01)00127-9.

5 以下論文全面回顧了多項研究的發現。

Dahl, C. J. et al. The Plasticity of Well-Being: A Training-Based Framework for the Cultivation of Human Flourishing. *Proceedings of the National Academy of Sciences of the United States of America* 117, no. 51, 32197–206 (2020). https://doi.org/10.1073/pnas.2014859117.

Brandmeyer, T., and Delorme, A. Meditation and the Wandering Mind: A Theoretical Framework of Underlying Neurocognitive Mechanisms. *Perspectives on Psychological Science* 16, no. 1, 39–66 (2021). https://doi.org/10.1177/1745691620917340.

6 Kang, Y. et al. The Nondiscriminating Heart: Lovingkindness Meditation Training Decreases Implicit Intergroup Bias. *Journal of Experimental Psychology: General* 143, no. 3, 1306–13 (2021). https://doi.org/10.1007/s11031-015-9514-x.

第10章　感覺心智在燃燒

1 Cooper, K. H. The History of Aerobics (50 Years and Still Counting). *Research Quarterly for Exercise and Sport* 89, no. 2, 129–34 (2018). https://doi.org/10.1080/02701367.2018.1452469.

2 Prakash, R. S. et al. Mindfulness and Attention: Current State-of-Affairs and Future Considerations. *Journal of Cognitive Enhancement* 4, 340–67 (2020). https://doi.org/10.1007/s41465-019-00144-5.

3 Hasenkamp, W. et al. Mind Wandering and Attention During Focused Meditation: A Fine-Grained Temporal

Analysis of Fluctuating Cognitive States. *NeuroImage* 59, no. 1, 750–60 (2012). https://doi.org/10.1016/j.neuroimage.2011.07.008.

4 Brandmeyer, T., and Delorme, A. Meditation and the Wandering Mind: A Theoretical Framework of Underlying Neurocognitive Mechanisms. *Perspectives on Psychological Science* 16, no. 1, 39–66 (2021). https://doi.org/10.1177/1745691620917340.

Fox, K. C. R. et al A. Functional Neuroanatomy of Meditation: A Review and Meta-Analysis of 78 Functional Neuroimaging Investigations. *Neuroscience & Biobehavioral Reviews* 65, 208–28 (2016). https://doi.org/10.1016/j.neubiorev.2016.03.021.

5 其他研究團隊所做的研究，也指出參加長期靜修營對專注力帶來的正面效果（例如 Lutz et al., 2008 的回顧；Zanesco et al., 2013；Zanesco et al., 2016）。根據「應答持續專注力」（SART）的測驗結果，具體好處（Witkin et al., 2018）包括：持續專注力表現進步、自述大腦神遊減少、後設覺察增加、警戒增強（Jha et al., 2007）、以及工作記憶編寫功能提高（van Vugt and Jha, 2011）。這些都是在香巴拉山區中心進行的研究。Witkin 等人的研究（2018）是跟納羅帕大學的合作成果，我的同事 Jane Carpenter Cohn 也參與其中。除了研究正念靜修營對認知的影響，很多研究也分析了靜修營的其他好處（McClintock et al., 2019）。

Lutz, A. et al. Attention Regulation and Monitoring in Meditation. *Trends in Cognitive Sciences* 12, no. 4, 163–9 (2008). https://doi.org/10.1016/j.tics.2008.01.005.

Zanesco, A. et al. Executive Control and Felt Concentrative Engagement Following Intensive Meditation Training. *Frontiers in Human Neuroscience* 7, 566 (2013). https://doi.org/10.3389/fnhum.2013.00566.

Zanesco, A. P. et al. Meditation Training Influences Mind Wandering and Mindless Reading. *Psychology of Consciousness: Theory, Research, and Practice* 3, no. 1, 12–33 (2016). https://doi.org/10.1037/

cns0000082.

Witkin, J. et al. *Mindfulness Training Influences Sustained Attention: Attentional Benefits as a Function of Training Intensity*. Poster presented at the International Symposium for Contemplative Research, Phoenix, Arizona (2018).

Jha, A. P. et al. Mindfulness Training Modifies Subsystems of Attention. *Cognitive, Affective & Behavioral Neuroscience* 7, no. 2, 109–19 (2007). https://doi.org/10.3758/CABN.7.2.109.

van Vugt, M., and Jha, A. P. Investigating the Impact of Mindfulness Meditation Training on Working Memory: A Mathematical Modeling Approach. *Cognitive, Affective & Behavioral Neuroscience* 11, 344–53 (2011). https://doi.org/10.3758/s13415-011-0048-8.

McClintock, A. S. et al. The Effects of Mindfulness Retreats on the Psychological Health of Non-Clinical Adults: A Meta-Analysis. *Mindfulness* 10, 1443–54 (2019). https://doi.org/10.1007/s12671-019-01123-9.

6 Jha, A. P. et al. Minds "At Attention": Mindfulness Training Curbs Attentional Lapses in Military Cohorts. *PLoS One* 10, no. 2, 1–19 (2015). https://doi.org/10.1371/journal.pone.0116889.

Jha, A. P. et al. Examining the Protective Effects of Mindfulness Training on Working Memory Capacity and Affective Experience. *Emotion* 10, no. 1, 54–64 (2010). https://doi.org/10.1037/a0018438.

7 軍人‥ Jha, A. P. et al. Bolstering Cognitive Resilience via Train-the-Trainer Delivery of Mindfulness Training in Applied High-Demand Settings. *Mindfulness* 11, 683–97 (2020). https://doi.org/10.1007/s12671-019-01284-7.

Zanesco, A. P. et al. Mindfulness Training as Cognitive Training in High-Demand Cohorts: An Initial Study in Elite Military Servicemembers. In *Progress in Brain Research* 244, 323–54 (2019). https://doi.org/10.1016/bs.pbr.2018.10.001.

軍眷：Brudner, E. G. et al. The Influence of Training Program Duration on Cognitive Psychological Benefits of Mindfulness and Compassion Training in Military Spouses. Poster presented at the International Symposium for Contemplative Studies. San Diego, California (November 2016).

消防人員：Denkova, E. et al. Is Resilience Trainable? An Initial Study Comparing Mindfulness and Relaxation Training in Firefighters. *Psychiatry Research* 285, 112794 (2020). https://doi.org/10.1016/j.psychres.2020.112794.

社區和工作場合的領袖：Alessio, C. et al. Leading Mindfully: Examining the Effects of Short-Form Mindfulness Training on Leaders' Attention, Well-Being, and Workplace Satisfaction. Poster presented at The Mind & Life 2020 Contemplative Research Conference, online (November 2020).

會計師：Denkova, E. et al. Strengthening Attention with Mindfulness Training in Workplace Settings. In Siegel, D. J. and Solomon, M., *Mind, Consciousness, and Well-Being* (New York: W. W. Norton & Company, 2020), 1–22.

8 Jha, A. P. et al. Comparing Mindfulness and Positivity Trainings in High-Demand Cohorts. *Cognitive Therapy and Research* 44, no. 2, 311–26 (2020). https://doi.org/10.1007/s10608-020-10076-6. 我們注意到，正面思考訓練在其他情況下被認為具有正面效應，最具代表性的是規範層次的煩惱和挑戰，尤其是焦慮不安引起的痛苦。

Becker, E. S. et al. Always Approach the Bright Side of Life: A General Positivity Training Reduces Stress Reactions in Vulnerable Individuals. *Cognitive Therapy and Research* 40, 57–71 (2016). https://doi.org/10.1007/s10608-015-9716-2.

9 Jha, A. P. Short-Form Mindfulness Training Protects Against Working Memory Degradation Over High-Demand Intervals. *Journal of Cognitive Enhancement* 1, 154–71 (2017). https://doi.org/10.1007/s41465-

017-0035-2.

10 為了確認正念訓練是否有「最低有效分量」，我們得先檢查分量是否重要。因此，我們檢查了量效反應是否存在，亦即接觸分量改變，反應大小會如何隨之改變。在我們的研究中，「分量」即是健康的受試者在接受合格教練指導的正式訓練之外，投入正念訓練的實際時間。「反應」則是他們經過正式訓練後（而非之前），接受我們的專注力和工作記憶評估的表現。在很多高壓力族群研究中，我們發現他們的認知測驗表現出現了量效反應。其他很多研究團隊也在非認知測驗中，發現量效反應（Lloyd et al., 2018; Parsons et al., 2017）。練習較多比練習較少的人，從正念訓練中獲益更大。

正念訓練「分量」研究的一個重點是，規定受試者每天練習一定的時間，並不代表他們會照做。事實上，我們在針對高壓力族群的研究中發現，會不會按照規定練習因人而異，差異極大。這就表示，在實驗中規定分量（為參與正念訓練的小組或對照組指定不同的每日練習分量），並藉此確認「最低有效分量」為何，不太可能成功，因為不同小組自述的實際練習量可能各異。因此，我們選擇讓受試者自述的練習量自己說話。具體來說，我們根據受試者自述的練習量，將他們畫分成高度練習組和低度練習組。之後進行統計上的測驗，看哪些小組跟彼此以及各自的積極訓練或零訓練對照組，有明顯差距，後者同樣是研究的一部分。

我們在最初的研究中（Jha et al., 2010; Jha et al., 2015），規定受試者在為期八週的訓練期間每天練習三十分鐘。根據受試者的自述，很少人按照規定分量練習。當我們把所有訓練組（包括低度和高度練習組）的表現跟零訓練對照組相比時，發現兩者的差異不大。但是將訓練組分成高度和低度訓練小組之後，我們發現高度訓練組的表現明顯比低度訓練組和零訓練組好。高度訓練組平均每天練習十二分鐘。我們利用這個數字作為下一步驟的指引。在下一個大規模研究中（Rooks et al., 2017），我們將練習時間預設為一天十二分鐘，共持續四週（引導式的錄音課程固定為十二分鐘，並鼓勵受試者從頭到尾做完）。結果再一次發現受試者表現各異，有些人每週只練幾天，有些人練得比較勤。同樣地，比較之後發現，正念練習組和對照組（接受放鬆訓練）的差異不大。接著，我們把練習組分為高度和低度練習組，發現高度正念練習組的表現明顯比高度放鬆練習組好。前者一次練習十二分鐘，平均每週練五天。之後的兩次研究（Zanesco et al., 2019; Jha et al., 2020），我們把練習減為每週五天，不再像之前要求他們連續四週天天練習。此外，我們稍微增加了每日練習時間，從十二分鐘提高到十五分鐘，並提供十五分鐘的錄音，因為現在的教練都是我們短期訓練出來的，而非專業教練。兩個研究的受試者多半都有照規定的分量練習，訓練結束後，正念訓練組的表現明顯比零訓練的對照組好。從研究中可見，一週練習四到五次有助於認知表現。

這樣看來，這些研究都指出，有助於提升高要求環境下的專注力和工作記憶表現的最低有效分量，是一天十二到十五分鐘、一週五天。我們承認之後還得做更多研究，進一步檢驗這個數字，而且結果可能因為測量基準和不同族群而異。然而，從這一系列研究中，我們似乎找到大多數受試者都願意照做的分量。此外，這也開啟許多關於不同影響因素（個性、過去的人生經驗、目前的人生需求等）的新研究路線，這些因素都可能影響受試者願意投入多少時間練習。舉例來說，剛開始針對海軍陸戰隊的研究發現，個性開放和之前部署過的人比其他人更願意練習。最後，要切記從研究得出的分量是根據群集資料（如平均數、趨勢、相關性）而來，因此任一個體完全可能不按照研究得出的分量練習，卻依然從正念訓練中獲益。

Lloyd, A. et al. The Utility of Home-Practice in Mindfulness-Based Group Interventions: A Systematic Review. *Mindfulness* 9, 673–692 (2018). https://doi.org/10.1007/s12671-017-0813-z.

Parsons, C. E. et al. Home Practice in Mindfulness-Based Cognitive Therapy and Mindfulness-Based Stress Reduction: A Systematic Review and Meta-Analysis of Participants' Mindfulness Practice and Its Association with Outcomes. *Behaviour Research and Therapy* 95, 29–41 (2017). https://doi.org/10.1016/j.brat.2017.05.004.

Jha, A. P. et al. Examining the Protective Effects of Mindfulness Training on Working Memory Capacity and Affective Experience. *Emotion* 10, no. 1, 54–64 (2010). https://doi.org/10.1037/a0018438.

Jha, A. P. et al. Minds "At Attention": Mindfulness Training Curbs Attentional Lapses in Military Cohorts. *PLoS One* 10, no. 2, 1–19 (2015). https://doi.org/10.1371/journal.pone.0116889.

Rooks, J. D. et al. "We Are Talking About Practice": The Influence of Mindfulness vs. Relaxation Training on Athletes' Attention and Well-Being over High-Demand Intervals. *Journal of Cognitive Enhancement* 1, no. 2, 141–53 (2017). https://doi.org/10.1007/s41465-017-0016-5.

Zanesco, A. P. et al. Mindfulness Training as Cognitive Training in High-Demand Cohorts: An Initial Study in Elite Military Servicemembers. In *Progress in Brain Research* 244, 323–54 (2019). https://doi.org/10.1016/bs.pbr.2018.10.001.

Jha, A. P. et al. Bolstering Cognitive Resilience via Train-the-Trainer Delivery of Mindfulness Training in Applied High-Demand Settings. *Mindfulness* 11, 683–97 (2020). https://doi.org/10.1007/s12671-019-01284-7.

11 無論是正念減壓法（Kabat-Zinn, 1990）、用來減輕壓力和症狀的正念認知療法（Segal et al., 2002），或是壓力的整合分析，以及這些課程對健康的好處（Goyal et al., 2014），都可找到豐富的資源。

Kabat-Zinn, J. *Full Catastrophe Living: How to Cope with Stress, Pain and Illness Using Mindfulness Meditation* (New York: Bantam Dell, 1990).

Segal, Z. V. et al. *Mindfulness-Based Cognitive Therapy for Depression: A New Approach to Preventing Relapse* (New York: Guilford, 2002).

Goyal, M. et al. Meditation Programs for Psychological Stress and Well-Being: A Systematic Review and Meta-Analysis. *JAMA Internal Medicine* 174, no. 3, 357–68 (2014). https://doi.org/10.1007/s41465-017-

0016-5.

12 Nila, K. et a. Mindfulness-Based Stress Reduction (MBSR) Enhances Distress Tolerance and Resilience Through Changes in Mindfulness. *Mental Health & Prevention* 4, no. 1, 36–41 (2016). https://doi.org/10.1016/j.mhp.2016.01.001.

顛峰心智練習指南——大腦的核心訓練

1 James, W. *Principles of Psychology* (vols. 1–2). (New York: Holt, 1890). 243.

2 Fogg, B. J. *Tiny Habits: The Small Changes That Change Everything* (New York: Houghton Mifflin Harcourt, 2020). http://tinyhabits.com.

3 華特．皮亞特的說法（二〇一八年十月四日）由他的妻子辛西雅．皮亞特轉述，指的是要求他人靜下心之前，管理自身情緒的必要和重要性。

國家圖書館出版品預行編目資料

顛峰心智：每天練習12分鐘，毫不費力，攀上專注力高峰／阿米希・查（Amishi P. Jha）著；謝佩妏譯. -- 初版. -- 臺北市：大塊文化出版股份有限公司, 2022.10
432面；14.8×20公分. --（smile；189）
譯自：Peak mind : find your focus, own your attention, invest 12 minutes a day
ISBN 978-626-7206-10-2（平裝）

1.CST：注意力

176.32　　11101436